研究生
学习与科研
方法导论

张 鹏 著

Introduction to
Postgraduate Study and
Research Methods

科学出版社

北京

内 容 简 介

本书聚焦新晋研究生在学习、科研及学术发展中的困惑，以及年轻导师在研究生培养过程中的误区，围绕入学、学习、开题、研究、答辩、毕业等研究生培养环节，从研究生培养的认知、培养目标的制定、学习方式的转变、科研能力的培养、文献阅读要领、学术研究关键要点、科研成果制图、学术写作方法技巧、学术道德的规范等主题，系统阐述了研究生培养中的重点与误区，以及化解困境的思维方式与方法技巧。本书力求成为一本实用型培养指南与指导手册，同时兼顾科研方法的时代性，让读者快速掌握学术思维的要领与学术技巧的精髓，避免陷入功利化的"科研套路"。

本书可作为研究生培养导学课程的配套用书或者新晋研究生自学用书，也可作为年轻导师指导学生的参考用书，对学术思维与学术技巧提升有一定的参考价值。

图书在版编目（CIP）数据

研究生学习与科研方法导论 / 张鹏著. -- 北京：科学出版社, 2025. 3.
ISBN 978-7-03-081588-0

Ⅰ. G643

中国国家版本馆 CIP 数据核字第 2025AU9288 号

责任编辑：朱丽娜　高丽丽 / 责任校对：王晓茜
责任印制：赵　博 / 封面设计：有道文化

科 学 出 版 社 出版
北京东黄城根北街 16 号
邮政编码：100717
http://www.sciencep.com
天津市新科印刷有限公司印刷
科学出版社发行　各地新华书店经销
*
2025 年 3 月第 一 版　开本：720×1000　1/16
2025 年 7 月第二次印刷　印张：19
字数：280 000
定价：98.00 元
（如有印装质量问题，我社负责调换）

前　言

　　研究生教育是高等教育的重要组成部分，是培养高素质人才的重要途径，研究生培养的质量和效果直接关系到国家的科技创新和经济发展。研究生培养是一项复杂的系统工程，不仅与研究生学制类别、文理工专业属性、学科平台条件等诸多外部要素息息相关，也与导师的学术水平、科研资源与指导习惯，以及学生的知识基础、能力悟性与性格意愿等内部要素密切相关。高质量研究生的培养，离不开导师与研究生的共同努力与协作配合。同时，无论是在人才培养目标、人才培养模式与人才培养方法上，还是在最终对学生的思维能力提升、知识体系容量与基本技能要求上，研究生教育都与本科阶段存在巨大差异，不仅需要根据科研方向定制独立的培养方案与课程内容，而且在修完课程获得学分后，还需要完成规定的学术论文与学位论文。这就要求学生能够尽快适应研究生阶段的学习方式与工作方法，熟悉导师的教学模式与指导流程，能动地与导师的教学、训练、点拨形成合力，提升学识、学养与学术能力，从而达到研究生培养的目标要求。

　　当下，在社会就业压力、学校排名压力、家庭期望压力的多重影响下，读研究生已经成了一些学生本科毕业后的"理想"出路，研究生文凭已经成为提高就业竞争力的重要砝码。许多学生进入本科阶段后即以考研为目标，积极准备考研，重视高数、英语等考研课程，但在一定程度上忽视了专业课程的学习，尤其是当专业课程学习与备考产生冲突时更是如此。另外，研究生录取数量激增也拉低了研究生入学的门槛，所以一些研究生入学时专业知识基础偏弱。还有一些学生上了研究生后，根本不清楚研究生教育在教什么，总以为研究生教育不过是本科教育的延续，攻读研究生还是在读书，只不过要读的书更多、更难，这就大错特错了。更有甚者，有些保研生不明就里地选择了直博，入学后不适应研究生教育，无法达到研究生的学术要求，只能在导师的叹息和自己的极度焦虑中草草毕业，影响了其后续的人生与职业发展。

研究生培养是导师与研究生共同努力与协作配合完成的。不同于本科阶段师生交流主要限制在课堂与课下的零碎时间，研究生阶段师生之间需要密切配合。每个导师的事业发展阶段不同，学术资源、学识修养、团队规模、导师投入的精力与师生沟通的顺畅程度都是影响研究生培养的关键因素。然而，令人遗憾的是，师生对学术的认知不一致而产生的不和谐声音时常充斥在研究生培养中，导师对学生基本素质能力的哀叹抱怨，学生在科研困境中的无助焦虑，都是摆在导师与学生面前的重要问题，处理不好甚至会酿成令人痛心的人间悲剧。

综上所述，开设一门指导研究生如何开展学习与科研的方法导论课程，是非常有必要的。这不仅能够对照导师的培养方式与指导行为，引导学生尽早了解研究生教育体制，制定个人的读研目标与规划，还能引导其尽快改变应试的学习方式，掌握高效的科研方法，适应导师个性化的指导模式，主观能动地与导师的传道、授业、解惑形成合力，提升学识与学术能力，从而达到研究生培养的目标要求。

本书源于一个偷懒的痴念——减少年复一年面对新晋研究生"磨破嘴皮，血压升高"的烦恼，使学生避免"碰壁落坑"的痛苦。在撰写本书之时，常怀忐忑惶恐之心，自省哪有好为人师之才，欲搁笔推荐他书予学生，遂搜罗有关研究生培养书籍，遍查相关资源，以期解学生燃眉之急。然而，现有相关书籍多聚焦于宏观的说教，要么为国外翻译书籍，欧美教育与我国的教育现实差异较大，其佛系科研哲学并不适合我们；要么偏于文献检索、科技写作等工具操作，而非学术科研方法的凝练与总结；要么流于科研方法常识介绍与"鸡汤"式的鞭策，缺乏对学生所遇困境的剖析解惑与经验交流。另外，对于有些网络博主为迎合学生功利化需求提出的学术指导意见，笔者实不敢苟同。无奈之下，只得怀揣忐忑惶恐之心，结合笔者从读研究生到培养研究生二十多年的教学经验与培养心得，以及对如何提高研究生培养质量和效果的思考，采纳身边优秀导师的先进教学方法与指导经验，编写这本关于研究生学习与科研方法导论的著作。

本书内容如下：第 1 章详细剖析本科生与研究生培养的差异、不同学制之间的差异、培养目标与培养要求的达成途径与实现策略、培养环节中关键过程及其高质量完成的要诀；第 2 章详细剖析读研目标与选择导师的关系、读研目标与培养计划的关联，以及研究生培养阶段划分与主要任务；第 3 章重点介绍导师工作的边际与底线、导师与学生彼此的合理期望，讨论优化研究生指导工作的措施与建议，以及与学生和谐相处的策略和方法；第 4 章重点介绍研究生课程学习与本科阶段的区别；第 5 章介绍研究生感到困惑的科研能力具体形式、能力培养方式与养成技巧；第 6 章剖析研究生在文献阅读过程中遇到的问题，讨论文献阅读对学术研究的重要作用，以及文献阅读中的误区与技巧；第 7 章介绍学术研究工作的主要内容、基本要求、常用方法、如何得到科研训练、如何开好组会、如何得到创新思路、科研与学习的互补关系等；第 8 章介绍科研制图的基本要求、流行制图工具、数据与制图类型的表达关联、不同学科特殊制图表达方式；第 9 章介绍期刊论文、技术报告、学位论文、专利文献、PPT 汇报材料等的撰写技巧，以及学术论文写作的灵魂、题目凝练、写作流程、图表表达、文字表述、文献引用等；第 10 章介绍 ChatGPT 在科研工作中的应用；第 11 章介绍如何提高学术交流能力、学术交流注意事项、典型学术交流活动等；第 12 章介绍论文答辩的重要性、流程、注意事项，以及求职就业的重要性、研究生主要就业岗位、求职准备工作、职业规划考量、简历编制要求和面试环节的注意事项等；第 13 章主要介绍学术道德和学术规范的基本要求、规章制度、典型不良行为、监督流程、后果惩罚等；第 14 章主要介绍研究生培养中自我管理能力、心理调节能力、人际交往能力、语言表达能力、个人发展规划等方面的自我提升。

研究生学习与科研方法导学需要智慧的思考与高效的方法，空泛的说理鞭策或单纯介绍工具使用方法均是治标不治本。本书主要关注如何帮助导师与研究生顺利完成人才培养的经验传递、困难问题解答与积极阳光的心灵点化；主要聚焦于研究生培养中的重要节点工作，重在剖析研究生教学培养的实质内涵与精神要义，梳理所遇工作难题的解决思路，传递高效工作的经验技巧。

　　鉴于笔者水平有限，十八般兵刃无法样样精通，书籍之功还须标本兼治，但又恐包罗万象，于是本书重点介绍研究生学习与科研的方法论和基本技巧，对一些具体的工具类知识只是抛砖引玉，以免占用过大篇幅。由于文科、理科和工科科研思维的差异很大，文中有些建议也许对从事社会科学、自然科学研究的读者并不适用，还望读者谨慎采纳。鉴于笔者的科研背景，本书主要聚焦于工程学科的科学研究与人才培养，主要适合工科研究生和新晋导师参考阅读，也希望能够得到资深导师的批评指正。

目 录

第 1 章　研究生教育的特点

　　无论是在培养目标、培养模式与培养方法上，还是在最终对学生的专业知识体系、创新逻辑思维与综合实践能力的要求上，研究生教育都与大学本科阶段教育存在巨大差异。本章从培养目标、培养制度、培养内容、培养方式、考核要求等角度，系统论述研究生教育与大学本科阶段教育的差异。

1.1　研究生学制

　　一般而言，研究生按照学科分为理学学士、工学学士、文学学士，本科教育一般不分培养类别。2009 年之后，在理学、工学、文学的基础上，硕士学位培养类别分为学术型硕士和专业学位硕士。1997 年，将博士学位培养类别分成了学术型博士与专业学位博士。

1.1.1　培养类别

　　研究生培养类别，通常是根据研究生所学的专业和研究方向及研究生教育的目的和任务划分的，基本包括以下几个。

　　1）学术型硕士。以学术理论研究为导向，掌握坚实的理论基础和专业知识，能独立进行科学研究和实践，具备一定科学研究和创新能力的高层次人才。

　　2）专业学位硕士。与学术型硕士处于同一层次，以社会实践或工程实践的技术研究为导向，掌握扎实的理论、专业知识与技能，能够适应特定行业或职业的实际工作需要，具备一定技术实践创新能力的高层次人才。

　　3）学术型博士。以学术理论研究为导向，掌握坚实宽广的基础理论和系统深入的专业知识，具有独立从事科学研究工作的能力，在科学或专业技术上已做出创新性成果，可以作为大学教师和科研机构研究人员的高层次人才。

　　4）专业学位博士。与学术型博士处于同一层次，以社会实践或工程实践的技术研究为导向，掌握扎实宽广的理论、专业知识与技能，能够适应特定行业的产业技术研发需要，在工程实践与技术研发方面已做出创新性成果，可以作为产业技术研究院和新型研发机构研究人员的高层次人才。

1.1.2 硕博差异

博士学位和硕士学位的要求有着明显差异，硕士学位培养类似于博士学位培养的预科，相当于具备独立从事科学研究与技术研发能力的入门级，而博士学位培养应达到学成出师的程度。两者的区别如下。

1）在专业基础上，硕士阶段要求有坚实的理论基础和掌握专业知识，而博士阶段要求掌握的理论和知识具有广泛性与系统性。

2）在创新能力上，硕士阶段要求积累一定科学研究与技术研发创新的工作经验，具备一定的科研创新与技术应用创新能力，博士阶段则要求不仅达到上述要求，还要取得同行认可的研究成果。

3）在工作能力上，硕士阶段要求独立完成科研与工程实践活动，更多的是经历与经验积累，博士阶段则要求具备独立工作的能力，能够完全胜任科学研究和技术研发任务。

1.1.3 培养类别差异

学术型学位与专业型学位的划分是我国研究生培养体制上的重大改革，是面向科学与技术发展的平衡性，在人才培养与储备方面做出的重大调整，具有积极的意义。两者没有高低贵贱之分，只是创新能力培养的侧重点不同，具体如下。

1）在培养目标上，学术型学位以学术研究为导向，偏向理论研究；专业型学位以专业实践为导向，偏向技术研发。

2）在培养方式上，学术型硕士只有校内导师，实行校内导师单一负责制；专业学位硕士应有校内导师和企业导师，实行双导师负责制。

3）在学制安排上，学术型硕士的学制一般为3年，专业学位硕士的学制过去以2年为主，现在通常为3年（不同学校、不同专业可能存在差异），学术型博士与专业学位博士也是一样的。

4）在后续进修上，学术型硕士可以硕博连读；专业学位硕士一般不能硕博连读，在硕士毕业后需要考博；对于后续深造，一般是学术型硕士对应学术型博士，专业学位硕士对应专业学位博士。

5）在入学条件上，学术型硕士与专业学位硕士的报考专业名称是完全不同的；专业学位硕士、专业学位博士报考难度相对较小。

6）在毕业要求上，学术型学位一般有论文发表质量与数量要求，学位论文要求有一定的理论基础与创新性；专业型学位的学术成果可以多元化，学位论文要求紧贴实践项目，创新性的要求低于学术型学位。

7）在就业方向上，在学位规划上有研究型与应用型的差异，但是除了高校与科研机构以外，在人才需求与劳动力市场，两者几乎没有差别。

1.2　培养目标

1.2.1　本科阶段培养目标

本科阶段的教育目标是培养能较扎实地掌握本门学科的基础理论、专业知识和基本技能，并具有从事科学研究工作或担负专门技术工作初步能力的高级人才。其要求学生具备合理的知识结构，掌握一般的科研工作方法，能判断和解决实际问题，具有终身学习的意识和能力，能适应多变的环境，具有一定的科学思维能力、创造力。

1.2.2　研究生阶段培养目标

研究生培养目标是研究生教育的总纲，是保障研究生教育质量的根本方针，是研究生在学习和研究过程中应达到的知识、能力和素质等方面的要求。

综合教育部的研究生教育政策与高校研究生培养文件可以发现，研究生培养目标旨在培养学生掌握学科基础理论和方法技能，具备独立思考与研究能力、科学创新和实践能力，达到高水平的综合素质和专业素养。具体体现在以下几个方面。

1）社会责任感，符合国家和社会的政治、思想、文化及价值认同。

2）独立工作能力，能够独立发现问题、分析问题、解决问题。

3）创新能力，能在科学研究中发现新问题，提出新思路，创造新知识。

4）实践能力，有扎实的学科基础，能将理论应用于实践，解决实际问题。

5）团队协作能力，有包容胸怀、协作精神、沟通技巧。

近年来，随着科技全球化和综合化的发展，培养目标又延伸出以下两点。

1）国际化视野，即了解国际学术与技术发展动态，具备与国际同行交流合作的能力。

2）跨学科综合能力，即具备多学科知识背景，具有交叉融合思维方式、组织实践能力。

1.2.3　培养目标的差异

综合研究生与本科生的培养目标，两者的本质区别是：从本科生到研究生，是从"接受知识"到"创造知识"的跨越。

1）本科生主要是学习知识，包括基础知识与专业知识，以素质教育与专业素养入门培育为主。

2）研究生主要是学习创造知识，找到知识的缺陷及其应用中的不足，提出知识创造与改进的新思路，具备实现知识创新的实践能力，以专业教育与实践能力培育为主。

从培养目标的侧重点来看，研究生培养需要从精神（社会责任感）、自主性（独立能力）、思维（创新能力）、动手（实践能力）、社会性（团队协作能力）、眼界（国际化视野）、多面手（跨学科综合能力）等方面达到教育的目的与要求，从而使得研究生教育成为培养高层次、复合型人才的重要途径。

1.3 培养制度

1.3.1 本科阶段培养制度

我国本科阶段培养制度是在以"学生为中心"的教育理念的引导下，在"厚基础、宽口径"教育改革思想的指导下，以学年制、学分制、选修制、本科生导师制为核心环节的互为表里、相互融合的培养方式。它既非欧美国家的完全学分制的培养制度，也不是我国过去本科教育的学年制，而是学年制下的学分制。完全学分制的实现，需要以完善的选修制度作为根基，而我国现阶段本科选修制是在必修课程基础上的有限选修制。

1.3.2 研究生阶段培养制度

导师制度是我国研究生培养的基本制度。导师是研究生培养的主要负责人和指导者。导师通过与研究生的交流和指导，全面负责研究生的培养，促进研究生综合素质的提高。英美少数国家还存在课程硕士学制，即不需要导师，修完必需的课程学分，即可获得硕士学位。研究生培养制度包含以下几方面。

1. 培养目标

研究生的培养目标主要体现在学术研究、创新能力、专业素养和社会责任感等方面。培养目标强调学生在学术研究中的独立性和解决复杂问题的能力，注重激发学生的创新思维，并通过系统的学术训练和科研实践，提升他们的专业素质。此外，这一阶段还要培养学生的社会责任感，要求学生具备良好的职业道德，能够在未来为社会发展做出相应的贡献。

2. 导师制度

导师制度是研究生培养的核心之一。学生通常需要在入学后选择导师，或由学校统一安排。导师的职责不仅包括学术指导和科研项目安排，还涉及论文写作指导和职业发展规划。导师帮助学生在学术领域积累研究经验，同时也会引导学生形成独立思考和创新的能力。

3. 科研训练与实践

科研训练与实践是研究生培养过程的重要组成部分。学生通常会参与导师的科研项目，逐步承担独立的研究任务，最终完成学术论文写作。此外，研究生还需要通过实验室工作、社会调研、企业合作等实践环节，增强自己的实践能力和跨学科综合素质。学术交流也被看作研究生教育的重要内容，学生常被鼓励参与国内外的学术会议，以拓宽学术视野和提高学术影响力。

4. 学位要求

在学位要求方面，研究生在完成一定的课程学习后，需要提交学位论文，并通过答辩证明自己在学术研究上具备创新性和独立性。不同学科的学位要求可能有所不同，相比硕士学位，博士学位则要求学生在某一领域有更为深入的研究。

5. 评估与考核

评估与考核是研究生培养制度的另一个重要环节。学术评定不仅包括课程考试的成绩，还涉及科研进展和学术论文质量。许多学校还设有中期考核，以此来评估学生的科研能力和学术水平，决定是否继续培养。在学术诚信方面，学校严格要求学生避免学术不端行为，如抄袭、剽窃等，确保营造良好的学术环境。

6. 毕业要求与就业支持

除了学位要求外，研究生毕业还需要满足其他相关条件，如完成学分要求、进行科研工作等。许多学校还提供就业支持，通过就业指导、职业发展讲座、校企合作等方式，帮助学生顺利过渡到职场。跨学科和国际化培养也是现代研究生教育的重要发展趋势。学校通常鼓励学生参与跨学科项目，以开阔其视野，提升其综合能力。此外，研究生还可以通过参与国际合作项目、交换生计划等方式，提高自己的国际竞争力。

7. 资金支持与奖学金

为了支持研究生的学习和科研，学校通常设有各种奖学金、助学金和科研资助等形式的资金支持。导师或学校还会为学生提供科研经费，帮助其开展相关的学术研究工作。

总体来说，研究生培养制度是一个全面而系统的教育体系，旨在通过科学的培养模式，帮助学生发展成为具备专业素养、创新能力和国际视野的高层次人才。

1.3.3　培养制度的差异

1）本科阶段基本没有固定的导师，当然有些学校也实行了本科生导师制，但是导师与学生的关系相对松散，导师只能起到学业答疑与心理辅导的作用。本科生培养主要采用的是授课模式，教师和学生的交流主要集中于课堂，以教师单向的知识传递为主，辅以学生的疑问反馈。学生面对的是一系列授课教师，授课教师也是对应着一个班或者几个班的学生，教师与学生之间长期的一对一学业沟通和情感交流很难维持。

2）研究生导师制度是一种宽泛层面上的师父与徒弟的关系，从合作科研角度而言，是教练员与运动员的关系；从合作创业角度而言，是师傅与学徒的关系。研究生培养是在导师和学生的言传、身教及情感交流中展开的，在传道、授业、解惑中，更多是导师的学术经验交流、能力特长传承与精神品格感染，所以研究生培养成功的基础在于导师与学生的通力合作和良性互动。

1.4　培养内容

1.4.1　本科阶段的培养内容

本科阶段的培养内容是以课程教学为主，从课程类别上分为通识教育、学科基础、专业素养。其中，通识教育又分为思想政治类、军事语言类、人文社科类、自然科学类。从课程性质上，又可以分为专业类课程、专业核心课程、实践教学课程、创新创业类课程。

1.4.2　研究生阶段的培养内容

研究生培养内容包含培养计划、课程学习、科研实践、学术活动、科研成果、课题研究、学位论文等，具体如下。

1）培养计划。研究生入学后，学生和导师商量制定个性化的培养计划，包括课程设置、技能培训、课题研究等，以确保学生能够掌握必要的专业知识和方法技能，在科研实践训练的基础上开展学位论文的课题研究。

2）课程学习。研究生课程学习主要包括公共课程和专业课程。公共课程主要学习基础理论知识、综合通识知识、思政教育知识等；专业课程主要学习专业基础知识、专业选修知识等。课程学习培养环节包含课程计划（选课）和课程考核（学分）。

3）科研实践。研究生科研实践主要包含参加科研竞赛（科技论坛）、科学试验、科研项目、生产实习、社会实践、社会服务等。

4）学术活动。研究生学术活动主要包含参加学术讲座/报告、学术会议、学术访问、学术研讨等。

5）科研成果。科研成果主要是指在出版机构公开发表和出版的论文（中文/英文）、专著、专利（发明/实用新型），获得的软件著作权，以及非公开发表的科研报告等。

6）课题研究。在阅读文献资料、掌握科研前沿动态的基础上，学生与导师协商选择合适的研究课题，确定研究目标、研究内容、技术路线与研究计划，经专家组评议达到课题研究的开题报告科研深度要求后，依照计划开展并完成课题研究的各项工作。

7）学位论文。学位论文是为获得学位而撰写的研究报告或科研论文，是对课题研究过程与结果的呈现，须达到不同等级学位代表的学术水平。学位论文完成后，邀请专家对学位论文的学术水平进行评审。评审通过后，研究生将向答辩委员会汇报论文研究内容与成果，经质询与答辩合格后，由答辩委员集体投票决定是否通过答辩。

1.4.3　培养内容的差异

1）本科培养是一种群体性培养模式，教学内容以专业知识学习与专业知识应用为主，在国家认证的学科专业教学指导委员会的指导性文件或者国家专业认证体系下，课程体系的设置旨在构建专业知识结构，教学大纲、教材或相关参考书具有系统性，遵循一定的标准。

2）研究生培养是一种明显的定制性与个性化培养模式，培养内容是以能力培育为主，知识传授与能力训练并行，课程学习与科研实践相结合，能够提升学生的学习能力与实践能力。在社会实践服务中，学生能够树立社会责任与团队意识。学术活动能够开阔学生的学术视野，提升其表达和沟通能力。课题研究能够提高学生的知识信息获取能力与知识创新实践能力。学位论文撰写、答辩与学术研讨能够训练学生的学术表达能力（书面/语言）。总之，研究生培养内容贯穿了学（习）—（实）践—创（新）—（成）果的多元贯通教学过程。

3）研究生阶段的课程设置是在导师与学生协商的基础上，以学生的兴趣与导师的研究方向为参考，按照公共基础课、专业学位课和专业选修课3种类型及学分要求自主选择所修课程。

1.5　培养方式

1.5.1　本科阶段的培养方式

本科阶段的培养方式仍然以课程教学为主，课程学习的主体是学生，相较于中学，课程教学中教师的作用减弱。在学习过程中，教师的教学与学生的自学共同构建了本科阶段的培养方式，同时学校的课程体系与实验条件营造了良好的培养环境。除了本科高年级阶段实行的导师制外，教师与学生之间的交流主要限制在某一具体课程范围内，课程体系下的多位教师在课程模块中轮流集体教学，构成了本科阶段的培养方式。

1.5.2 研究生阶段的培养方式

导师和学生是培养过程中"一对一"的双主体。研究生阶段，导师的教学方式已经不是以"知识传授"为主，而是以"能力培养"为主。"知识传授"的主动性仍然在于教师，学生是被动地接受知识，而"能力培养"的主动性在于学生，教师的指点起到的是辅助作用。在"知识传授"过程中，从教师到学生的行为过程是讲授—分析—记忆—理解—思考—推演；在"能力培养"过程中，从教师到学生的行为过程是讲解—训练—指点—再训练—实战。

另外，研究生阶段是以学生自我培养为主，导师提供自我培养的指导意见，师生之间定期或不定期地以组会形式进行交流。组会的内容包括检查前期工作效果、交流面临的问题与困境、探讨解决问题的途径与方法、布置下一阶段的工作任务。

1.5.3 培养方式的差异

1）研究生阶段与本科阶段的培养方式存在显著差异。本科教育主要采用标准化、规模化的培养模式，通过统一的课程设置、教学大纲和考核标准，向学生系统传授学科基础知识，教学方式以大班授课为主，注重知识的系统性和完整性，师生互动主要局限于课堂讲授和课后答疑。研究生教育则采用个性化、差异化的培养方式，主要体现在：首先，培养目标从知识传授转向能力培养，特别是创新能力的培养；其次，教学方式从大班授课转向导师制下的个性化指导；最后，学习方式从被动接受转向主动探索。这种转变如同运动员的训练，需要根据每个学生的特点量身定制培养方案。导师会根据研究生的知识基础、研究兴趣、能力特点等因素，制定差异化的培养计划，包括文献阅读、课题选择、研究方法等方面。这种点对点的指导模式要求研究生主动转变学习方式，从被动接受知识转向主动探索研究，逐步适应以能力培养为导向的新型教学模式。

2）研究生培养质量的提升依赖于师生双方的共同努力，这与本科阶段教师主导的教学模式形成了鲜明对比。在本科阶段，教师主要负责知识传授，学生则以理解和掌握既定知识为主要任务。在研究生阶段，基础技能训练是必要环节，包括文献检索、实验操作、数据分析等基本科研能力的培养，但更重要的是创新性科研训练，这种训练往往涉及学科前沿的探索性研究。与本科阶段的验证性实验不同，研究生阶段的科研训练具有更强的不确定性和探索性。对于导师而言，这种创新训练同样具有挑战性，因为科研创新本质上是对未知领域的探索。在这个过程中，导师凭借其丰富的科研经验把握研究方向，研究生则通过具体的研究工作推动项目进展，双方形成优势互补的科研共同体。这种合作模式不仅可以培养研究生的创新能力，促进导师科研工作的深入发展，还能实现教学相长的良性循环。

3）导师的综合素质对研究生培养质量具有决定性影响，这与本科阶段主要依赖课程体系的教学模式形成了对比。首先，导师的学术水平直接决定了培养的高度，高水平的导师能够准确把握学科前沿，为研究生提供具有创新价值的研究方向。其次，导师的学术资源为研究生培养提供了重要支撑，包括实验设备、科研经费、学术网络等，这些资源会直接影响研究工作的深度和广度。再次，导师的学术修养潜移默化地影响着研究生的学术品格和科研态度，包括严谨的治学精神、执着的探索精神和高尚的学术道德。最后，导师所在的学科平台为研究生培养提供了重要的环境支撑，高水平的学科平台往往具有完善的培养体系、丰富的学术资源和浓厚的科研氛围，这些因素共同构成了研究生培养的优质生态系统。相比之下，本科教育更依赖于学校整体的教学资源和课程体系，单个教师的影响力相对有限。因此，选择具有高水平学术背景和优质学科平台的导师，对研究生的成长和发展至关重要。

1.6　考核要求

1.6.1　本科阶段的考核要求

从工科教育角度而言，本科毕业考核要求涵盖工程知识、问题分析、设计/开发解决方案、使用现代工具等方面的内容。以上述考核要求对标专业培养目标，设置由不同类型课程体系与教学内容组成的专业培养方案，学生在标准学年制约束下的弹性学习年限内，修完专业培养方案规定的内容，达到毕业要求的最低学分，满足学位授予实施细则，即可授予学位。

1.6.2 研究生阶段的考核要求

研究生毕业考核要求是一种综合考评，校院两级学位评定委员会根据研究生的课程学分、学术讲座学分、学术实践学分、科研成果与学术论文发表、学位论文通过答辩与否等方面综合考评，确定是否准予毕业评定或授予学位，其中课题研究与学位论文实施的是阶段性中期考评制度。相较于本科生单一学分制的考评方式，研究生考核要求更加全面，标准高，重实绩。

1.6.3 考核要求的差异

1）本科生毕业考核：以学校组织的命题考试成绩与学业基点为主，以英语四六级成绩与实践实习能力水平考查为辅。

2）研究生毕业考核：以发表期刊学术论文与学术同行评议为主，以课程考试成绩与学分基点为辅。

1.7 误区与清源

1.7.1 研究生培养在教什么?

研究生教育就是培养学生的科学与技术创新能力，使其具备解决科学与技术领域关键问题的能力。然而，知识不断更新，容量越来越大，永远也学不完。解决科学与技术瓶颈问题，靠现有知识是实现不了的，还需要具备创新思维与实现创新思维的实践能力，所以攻读研究生的重点不是读书、学习现有知识，而是培养创新思维和提升自身的实践能力。

1.7.2　学术型硕士和专业学位硕士培养差不多吗?

专业学位硕士是为了满足行业发展与技术更新的产业创新人才需求出现的一种新的培养方式，最初学制仅为 2 年，因而被误认为是"水硕"。但是随着学制调整到 3 年，培养经验更加丰富，培养模式日趋完善，其与学术型硕士的要求和层次基本相同。两者的区别在于，学术型硕士培养侧重科学研究，专业学位硕士培养侧重技术研发，两者具有同等的创新性要求与能力培养要求。部分导师仅依据自身的科研需求，固守研究生培养模式，将专业学位硕士按学术型硕士的要求培养，或将学术型硕士按专业学位硕士的要求培养，这都是不可取的。

1.7.3　考上研究生距离适应研究生还有多远?

近年来，就业竞争激烈，研究生文凭已成为提升就业竞争力的重要筹码。许多学生在本科阶段就积极准备考研，重视高数、英语等考研考核课程，在一定程度上忽视了本专业的基础课与专业课的学习，所以入学时专业知识基础、科研工作能力偏弱，无法满足研究生学术工作要求，只能在导师的叹息与苦笑及自身的焦虑与极度挫败感中草草毕业，甚至有一些人无法获得学位。要适应研究生学术工作，需要具备扎实的专业知识、高效的学习与工作能力，以及养成勤思多问的积极态度。具体而言，有以下几种提高能力的方法：①泛读专业教科书与专著；②带着问题去学习，通过实践来检验学习效果；③积极抓住实践机会，充分利用周边资源，帮助自己克服困难。

1.7.4　培养研究生难道是让学生专门搞科研吗?

研究生培养没有严格、统一的标准，且难以制定具体标准。导师可以根据自己对培养要求的理解，确定培养过程中对学生的要求，不同导师的培养要求差别是很大的。同时，虽然研究生都达到了入学要求，但他们实际的学术科研基础能力的差别还是很大的。学生的入学基础与导师的培养期望之间的距离就是研究生培养的难度，难度过大会使导师的培养与学生科研能力的提升面临困难，也是师生矛盾的主要来源。培养研究生不完全是让学生专门搞科研，导师应该根据学生的入学基础与基本素质，弹性调整对研究生培养的期望，这也是保证导师与学生交流顺畅的关键。

参考文献

李香萍，孙佳石，李磊，等. 理工科研究生课程教学改革[J]. 西部素质教育，2020，（11）：149-150.

马永红，朱鹏宇，杨雨萌. 学位条例实施以来我国硕士研究生培养模式演进——基于三元逻辑的视角[J]. 学位与研究生教育，2021，（9）：18-28.

王保星. 博士研究生基础厚植与博士学位论文创新[J]. 中国高教研究，2020，（7）：14-18.

王战军，常琅，张泽慧. 研究生教育高质量发展：时代背景、逻辑意蕴和路径选择[J]. 学位与研究生教育，2022，（2）：8-15.

姚利民，朱黎旻. 研究生培养现状调查与分析[J]. 高等教育研究，2013，（11）：55-59.

赵沁平，马永红，别敦荣，等. 面向新时代的研究生教育和研究生教育研究（笔谈）[J]. 学位与研究生教育，2022，（10）：1-11.

赵嫒. 研究生资助政策对全日制硕士生学习投入的影响研究[D]. 西安外国语大学，2016.

周文辉，曹丽萍. 中国特色研究生教育制度优势及其效能转化[J]. 国家教育行政学院学报，2023，（4）：57-65.

第 2 章　读研的目标与规划

研究生入学后应该对自己的学习有所规划，包括对研究生学习的认识、读研目标、导师选择等方面。有了清晰的目标与规划，研究生的学习会更加得心应手。

2.1　是否应读研究生

2.1.1　本科、硕士、博士的差异

本科教育、硕士教育和博士教育分别对应着专业素质教育、专业能力教育和专业创新教育。虽然3种教育培养方式存在层次递进的关系，但是从就业上而言，本科生、硕士生、博士生并不是严格意义上的向下兼容，除了岗位竞争的内卷因素外，本科毕业、硕士毕业和博士毕业完全对应于不同角色的专业人才需求。本科毕业主要是从事一般技术工作，硕士毕业一般是从事高级技术工作，博士毕业一般是从事高等教育与科学研究工作。

无论是从教育培养还是就业从业角度而言，从硕士到博士的跨度都是最大的。在教育培养方面，博士与硕士的毕业要求和难度相差较大，且培养人数也有较大差异；在就业方面，博士的就业面明显收窄，从业人数需求较小，就业后面临的竞争压力更大。所以，针对不同的职业期望与人生追求，并不是说受教育的层次越高越好，俗话说"能力越大，责任越大，挑战越大"。战胜困难、取得成功，当然能带来愉悦与满足，屡受挫折沦为败者，显然是令人痛苦和郁闷的，因此学生应选择与自身愿望和能力相匹配的教育层次。

2.1.2　是否应读硕士

面对本科教育人数的持续扩容，以及人才层次变相降档，为了提高自身的竞争力，有必要在有条件的情况下接受硕士研究生教育。然而，从本科专业素

质教育到硕士专业能力教育，从知识讲授培养模式到多元能力培养模式，教育培养方式与方法发生了巨大变化，要求学生在知识基础的储备、学习方法的转变、技能培训的重视、社交能力的训练、实践能力的提升等多方面，提前在心理与行动上进行准备。如果本科阶段只以考研为目标，忽略了上述方面的准备，很可能会在硕士阶段焦头烂额、疲于应付，学习与能力方面的收获甚少，可能还不如本科毕业后直接进入职场。

2.1.3　是否应读博士

学生应着眼于自身的科研热情与创新能力评估，同时也不应忽视导师、学科科研平台、学校的学术底蕴等的影响，在充分地进行心理建设与学术能力评估后，依据权重对导师、学科、学校进行排序，优先考虑院士与学术大咖（导师）、国家重点实验室与国家重点学科、"双一流"，结合未来高校教师与科研院所对人才的需求，以及人生发展愿景与学术期望，慎重做出选择。

首先，学习成绩好并不意味着适合读博，学习能力强并不意味着创新能力强，挑战权威的勇气与创新的想法也非常重要。其次，要有持之以恒的热情与不怕挫折的勇气，因为获得博士学位不仅是校园教育的终点，也是职场竞争的起点。科研竞争呈高度集中的金字塔形分布，成功者永远是塔尖上的少数，科研充满了竞争，只能向前，停止或后退就意味着躺平和失败。最后，如果未来不打算做科学研究与技术研发，也可以不攻读博士，一般情况下，硕士也可以满足普通行业与职场的基本入职需求。

无论是哪个层次的教育，都不是知识学习和能力提升的终点。知识仅仅是对人类认识与改造世界的经验的总结，希望在学校学到的知识能用一辈子是不现实的，因为知识在不断更新。行业与职场是更大的教育培训舞台，其实是否读硕士、博士并不重要，重要的是要在自己的行业与职场岗位上紧跟知识更新的脚步，掌握职场技能，发现瓶颈问题，思考破局途径，落实创新实践，这才是知行合一教育的根本。

2.2 读研目标的确定

2.2.1 典型的读研目标

成为研究生后,确立符合自身未来发展需求的读研目标是至关重要的,这关乎在研究生期间所有学习与科研工作的导向性规划。以下罗列相关学生的类型。

1)欲读博士类学生。读博士意味着未来的择业意向主要是高校、科研院所和行业龙头企业的科研或研发类岗位,即确定了走学术道路。

2)考公考编类学生。这类学生读研究生只是为了提高自身的能力,以期毕业后考取选调生、公务员或事业编。

3)职场技术类学生。这类学生读研究生的目的是入职理想岗位和提升职场竞争力,一些学生因生性腼腆、不善交际,大多希望毕业后主要从事技术岗位工作。

4)留学转校类学生。这类学生读研究生的目的是丰富留学与转校深造的经历,提升学术研究基本技能。研究生期间,快速积累能够写在留学申请履历上的科研成果,是其核心任务。

5)迷茫转行类学生。这类学生读研究生的目的仅仅是获得研究生学历,因对所学专业没有太大的兴趣,期待未来转行。研究生期间,他们需要花费大量时间做转行调研与入职其他行业等方面的准备工作。

2.2.2 目标制定的原则

读研目标并不像本科阶段的学习目标那么清晰,课程成绩、考级、竞赛、奖学金等都可以作为本科阶段实现学习目标与取得阶段性成果的标志。如果研究生仅仅参照本科阶段的学习经验,将达到考试成绩、发表文章等毕业要求作为目标的话,那么读研究生对人生职业发展的重大作用将被严重削弱。因此,制定读研目标时,应遵循以下原则。

1)读研目标应与今后人生发展规划相契合。

2）自学能力培养是读研目标中的基础目标。

3）实践技能培养是读研目标中的进阶目标。

4）创新思维培养是读研目标中的终极目标。

5）读研目标应规划为可进阶的一系列小目标。

6）小目标要有时效监督、难度与可达成性。

2.3 导师选择

2.3.1 导师的类型

导师是研究生培养的主要负责人和指导者，导师的学术资源与学术指导在研究生培养中起到举足轻重的作用。了解导师的类型与特点，是选择导师、调整与导师相处方式的前提和基础。处于职业生涯不同阶段的导师具有明显不同的特征，导师的性格与处事方式也会影响培养质量。

从职业生涯状态划分，高校导师有以下典型的类型。

1. 青椒型导师

青椒型导师是指刚刚博士毕业入职的导师或者新晋导师。

优点：

1）热情积极，科研指导非常细致，对学生的问题反馈迅速。

2）与学生的交流频繁、年龄差距小、思维贴近，容易与他们打成一片。

3）精力充沛，行政、学术、科研事务少，希望与学生共同做科研。

缺点：

1）课题经费少，学术影响力小，学术资源基本没有。

2）学术能力偏弱，学术研究领域还未固定，对科研实施的掌控力不足。

3）教学经验不足，不善于因材施教，在及时调整教学期望与指导方法方面有欠缺。

2. 临近退休型导师

临近退休型导师是指快退休的导师或者已经退休延聘的导师。

优点：

1）学术能力较强，很多是某一学术领域的资深专家。

2）学术人脉深厚，具有一定的学术影响力。

3）指导经验丰富，培养的学生众多。

缺点：

1）与学生的交流互动匮乏，存在代沟，不熟悉青年学生的心理动态。

2）研究领域较窄，学术研究思想固化，研究技术与方法偏于传统。

3）指导精力有限，指导工作循规蹈矩，带领学生勇攀学术高峰的激情较弱。

3. 学术瓶颈型导师

学术瓶颈型导师是指学术研究进入瓶颈状态的资深导师。

优点：

1）随和，容易沟通，为人和蔼，易相处，对学生的学习生活的干预较少。

2）学术基础扎实，专业知识功底深厚，学术技能熟练精通。

3）教学经验丰富，擅长专业知识讲授，能够在技术细节问题上为学生提供解答。

缺点：

1）课题经费不多，不能为学生的科研工作提供充足的物质支撑。

2）课题组规模小，同门人数少，相互之间的提携带动能力弱。

3）学术创新力弱，学术研究太专注于细节，在指导学生进行创新工作方面存在不足。

4. 学术潜力型导师

学术潜力型导师是指学术成就处于快速上升期的导师。

优点：

1）科研项目较多，学生论文可以捆绑科研项目，科研工作形成了有效延续。

2）课题组已成型，同门之间已经形成梯队，专业知识与技能可实现"传帮带"。

3）学术创新力强，导师主要围绕学术前沿问题做方向性与创造性指导。

缺点：

1）以宏观指导为主，学术与科研工作繁忙，难以固定指导时间。

2）梯队建设很关键，一旦处理不好课题组成员的关系，会导致科研进展缓慢。

3）培养严、目标高，期望学生做出高水平的成果，工作压力大。

5. 工程专家型导师

工程专家型导师是指主要做横向生产项目的导师。

优点：

1）导师给予的科研津贴高。

2）开展的实践训练多，学生参与社会实践与工程项目的机会多，能锻炼独立工作的能力。

3）具有丰富的产业界资源，便于给予学生就业推荐。

缺点：

1）学生没时间进行科研，而是将大量精力用于完成导师的工程项目。

2）对学生的学术指导薄弱，高水平论文发表难，学位论文创新主要靠学生自己。

6. 行政领导型导师

行政领导型导师是指担任学校或部门领导的导师。

优点：

1）校内资源丰富，学生有更多机会获得校内研究生科研项目资助或者竞赛评比资格。

2）政策信息灵，科研选题能紧跟国家政策与重大科技需求。

3）拥有广泛的人脉资源，学生深造或留校的机会较多。

缺点：

1）用于指导学生方面的精力有限，很多时候需要忙于各种行政事务。

2）科研依靠团队，科研指导主要由课题组其他导师负责。

3）与学生的交流互动匮乏，除了组会，学生几乎见不到导师。

7. 学术大咖型导师

学术大咖型导师是指具有院士或准院士头衔的导师。

优点：

1）大项目、重大课题比较多，学生容易接触国家重大前沿科技项目。

2）科研团队庞大，同门众多，为学生的后续发展构建了强大的关系网。

3）学术影响力较强，学生有较多机会发表成果、参加竞赛并获得奖项或学术认可。

缺点：

1）对学生的指导另有其人，导师很少提供全过程指导，一般是由青椒型导师指导。

2）人际关系较复杂，且在庞大的团队中，如何合理分配学术资源可能面临一定的挑战。

3）与学生的交流互动较少，除了组会，学生几乎见不到导师。

2.3.2　择师原则

导师不是完人，不可能具备上述各类导师的全部优秀特质，学生在选择导师前，必须接受导师的局部不完美。没有最优的导师，只有最适合自己的导师。

选择导师的核心原则是：依据未来发展的需求，思考自身具备的条件，选择对自己学业进步和职业发展有帮助的导师。择师可以遵循如下原则。

1）选择导师应顾及职业发展方向。读研究生，学业进步与能力培养的终极目的是为今后的职业发展铺路，因此尽早确定职业方向，并提前积累职业发展的资源非常重要。

2）选择导师应厘清导师的专长领域。同一学科方向下，导师的学术专长千差万别。导师擅长的领域也是学生出师后的核心特长，会影响其后续的深造与职业发展道路选择，因此应厘清导师的专长领域。

3）选择导师应注重导师的资源背景。能力是基础，资源是助推器，二者是 1 和 0 的关系。导师是学生发展的靠山，能力靠自己，但是 1 后面有多少个 0，与导师提供的资源有很大关系。

4）选择导师应重视彼此的性格特征。有才之人必有个性，私下了解导师的性格与处事方式，评估与自身性格融洽的程度及耐受底线，有助于学生读研期间保持良好的心理状态。

5）选择导师应审视学习能力基础。不同导师的管理松紧与指导细致程度差异很大。譬如，性情懒散或学习能力弱的学生，就不适合学术大咖型导师的松散管理与偏于宏观的指导。

6）选择导师应关注其长处优势。即使再优秀的导师也未必十全十美，而稍差的导师也肯定不是一无是处，因此学生要充分借助导师的长处优势，习其毕生绝学，为今后的职业发展积蓄力量。

7）选择导师应保持乐观求变心态。学生在选择导师时，应保持乐观求变心态。"塞翁失马，焉知非福"，即使未选到心仪的导师，也不能过于消极。自身能力的培养与导师的研究方向没有太大关系，导师不过是为学生推开了一扇窗，即使这扇窗未开，也会开另一扇。

2.3.3　择师案例

以下针对一些学生的典型需求给出选择导师的指导意见，仅供参考。

1. 欲读博士类学生

研究生期间，欲读博士类学生需要得到创新思想培育、创新能力培养、学术资源获取，这几方面对其今后的学术道路有深远的影响。导师最好能给予其多方面的资源协助。这类学生最好选择学术大咖型导师，即便导师的指导不多，但在创新思想培育和学术资源获取方面有较大优势。当然，也可以选择学术潜力型导师，因为在创新思想培育与创新能力培养方面，这类导师可以给予其一定的帮助。

2. 考公考编类学生

这类学生可以选择行政领导型导师，因为这类导师可以在班干部选拔、入党接收、组织推荐等方面给学生提供一定的指导，同时导师的待人接物方式也可以起到一定的示范作用，其行政资源人脉也能为学生的发展提供一定帮助。另外，也可以选择临近退休型导师，因为这类导师老练的为人处世风格与较强的工作能力均可以产生榜样作用。

3. 职场技术类学生

读研究生期间，这类学生需要夯实专业技能、提升实践能力、了解行业发展状况，可以选择工程专家型导师，因为这类导师在某种程度上可以满足学生上述几个方面的需求。另外，也可以选择学术瓶颈型导师或临近退休型导师，因为这两类导师的专业知识积累丰厚、技术能力强、经验丰富，均可以为学生提升职场竞争力提供实质性的帮助。

4. 留学转校类学生

这类学生最好选择青椒型导师，因为青椒型导师有职称评定的需求，可以带领学生快速获得学术成果，恰好与学生的目标高度一致。另外，也可以选择学术潜力型导师，因为该类导师也有类似的需求。

5. 迷茫转行类学生

这类学生最好选择临近退休型导师，因为此类导师通常不会要求学生全力投入学术科研或工程项目，因此学生可以有更多空余时间。另外，也可以选择担任行政职务的导师，但是如果该导师不是学术领域的顶尖专家，且有繁重的行政工作，通常对学生的管理相对宽松。

2.3.4　择师方法

虽然选择导师是一个"相互选择、双向奔赴"的过程，但是查询导师信息、交流联络导师及撰写个人简历还是有许多技巧与方法的，可以提升导师对自己的关注度，从而提高心仪导师接收自己的概率。

1. 查询信息

在学校或学院网络主页上查询导师简历信息，了解导师的年龄、经历、学术水平与地位；检索并阅读导师的著作与文章，了解导师具体的科研方向与正在从事的科研课题；至少准备 3 名备选导师和 1~2 个研究方向，备选导师之间应有层次性。

2. 筛选原则

学生可以根据自身的期望需求，从论文数量、论文质量、项目数量、项目级别、职称头衔、学术兼职等角度来评价导师类型特点，进而选择导师。论文数量多表明导师多半是从事理论研究的；论文质量主要看论文的引用率，引用率高表明导师在某个领域具有较高的学术水平；项目数量多表明导师可能以横向课题为主，实践经验丰富，课题组经费充足，助研经费高；项目级别高表明导师的学术工作贴近学术前沿，研究方向符合国家重大科技需求；职称头衔高表明导师资历老，学术地位高；学术兼职多表明导师的学术资源广。

3. 联络导师

联络导师，宜早不宜晚，最好能在研究生入学考试之前。如果是本校导师，最好能当面交流；如果是外校导师，可以通过邮件进行交流，由同校老师引荐，或者由已在目标导师课题组的学长推荐。无论交流和沟通顺利与否，都要持续汇报自己的近况，如果目标导师已没有招生名额，还可以请他为自己推荐其他导师。

4. 撰写简历

学生可以根据自身的基本情况、教育经历、实践经历、成绩成果等信息编制一份标准简历，然后根据查询导师信息所获得的导师的研究方向与学术经历，预估导师选择学生的可能关注点，优化简历，突出以往成绩、成果、经历等自身特点与导师选择学生关注点之间的契合程度，重视简历文字表达的准确性与图表显示的规范和优美，提升简历版式的精美程度与内容吸引力。

2.4 培养计划制定

在研究生培养过程中，研究生培养计划制定是一个重要环节，是监督研究生培养过程的主要依据，是教育部门对研究生教育工作进行审核、评估的基础材料，也是学校对研究生毕业及学位授予情况进行审查的基本文件。

2.4.1　计划内容

研究生培养计划的内容应包括培养目标、研究方向、培养方式、课程学习计划、课题研究计划（论文）和实践实习计划等。

2.4.2　制定思路

在制定研究生培养计划前，学生应与导师充分交流和协商。导师应根据研究生培养方案的要求，结合研究生的个人发展取向，根据研究生个人能力特点因材施教，从研究方向与课题研究（论文）出发，倒排课程学习计划、实践实习计划，确定培养方式。培养计划制定的思路如下。

1）明确学术方向与项目论文选题。

2）瞄准科研选题方向规划课程。

3）围绕学术研究工作布置专业实践。

4）关注计划时间节点及其任务清单。

2.4.3　制定方法

研究生培养计划的制定是一个系统且细致的过程，旨在确保研究生能够按照既定的目标和标准完成学业，同时获得必要的技能和知识。在培养计划制定过程中，学生与导师保持密切沟通是至关重要的，因为导师的指导和建议有助于其顺利完成学业。此外，研究生还应该熟悉学校研究生手册和所在学科的培养要求与政策，以确保培养计划中的所有内容都符合上述规定。一般的制定步骤如下，其中某些步骤可以根据学校和学科不同进行调整。

1. 明确培养目标

围绕自身的职业发展期望，确立读研的主要目标，了解达到目标需要掌握的特定领域的知识，需要具备的研究能力、技能，以及应该做哪些方面的职业准备。

2. 选择研究方向

根据个人兴趣、职业规划与学术趋势，与导师一起反复讨论，确定一个或多个备选研究方向。

3. 制定课程计划

根据学校和专业的课程要求，依据科研方向与选课原则，与导师一起挑选必修课和选修课，确保满足学分要求。跨专业的研究生可能还需要补充一些基础课程。

4. 设定时间框架

依据学制要求、课题进度与毕业时间要求，确定完成课程学习、实习/实践、论文研究和写作的时间表、计划论文答辩的时间，以及准备答辩所需的材料。

5. 规划论文或项目

讨论论文的主题、研究方法和预期成果。制定论文进度计划，包括文献综述、数据收集、分析和撰写等阶段。

6. 遵守学校流程

遵循研究生院的规则和流程，如在线提交培养计划等。

7. 撰写培养计划书

详细的培养计划书，包括个人信息、研究方向、课程列表、学分要求、论文计划等。这份计划书通常需要得到导师、学院和研究生管理部门的批准。

8. 定期评估与调整

培养计划应定期检查和更新，以反映学习进展和进行必要的调整。

9. 关注额外要求

注意额外的要求，如外语能力、专业资格考试或研讨会参与等。

2.4.4　选课原则

研究生课程选课与本科阶段选修课的选课有着巨大差别。《普通本科高等学校本科专业类教学质量国家标准》对本科阶段的培养目标要求是能适应和胜任多变的职业领域，本科教育知识讲授不仅要向学科的纵深发展，还要注意学科间的横向关系，本科阶段选修课的选课主要是以拓展知识面为主，建立在多掌握知识的基础上，做的是"加法"。研究生课程学习的目的是为后续的科研工作和论文研究做好基础理论准备，对知识的深度方面的要求更高，所以研究生课程选课应该采取"减法"策略。具体而言，选课原则如下。

1）课程规划应有明确的科研方向。

2）课程之间具有系统与承接关系。

3）专业学位课程应能体现核心基础。

4）选修课程应聚焦最新科研发展。

5）课程数量不宜过多，留够课余时间。

2.5　研究工作规划

2.5.1　工作内容

培养计划是督导研究生三年培养过程的主要文件。然而，培养计划仅仅是一个框架文件，根本无法包含研究生阶段的全部工作内容。本科阶段为通识教育培养，培养方式是通过知识讲授与实践训练，带动个人能力的提升；研究生阶段是个性化培养，每个人的课程选择、专业实践内容、科研方向和论文选题都不同，培养方式以能力培养为核心，课程知识的讲授仅为后续学生的自主学习奠定知识基础。

在能力培养上，研究生培养工作应包括自学能力培养、实践能力培养、文字能力培养、表达能力培养、交际能力培养、创新能力培养；在知识储备上，研究生阶段应掌握本学科的基础理论知识、专业实践知识、科研方法与技术、最新研究方向与动态。所以，研究生阶段的工作内容就是通过课程学习、课外自学、专业实践、学术交流、成果发表与毕业论文等相关工作，达到上述能力培养和知识准备的要求。具体工作内容如下。

1. 课程学习

研究生课程学习不能延续本科阶段学习方式的惯性，有些学生错误地认为将课程知识学好就可以满足研究生阶段的知识需求。培养计划中的课程学习主要涉及本学科的核心基础理论知识、宽泛专业实践知识、零散最新科研动态。研究生课程学习中授课内容容量大、授课方式跳跃性强，要求学生随着授课进程全面深入掌握知识是不现实的，而是应该通过授课来熟悉与掌握本学科的知识体系，了解学科发展的过去、现在与未来，为学生后续根据自身科研方向与研究需求，深入自学相关理论知识与实践打下坚实的基础。

2. 课外自学

研究生阶段，主要以自学为主，自学能力培养是研究生阶段能力培养的基础。课外自学，不能漫无目的，而是应该按需学习，围绕研究方向、课题研究计划与毕业论文主题的需求，有效组织所需的知识体系与结构，从基础理论知识、专业实践知识、科研方法与技术、科研最新动态等角度协同开展。

3. 专业实践

研究生培养的终极目标就是具备创造性地解决问题的能力，其前提是应具备解决问题的能力，而后再提升创新思维能力，达到创造性地解决问题的目的。专业实践包括参与导师的课题研究等，不同专业的专业实践内容有所不同。

4. 学术交流

学术交流就是对知识、经验和科研成果的分享和探讨。学术交流是捕捉科研动态的最佳途径，也是对通过文献阅读掌握科研动态与方向的有益补充。

5. 成果发表

成果发表的形式包括学术论文、专利与科研报告等，是研究生毕业与获取学位的重要考核指标，是专业实践中对工作成效的系统总结和知识凝练，是在毕业论文写作前的实战训练，是提高文字能力的重要途径。

6. 毕业论文

毕业论文的撰写需要经历开题报告、试验实施、数据分析、理论构建、结论总结、工作展望、中期检查、预答辩、论文答辩等环节，是研究生阶段对自学能力、实践能力、文字表达能力、交际能力、创新能力的全面训练，也是从学习到应用、从模仿到创新、独立解决问题的全过程实践。

2.5.2　规划安排

培养计划中有一些关键时间节点值得注意，如果不能提早做出规划并达到工作要求，可能会造成一系列工作滞后的被动局面，甚至会导致延迟毕业或者无法获得学位的严重后果。

1. 第一学年

除了课程学习以外，第一学年的主要工作是加强科研方法与技能的学习和训练。在第一学年末，学生应该掌握课题研究的基础理论与基本的科研方法和技能。另外，可以围绕研究方向的课程选课规划与科研技能目标进行选择性课外自学，这也是开展第二学年工作的基础。

2. 第二学年

第二学年的主要工作是参加专业实践与科研工作，在专业实践与科研工作中提高基础理论知识的掌握程度，熟悉科研方法与精通工作技能，了解最新科技前沿与行业发展痛点，围绕专业实践与科研工作，完成毕业所需学术成果（论文、专利、报告）的撰写。这是因为论文投稿录用需要较长的周期，等到毕业论文完成后，再将毕业论文研究成果发表，不能赶上毕业周期。第二学年第一学期还有一项重要工作，就是完成毕业论文开题。这需要学生广泛阅读文献，了解最新学术前沿与行业发展痛点，基于基础理论知识与科研方法，制定毕业论文的研究目标、研究内容和技术路线。

3. 第三学年

按照毕业论文开题报告制定的研究目标、研究内容和技术路线，开展科学研究与实践项目工作。一般而言，主体工作应该在第三学年第一学期完成，并通过毕业论文的中期检查，第二学期完成毕业论文撰写、预答辩、答辩及毕业资料的提交。

2.6 误区与清源

2.6.1 读研目标是本科学习目标的延续吗？

本科阶段学生的学习目标是在掌握本专业基础知识与专业知识的基础上，通过课外学习与实践教学，不仅要深入学习专业知识，还要掌握其他领域的跨学科知识。目前，大类招生的教学模式的目标也是加强本科生知识体系的综合性、全面性、实践性。读研的目标就是提升解决复杂问题的能力，需要在一个狭窄的专业限定范围使自己掌握的知识向纵深方向发展。而且，读研的目标不仅仅是学习，因为如何提升创造性地解决未知问题的能力，是无法在书本中找到答案的，学习只是基础性准备。因此，可以说读研目标并不是本科学习目标的延续。

2.6.2 如何确立读研目标？

1）读研目标不应设置过大、过泛，不能什么都想学习、什么都感兴趣，应该设定较小且具体的目标，便于自己完成。

2）读研目标的确立离不开与导师的交流和协商，离开导师的支持，读研目标将很难实现，最好沿着导师指定的研究方向与相关课题工作来确立读研目标。

3）读研目标应尽早确定，三年时间一晃而逝，而且完成读研目标的任务重、工作多，早点确定读研目标与工作规划，能为后续工作腾出有效时间，少走弯路。

4）确定读研目标，应与高年级同门密切交流，吸收有益的建议与经验，这样会达到事半功倍的效果。

5）确立读研目标，应首先搞清楚研究生培养目标、培养内容与培养流程，抓住自学能力培养、实践技能培养、创新思维培养三个核心，围绕毕业与学位考核要求，制定自己的读研目标。

2.6.3　如何安排好工作规划？

1）明确研究生三年期间各阶段的工作任务。

2）梳理各阶段工作任务之间的关系，分析完成任务需要满足的知识、技能方面的条件，制定课程学习与课外自学任务计划。

3）围绕读研目标与科研方向，从模仿成熟技术、跟踪前沿技术、思考理论技术与应用需求之间的关系，到探索突破瓶颈的理论与技术路径，制定专业实践的工作规划与步骤。

4）聚焦成果发表、学位论文写作及就业发展，制定文字能力、表达能力、交际能力的培养训练规划。

参考文献

陈夏莹. 本硕博贯通式人才培养成效研究[D]. 华南理工大学，2020.

高杨. 教师和导师双视角下研究生培养质量提升路径[J]. 现代商贸工业，2024，（10）：117-119.

李瑞芳，伊艳杰，赵英源. 南洋理工大学研究生培养模式及启示[J]. 大学教育，2023，（21）：85-89.

刘鲁苏. 读研"四寻"[J]. 中国大学生就业，2021，（5）：12-14.

刘希军，王葆华. 面向研究生创新能力培养的研究生导师团队构建研究[J]. 创新创业理论研究与实践，2023，（2）：91-93.

时艳芳. 改革开放以来研究生导师队伍建设政策工具选择与运用的研究[J]. 学位与研究生教育，2022，（4）：20-27.

谭继帅. 借用 5W1H 分析法进行自我审视——给研究生新生的读研规划建议[J]. 中国研究生，2019，（8）：28-30.

徐娟. 家庭资本对硕士研究生读研动机的影响研究[D]. 南京邮电大学，2021.

许家惠. 硕士研究生与导师间的师生互动对学习收获的影响机制研究——学习投入的链式中介作用[D]. 东北师范大学，2023.

张坤，赵志根. 基于职业规划的大学生考研、就业抉择机制研究[J]. 邢台学院学报，2014，

（3）：179-182.

张玲. 拿什么决定读研？ [J]. 中国大学生就业，2006，（18）：19-21.

邹宝玲，丘秀红. 导师确定方式对导学关系的影响研究[J]. 当代教育与文化，2023，（5）：105-111.

第 3 章　导师与学生相处之道

研究生培养是导师对研究生进行指导，以及促进学术共同进步的一个过程。本章主要介绍研究生培养过程中导师的作用、指导内容、工作方式及相处之道。

3.1 导师的作用

研究生培养是导师与研究生通过共同努力与协作配合而完成的。不同于本科阶段学生只在课堂与课下零碎时间与老师面对面打交道，研究生阶段学生隔几日或者每天都会与导师讨论问题，导师的热情投入与个性指导对研究生培养起着至关重要的作用。导师的学术资源、学识学养、科研团队规模都会影响研究生培养的质量，而师生关系融洽与交流通畅则是研究生培养成功的关键。

不同于其他学习阶段，研究生阶段，相对于一般教师而言，导师的教育方式具有以下特点。

1）导师的作用不是知识传授而是能力培养。研究生阶段，导师的作用已经不是只聚焦于"知识传授"，而是侧重于"能力培养"。研究生的知识学习大多是靠自学，而非导师的"知识传授"与学生的"被动接受"，导师只在学生遇到认知瓶颈时起辅助作用，其会将更多精力放在"能力培养"过程中的讲解与指点。

2）导师的作用是"师傅领进门，修行靠个人"。研究生阶段，导师的作用类似于教练员，研究生的角色类似于运动员，能力就像身体肌肉，并不是教练员给运动员讲述了训练方法，运动员会用训练方法就可以马上取得效果的，肌肉需要运动员自主长时间反复训练。

3）导师的作用是"有教无类，因材施教"。每位运动员的运动天赋、骨骼条件、肌肉类型、技术特点、理解力不同，所以教练员针对每位运动员给出的训练方案、训练强度与训练计划都是不同的，有时还需要运动员通过训练反馈适时调整。所以，研究生阶段导师不可能再像本科阶段那样采用标准统一的授课模式，而是采用点对点指导与训练的交替往复模式。研究生应从固有的知识讲授教学模式跳出来，逐步调整，适应导师的能力训练教学模式。

3.2 指导内容

导师的指导内容主要包括以下几项。

1）计划制定。相较于本科生群体性培养模式，研究生培养模式具有明显的定制性与个性化特征，而且教学内容与创新深度是没有边界的，需要根据学生的发展意愿与导师的研究方向，拟定研究生课题方向与科研工作量。导师与学生协商培养计划，包括课程学习、实践、学术活动、读书、学位论文撰写等方面的计划。

2）文献研读。文献包括科研专著、科研报告、硕博学位论文、期刊论文、专利文件等。与课题方向相关的文献常常浩如烟海，如何根据文献内容与课题方向的相关性，找到最为密切的可参考信息，并对这些信息进行梳理排列，探索知识演进的过去与未来，需要在导师的指导下完成。

3）实践指导。实践是将知识转化为能力的必由之路，是掌握科研工作技能的有效方法，是发现科研问题的重要途径。大学阶段充斥着大量知识，而学生的实践经验甚少，需要导师在实践方法方面提供指导，传递实践经验，指导学生学会在实践中发现问题。

4）心理指导。研究生培养是高层次人才从校园走向社会、从学习到实践、从吸收知识到创造知识的重要过渡，而且这个阶段也是世界观、人生观、价值观及个人情感的重要养成期。这个阶段，学生既会面临科研中的困境，也会遇到人际交往中的困扰，甚至会碰到情感上的烦恼，这些都需要导师予以心理建设和疏导。

5）经费支持。科学研究中的调研、考察、实验、资料、出版、会议等方面的津贴，均离不开学校、学院与导师的物质支撑与经费支持，学校提供了研究生培养的基础平台，而导师则将研究生培养与承担的科研课题捆绑在一起。

6）选题指导。"人生道路选择比努力更重要。"科研课题研究同样适用这一道理。研究生阶段，科研工作与学位论文撰写是一次在限定时间内的创新性科研锻炼，既要保证研究工作量适当，不能太少或过多，争取在 1～1.5 年完成；又要控制研究深度，不能过易或太难，既要达到创新水平要求，又不能是新手解决不了的问题。作为新手的研究生在这方面是难以精准把控的，所以导师的选题指导至关重要。导师要在选题方向、资料收集、内容撰写等方面为研究生提供相应的指导。

7）开题报告指导。开题是在选题的基础上，准确而详细地论证研究目标、研究内容、技术路线、可行性、创新点，以及规划好研究计划。开题报告对后期科研课题的顺利实施起到了全局把控作用。这是从发现问题到分析问题，乃至解决问题的最重要的环节，这一部分的导师指导涵盖从全局到细节的规划，帮助学生对科研工作进行梳理。

8）进程指导。"理想很美好，现实很骨感。"科研工作实施过程中总会碰到研究方法、实验手段、测试技术的精度与效果难以达到预期效果，甚至有时候还会遇到和预想截然相反的情况。这就需要导师与研究生研讨研究方案修改与进行技术手段调整，分析造成研究结果不理想的症结，找到突破困境的方向与路径。

9）写作指导。研究结果的形象呈现与准确表达，对成果发布与出版至关重要，也是科研技术交流的重要基础，是研究生阶段培养要求中必须掌握的基本技能。这关乎科研成果能否达到正式发表的要求，从而会影响毕业。学位论文的写作质量也会决定研究生的最终答辩能否通过。导师不仅需要在论文写作的语言通畅、表达准确与排版规范上提出建议，更需要在科技问题与解决方案的科学逻辑、术语表达、数据表征方面提出指导性意见。

10）答辩指导。答辩是对学位论文能否通过的最终考核，需要研究生准确表述课题目标、思路、内容、方法、结果、结论及展望，还需要针对评委会专家的质询，做出合理的解答。导师需要在科学的逻辑思维、语言表达、抗辩技巧等方面给予其指导。

11）发展指导。俗话说得好，"男怕入错行，女怕嫁错郎"。研究生毕业是高层次人才从校园走向职场的起点，是人生发展的关键。青年学生有理想、有激情、有闯劲儿，但往往对现实缺乏冷静思考。导师是最了解学生特点、能力与潜力的人，可以帮助学生选择适合他们的发展道路，同时还可以借助自己的人脉资源为学生发展提供机会。

3.3 工作方式

研究生阶段，导师对学生的指导是以师生之间定期或不定期的见面交流与集体组会形式来开展的。当然，随着互联网技术的发展，工作组应用程序和线上会议也提高了师生交流的便利性。无论是见面交流还是集体组会，师生之间工作交流的主体内容都包括工作计划任务安排、工作思路技术交底、检查前期工作成效、交流面临的问题与困境、探讨问题解决途径和方向、提出工作检查要求等。研究生培养既需要导师与学生在指导工作中密切配合，又需要保证各自的工作方式达到一定的规范要求，这样才能提升指导工作的成效。

3.3.1 导师

1. 导师指导与见面交流应有规律频次和主题内容

每学期，导师都应根据日常教学与科研工作安排，制定规律性的集体组会与师生见面时间。首先，需要合理制定集体组会与师生见面的主题内容，一般而言，集体组会主要以学生阶段性工作汇报、工作成效检查和工作计划制定为主；师生个别约见则以所遇困境问题的研讨与交流、工作思路技术交底为主。其次，在时间安排上，应既有规律性，又有时效性，一般每周至少应与学生约谈一次，了解工作近况与及时答疑解惑；集体组会宜每月召开一次，尽量让每位研究生都能得到发言机会并参与其中；学期末，应组织研究生召开总结会，系统地总结本学期的成果与工作不足。

2. 导师指导与工作布置应有缜密计划性与阶段性

研究生培养应按照培养计划的时间表来统筹工作，同时导师承担的国家与企业的纵、横向课题同样也要有具体的时间要求与计划安排，所以如何将导师的研究课题与研究生指导工作在时间、阶段上对接清晰，是导师指导的关键。导师应与研究生一起系统地商讨工作计划、分解任务、编列实施计划，使得指导工作具备不断深入的阶段延续性，围绕毕业要求与培养计划，确保在时间上具有合理性。

3. 导师指导与交流方式应是启发指引与头脑风暴

导师指导工作的主体不是讲授知识，而是训练、培养学生获得解决科学与技术难题的科研能力。导师指导不应为空泛概念知识的讲解，也不应为过于细致的工作说明。研究生的知识吸收与储备应以自学为主，导师指导应以关键难点剖析与知识结构评述为主；研究生指导工作也不应过于细致，因为这会剥夺学生独立思考与探索尝试的机会。启发式指引科研方向与问题解决途径，与学生一起开展问题研讨、进行头脑风暴，是导师指导工作的核心与关键。

4. 导师指导与任务布置应有明确目标与可操作性

导师指导应布置明确的任务，让研究生在不断完成进阶任务的过程中，提高自身的科研能力与学术水平。在任务布置中，导师应为学生分解阶段性工作目标；围绕阶段性工作目标，与学生一起制定具有可操作性的技术方案与推进步骤。否则，学生可能会一头雾水、无从下手，导致指导效率低下，学生逐渐丧失信心。

5. 导师指导与工作考核应有严格期限与标准要求

导师指导工作中的任务布置，应交代明确的考核标准与要求，制定严格的检查工作期限。明确的考核标准与要求，能提升研究工作的质量，没有考核标准与要求，会导致研究生的工作目标模糊。制定严格的工作期限，能提升研究生的工作效率，促进师生之间有效及时沟通，共同克服遇到的问题。

3.3.2　研究生

1. 了解导师指导目标主要任务

研究生应了解研究生阶段导师指导工作的主要任务不是讲授知识，而是传授科研工作经验、培养科研工作能力。这将有助于研究生梳理自己的工作目标，配合导师制定工作计划、工作内容与实施步骤。

2. 清楚应向导师提出哪些问题

提出问题是研究生在被指导过程中对导师指导的重要反馈。然而，提出什么样的问题及如何提出问题，是研究生新生的一门必修课。导师不是知识的复读机，也不是事无巨细的工作"保姆"，导师主要解答超出书本知识的问题，或者探讨科研难题的解决途径，所以研究生应在充分自学、调研与思考的基础上，向导师提出有价值或体现自身水平的问题，而不应草率地向导师提出浅显或无意义的问题。

3. 学会围绕导师要求开展工作

研究生培养与本科生培养存在巨大差异，离开了导师的指导与帮助，研究生仅靠自身学习与努力是难以达到培养要求的。研究生应抛弃固有的学习观念，围绕导师的指导要求开展一系列知识准备、技能训练、科学研究等相关工作，对于与导师指导产生的认识差异，应及时与导师积极沟通。

4. 掌握导师指导方式积极配合

每个导师的指导方式不尽相同，尽快熟悉导师的指导方式，积极配合与响应，有助于与导师建立相互信任、相互认可的工作关系，便于为自身争取到更多的导师学术资源，推进培养工作。如果对导师的指导方式存在疑问，也可以预约导师深入沟通，提出自己的想法与需求，掌握导师的指导习惯。

3.4 相处之道

3.4.1 了解彼此的期望

师生和谐相处共同完成培养工作的前提是必须了解彼此合理的期望，并努力满足彼此的期望，这对于维持良好的师生关系非常重要。

导师对研究生的期望包括以下几个方面。

1）基础扎实，素质优秀。

2）自主学习，善于总结。

3）工作认真，吃苦耐劳。

4）善于提问，勤于思考。

5）主动交流，团结协作。

研究生对导师的期望包括以下几个方面。

1）知识渊博，学养深厚。

2）研究方向的前景诱人。

3）学术资源的影响力强。

4）经费充足，补助丰厚。

5）乐于支持学生的发展。

3.4.2　熟悉导师的性格

充分了解导师的类型与处事风格，是与导师融洽相处的前提和基础。处于职业生涯不同阶段的导师具有明显不同的特征，同时导师的性格也会影响其处事方式。从性格和处事方式来看，可以将导师划分为以下类型。

1）古板严谨型导师。培养严格、态度严肃、指导细致，师生之间保持一定距离。

2）兄弟哥们型导师。常与学生聚会交流，科研指导与生活交流不分场合。

3）强势控制型导师。基本上是"一言堂"，不太愿意接受学生的意见，严格控制学生的工作。

4）和善佛系型导师。对学生很客气，对学生的管理松散，"你不找他，他不烦你"。

当然，上述职业生涯状态与性格处事及其优缺点仅为某些典型参照，大部分导师可能呈现出几种类型的局部交叉与优缺互补状态。

研究生是没有能力改变导师的性格与处事方式的，也无法使自己的性格与导师完全契合、兼容。研究生只能适应导师的性格与处事方式，如果性格相投，固然非常幸运；如果性格存在冲突，则应注意了解导师工作要求的底线，顺应导师的性格并充分利用导师的指导，促进自身的发展。当然，探索与导师的相处方式，也是对学生走向职场与领导相处的实习演练。

3.4.3　相处的基本准则

1）尊重理解。学生要尊重导师的专业知识和经验，同时导师也应该尊重学生的独立性和个人成长需求。另外，学生要理解导师可能面临的压力和挑战，如资金管理、项目进度、发表论文等。

2）有效沟通。保持开放和诚实的沟通，定期主动与导师沟通和向导师汇报，让导师了解自己的工作状态、最新研究进展、遇到的困难与困惑；研讨与课题研究、学位论文密切相关的参考文献和研究进展；科研工作的关键步骤和异常结果出现时，学会主动提出和表达自己的想法，同时也要倾听导师的指导建议，与导师讨论，避免做出草率的决定。

3）专业发展。导师应鼓励研究生参与学术会议、研讨会和培训，以促进其专业成长。研究生应该主动寻求机会提升自己的技能和丰富知识，同时向导师展示自己的进步。

4）相互支持。在遇到困难时，双方应相互提供支持，无论是在学术还是日常生活中，都应该建立一种相互信任和依赖的关系，这有助于促进教育工作的顺利开展。

5）界限意识。明确界定工作时间和私人时间，避免过度工作，保持工作与生活的平衡。另外，要认识到导师不仅是学术指导者，也可能成为职业网络的一部分，要保持传统的尊师重道的师生关系。

6）心理健康。导师应关注研究生的心理健康，提供必要的支持或专业帮助。研究生也应该主动维护自己的心理健康，必要时可以寻求导师的帮助。

3.4.4　相处实用技巧

1. 建立恰当的私人关系

在尊师重道的基础上，学生可以在传统节日送上祝福，对导师给予自己的学业帮助表示感谢；积极帮助导师处理一些琐碎的小事，主动、礼貌地关心导师的健康与生活；个人的生活烦恼与困惑，多向导师交流反馈，征求导师的宝贵建议。

2. 树立良好的工作形象

在与导师的互动和交往中，需要遵循一些基本原则。

1）坦荡诚实。如实汇报个人的学习状态与问题，不要故意掩饰学习中的不足与问题，不对工作中的错误或失误刻意辩解，坦诚接受批评，及时改正错误。

2）责任心强。对导师交办的事情认真对待，不推诿敷衍；对交办却疏于履行的工作，主动承担责任。

3）遵时守信。开会、约会守时，树立时间观念，对导师交办的事情或做出承诺的工作，按时、保质保量完成。

4）积极主动。"天下武功，唯快不破。"在学习中，提升学习效率非常必要。对于一些工作而言，为了追求完美，慢工出细活并不足取，可以做到先快再好。

3. 导师的学生管理技巧

建立良好的师生关系，需要双方共同努力。导师也有义务与责任帮助学生完成学业，维护好师生关系。在调整师生关系的过程中，导师应注意以下环节。

1）营造良好、融洽的氛围，定期组织学生聊天、聚餐。

2）秉承有教无类的原则，注重因材施教，在指导过程中注意方式方法。

3）维护学生的自尊心与关注学生的情绪，批评与表扬时应注意场合。

4）坚持学术资源分配合理、平衡，既鼓励先进，又带动后进。

5）待人宽厚仁慈，尊重个性发展，既表明立场，又循循善诱。

3.5　危机公关

入学前，学生对研究生阶段的培养模式、课程学习与科研方法的认知甚少，对研究生阶段的培养目标与要求和本科阶段的差异认识不足。如何协调导师培养与学生对学术发展的认知，如何与导师融洽相处，如何解决师生矛盾，是入学后摆在导师与学生面前的重大课题。

3.5.1　潜在矛盾

1. 学生对导师科研方向没有兴趣

入学后，学生通过课程学习、学术交流、学术讲座接触到了不同的学术思想，可能会逐渐对导师的科研方向失去兴趣，坚持自主学术科研，从而造成师生矛盾。研究生培养目标不仅是促进学生对知识的获取，更要激发学生的创新思维与促进学术能力的提升，所以科研方向选择不是重点。因为每个科研方向的研究与训练都可以提升学生的能力，关键是培养过程中导师与学生是否能通力合作、提高培养质量。

2. 学生对导师能力的认知误区

研究生往往存在一种认知误区，即导师在专业领域内无所不知。然而，对于有些复杂的专业问题，导师可能也无法解答，这就导致一些研究生对导师的能力产生了质疑。如果将本科阶段的老师比作启蒙阶段的教练员，是将自身具备的能力传授于运动员，而研究生阶段的导师则是训练参加奥运会运动员的教练员，论竞技水平，教练员的能力要比运动员低，但不会影响教练员针对运动员竞技水平的提高提出训练方法与指导意见。

3. 学生对导师指导方式的认知误区

一些学生习惯了本科阶段的教学模式，误认为导师的指导应该是讲授每个知识点、解答专业疑问、解决学生科研难点，但后来发现导师的授课常常是浮光掠影式的，专业答疑只给参考书籍出处，科研解惑只给解决方向，对导师的指导方式感到困惑，认为研究生阶段什么也没有学到，收获甚微。学生应该认识到，导师指导的重点不是讲授知识，无论是基础理论知识还是专业实践知识，主要是靠学生自学，导师的主要工作是方向引导、难点剖析、方法点拨。

3.5.2　公关策略

导师与研究生关系的僵化往往源自一些误解，不是觉得资源分配不合理，就是因认知矛盾而产生情绪失控，一旦出现关系恶化，有可能会影响研究生培养与学位获取，处理不好甚至会引发人间悲剧。近些年，这些现象在一些高校时有发生。因此，导师与研究生应该掌握一些公关策略。

1. 冷静下来主动交流

导师与研究生均应主动、及时、坦诚地交流，站在对方的角度考虑问题。研究生应反思自己哪些方面的工作没有做好，而导师应反思自己的指导方式与要求尺度是否合适。在萌芽阶段，这类问题相对容易解决。

2. 寻求组织从中调解

当主动交流出现障碍，双方无法冷静交流时，可以通过关系密切的同学或者同课题组其他导师从中斡旋；如果上述方法无法奏效，还可以将矛盾上交组织，由学工处的老师来疏解学生的负面情绪，由学院行政领导约谈导师了解情况，共商解决方案。

3. 谨慎实施更换导师

如果学生发现选择的导师的确不合适，应该与组织、调解人反复沟通，如果确定师生关系已无法挽救，需要更换导师，但一定要谨慎。首先，需要清楚更换导师的要求和程序；其次，要找到愿意接收自己的新导师；再次，给出各方都能接受的更换导师的理由；最后，三缄其口，不要随意散布对原导师不利的任何信息。

3.6　误区与清源

3.6.1　导师和学生的关系超越了一般师生关系？

本科阶段的师生关系和研究生阶段的师生关系是有区别的，前者仅仅为一般的师生关系，其交流主要集中于课堂和有限的课余时间，主要进行知识传授与问题讨论；研究生阶段的师生关系则近似于师徒关系，其交流不仅包括知识传授与问题讨论，还包括经验交流与情感交流。同时，导师指导下的科研工作，是师生并肩作战共同完成的。所以，导师与研究生的关系应该是超越了一般的师生关系，而且作为细分科研领域的同行，在研究生毕业后，导师仍然可以在事业上给予其巨大的帮助。

3.6.2　研究生可以向导师提出哪些要求？

不同于传统授课老师对学生的学业帮助是以内容输出为主，导师对研究生的学业与科研指导，除了一定量的导师主动指导与传授外，主要依靠学生主动。在遇到困难时，研究生应该主动寻求导师的帮助，但是应该提前明确可以向导师提出哪些要求，主要包括学习与科研方法探讨、科研资源获取、人生道路困惑求教、求职就业推荐等。

3.6.3　导师喜欢研究生问哪些问题？

向导师问问题是师生之间学术交流的常态，但是一些导师本身事务繁忙，既有教学工作，又有科研项目与社会服务工作，在有限的相处时间内问什么类型的问题，是学生需要注意思考的。首先需要明确"导师不是保姆而是拐棍"，导师的义务是帮助学生学习而不是服务于学生的学习，所以一般导师愿意解答那些经过深入思考而提出的问题，而不是浅显的常识性问题。因此，在向导师提问题前，研究生需要做一定的钻研思考，确实无法获得问题答案，再去问导师。而且，在问答过程中，导师一般喜欢采用讨论的形式，双方都输出观点，进行思辨解答，而非单方面的观点输出。

3.6.4　研究生与导师应建立什么样的关系？

研究生与导师之间的关系是多维度的，通常包含但不限于师生关系、同事关系等。研究生和导师健康的师生关系是在相互尊重、信任、合作及有效沟通的科研工作中逐步建立起来的。理想的师生关系是亦师亦友的关系，在学术上，导师逐渐从引路人变为同行者，在生活上因为不断交流逐渐成为价值观趋同者。研究生与导师的关系类似于传统意义上的师傅和徒弟的关系，二者就像没有血缘的"亲人"，而且导师也是能为研究生的发展提供巨大帮助的人。研究生与导师应建立一种积极、富有成效且长期有益的关系，这对于研究生的学术成长和个人发展至关重要。

参考文献

高晓涵. 孔子美学视域下的师生关系研究[D]. 华东师范大学，2023.

马杰，别敦荣. 我国研究生教育师生关系调查研究[J]. 华东师范大学学报（教育科学版），2021，（12）：81-98.

宋德发，荆莹莹. "师生关系十分融洽"——西南联大导生融洽相处的表现、实质和现实意义[J]. 学位与研究生教育，2022，（3）：63-68.

孙伟. 论和谐教育观[D]. 东北师范大学，2006.

涂智君. 浅谈研究生导师的人格魅力[J]. 中南民族学院学报（人文社会科学版），2001，（5）：109-111.

王一，刘宏伟，王新影. 论研究生导师立德树人职责的四重逻辑[J]. 学位与研究生教育，2020，（5）：44-49.

姚敬磁. 研究生和谐师生关系构建研究——基于内尔·诺丁斯的关怀伦理[D]. 吉林大学，2022.

姚琳琳. 研究生导师指导责任的范畴与限度研究[D]. 华东师范大学，2019.

姚文君. 研究生与导师关系现状及对策研究[D]. 华东理工大学，2022.

于缘. 负面舆情频发下对研究生师生关系建设的思考[J]. 教育现代化，2019，（12）：68-70.

第 4 章　学习方式需要转变

学习是学生自认为最为熟悉的环节。然而，研究生阶段的学习没有固定教材，不清楚学习范围与深度，跟不上教师的授课节奏，没有大量习题和客观性考试，都会使一些学生在学习中有一种不适应与不自信的感觉。面对研究生阶段的海量知识内容，如果仍然延续本科阶段的学习方法来理解、记忆每个知识点，感觉既学不完又学不懂。本章围绕研究生的学习痛点，系统介绍研究生阶段的学习特点、学习误区、学习内容、学习安排和学习方法。

4.1　学习特点

4.1.1　学习目标不同

1. 本科阶段

本科阶段的学习是一种不断进阶的标准化国民素质与知识水平教育，主要通过水平应试或选拔性考试来检验教学质量与学生掌握知识的情况。学习过程是一种认同标准化知识的文化与专业教育，学习目标就是通过相应的考试表明学生已经达到了教学大纲规定的知识水平与能力要求。

2. 研究生阶段

研究生培养目标是培育具有独立从事创新性科学研究与实践能力的科研人才，检验教学质量的方式是考查学生的论文是否有知识创新成果。考察知识掌握程度的考试不是检验研究生培养质量的最终标准，学习知识仅仅是围绕学位论文等科研工作所做的知识准备，因此研究生阶段的学习目的不是应付考试。受导师研究方向、课题项目与学生科研兴趣、知识基础等的影响，几乎每一名学生的知识准备都不尽相同，研究生阶段的学习是一种非标准化的科研基础知识培训。

4.1.2 课程设置不同

1. 本科阶段

本科阶段的课程设置与课程体系都是按照国家认证的学科专业教学指导委员会的指导性文件设置的，培养计划编制严谨，课程具有系统化的知识结构体系，学生只需要围绕课程学习，就可以自然地建立起系统的知识结构。

2. 研究生阶段

研究生阶段的课程设置是在导师与学生协商的基础上，以导师研究方向与学生兴趣为参考，依据学分要求自主选择所修课程，课程数量较少、课程设置的自由度高，课程之间的知识结构体系并不系统。如果单纯依据课程学习，学生难以建立系统的知识结构，需要通过课外学习弥补欠缺的知识。

4.1.3 知识边界不同

1. 本科阶段

本科阶段均沿用国家统编、省级统编、教育部门指定的教材，即便教材体系不同，但其讲授的知识点是高度统一的，而且教材中知识内容的表述方式也是标准化的。在同等水平的应试考试中，所考查的知识范围和知识深度构成的知识边界基本一致。

2. 研究生阶段

研究生阶段，除了公共基础课以外，专业学位课与专业选修课在教学大纲、教材或参考书目上均没有统一的标准，不同高校甚至同一学校的不同教师的相近课程的授课内容也不尽相同。有的老师上课经常变换教材，有的甚至没有教材。另外，围绕学位论文科研工作需要的知识准备均不尽相同，因此研究生阶段学习的知识边界是无法固定的，是与学位论文知识创新的科研工作需求相适应的。

4.1.4　授课模式不同

1. 本科阶段

本科阶段的授课模式基本上是以知识灌输为主，从课程的基本概念着手，对知识点与公式逐一进行系统讲授与推导，课后作业反复演练，相同课程授课教师的讲授内容与模式趋同，基本上都是模式化教学。

2. 研究生阶段

研究生阶段的授课模式基本上以讲授知识的衍生与演化为主，更加注重讲解不同知识点的科学内涵及其逻辑关联。其授课方式以提纲挈领的概略性讲授为主，知识点掌握主要靠学生自学完成，不同教师教学的深度、广度与方式均不尽相同，采用的完全是个性化的教学方式。

4.1.5　考核标准不同

1. 本科阶段

本科阶段的教学考核以考试为主，检查学生对知识的掌握和运用是否达到了相应的要求。

2. 研究生阶段

研究生阶段，除了公共基础课以外，专业课程考核常以提交学习笔记与文献阅读报告的形式，检查学生对专业领域的知识由来、知识演化、知识前沿的思考与感悟。

4.2　学习误区

综合研究生阶段的学习特点，其学习是围绕学位论文科研工作需要进行的知识准备，课程学习仅仅是引导学生逐步自学高阶知识的前提。为了达到知识创新的要求，除了课程学习的基础知识准备，还需要学习大量课程外的前沿知识与基本技能。同时，由于学位论文研究方向与知识创新着眼点的差异，研究生需要自行确定符合个人需要的学习内容和知识深度。然而，一些学生并不能适应研究生阶段学习的巨大转变，常常存在以下学习误区。

4.2.1　盲目相信书本中知识的正确性

受长期的学习方式惯性的影响，一些学生基本养成了认为书本中知识正确的惯性思维，应试考核标准也导致其认为问题的答案具有唯一性。然而，知识的正确性是有一定范围的，研究生阶段主要是培养学生的知识创造能力，使其能够独立获得创新性成果，而不是仅仅掌握前人的知识成果。怀疑现有知识的正确性，是其从学习模仿到发明创造的关键出发点。

4.2.2　重视知识内容学习，忽视知识结构构建

知识结构就是知识体系。长期以来，统一的培养计划与教材体系已经为学生搭建好了培养目标考核所需的知识结构体系，学生将主要精力放在了知识内容的学习上，但也影响了构建符合自身科研需求的知识结构的能力培养。研究生阶段，教师授课模式与教材选用具有多元性，面对学位论文的科研需求，学生不能有什么知识都想学的热情，而是需要规划好学习的知识内容与知识深度，自行组织学习内容，构建符合自身科研需求的知识结构，这也是研究生学习中常被忽略的要点。

4.2.3　重视知识运用训练，忽视知识底层逻辑

受应试教育的影响，刷题已经成为一些学生加强知识学习的惯用方式，知识点的记忆与公式的使用成为其关注的焦点，忽视了知识的底层逻辑。虽然上述方法可以帮助学生在考试中获得良好的成绩，然而研究生教育的目的是培养创新知识与解决实践难题的能力。实际工作中，查阅参考资料是常见的做法，但这种记

忆性学习方式往往需要投入大量的精力。尽管知识运用训练能够提高知识掌握程度，但研究生培养更应侧重于提升提出问题、分析问题和解决问题的能力。因此，理解知识的底层逻辑，并识别现有知识的局限性，是促进知识创新的有效途径。

4.2.4　重视课程授课学习，忽视课外自主学习

研究生学习分为课程学习与课外学习两个部分。对于学生而言，课程学习比较熟悉，但是研究生课程学习中课程数量少、课程内容杂，作为基础知识学习难以形成系统的知识结构，仍然需要课外学习填补缺失的知识。围绕学位论文科研工作的知识创新，还需要在课外学习中完成从基础知识到前沿知识的学习进阶，所以课外自主学习是研究生阶段学习不可或缺的重要部分。然而，一些学生对课外自主学习的内容与方法不甚清楚，不知如何统筹安排，导师往往也只是提出目标要求，难以跟踪学习过程和进行辅导讲解。

4.2.5　重视理论知识学习，忽视实践技能学习

长期以来，应试教育主要集中于理论知识的考核，实践能力考核无法在试卷中体现，使得学生依赖于通过刷题来巩固理论知识的学习，理论联系实践的能力不足。学位论文的研究现状调研、科学问题提出、研究内容编制、技术路线确定、理论推导过程、实验实施流程、成果呈现形式、论文撰写润色、PPT汇报答辩等一系列工作，均需要学生具备逻辑思维、语言表达、动手操作、专业写作、交流沟通及工具软件等实践技能，这些均对学位论文完成与顺利通过答辩有着重要的支撑作用，而且也对学生未来的发展有着至关重要的影响。

4.3　学习内容

围绕学位论文科研工作需要做哪些知识与技术的准备？学习内容不清楚是困

扰研一新生并导致其痛苦的重要问题。研一新生往往延续了考研激情与读研的兴奋，以为研究生教育还是进阶学习，什么都感兴趣，什么都想学；研二学生在学习中感到了困惑，不知道如何选择教材，不清楚要学到什么程度；研三学生进入学位论文课题研究阶段，不清楚如何使用已学内容，在课题研究与论文写作方面依然有太多的欠缺与不足。科学研究的本质是发现问题、分析问题、解决问题及表述成果的过程，科学研究知识与技术准备的学习内容也是围绕上述四个过程展开的。研究生阶段的学习内容主要包括基础知识、知识结构、前沿知识、技能知识。

4.3.1　基础知识

本科教育到研究生教育，有着相当大程度的知识与能力跨越，基础知识学习是弥补知识差距的重要环节，也是进一步学习、掌握前沿知识以实现知识创新的关键，同时基础知识还是构建知识结构的重要基石。基础知识学习不仅包含在课程学习中，而且会在课外自主学习中根据科研工作的需要得到加强。基础知识学习内容多和任务重是困扰学生学习的痛点，尤其是在传统学科领域。研究生应在基础知识学习中做"减法"，保留经典知识，剔除陈旧无用的知识，做好基础知识的更新迭代，提高基础知识的学习效率。

4.3.2　知识结构

科学研究的第一步是发现问题。发现问题，需要掌握问题涉及的知识由来、知识演化、知识前沿的纵向发展，也需要了解问题的核心、内涵、外延涉及的知识横向结构。知识的纵向发展与横向组织构成了知识结构，只有明晰专业领域的知识结构，才能洞察认知不足、方法瓶颈、技术缺陷及未来需求。因此，掌握专业领域的知识结构，是进行科学研究的基础。知识结构的构建需要从基础知识学习出发，在前沿知识学习过程中持续思考、归纳和总结。

4.3.3　前沿知识

分析问题就是要找到具有创新路径的解决问题的突破口。创新路径无外乎从新思想、新视角、新需求、新方法、新技术、新应用等角度来思考解决问题的方法，这需要掌握问题研究涉及的前沿知识，有时还需要跳出拟解决的问题甚至专业领域，了解更为广泛的科技发展前沿知识，进而构思拟解决问题与前沿知识之间的关联路径。一般而言，专业领域与交叉学科的前沿知识是打开创新之门的关键"钥匙"。同时，解决问题过程中也需要借助先进的理论计算方法和实验测试技术的前沿知识，因为前沿知识是科研创新的重要推动力量。前沿知识学习主要通过阅读最新文献与学术专著（3～5 年），以及参加重要的学术会议与研讨进行，而且前沿知识的时效性至关重要。

4.3.4　技能知识

研究生毕业考核要求有期刊论文发表、专利授权与学位论文评审答辩等，其中学位论文工作还包含研究现状调研、科学问题提出、研究内容编制、技术路线确定、理论推导过程、实验实施流程、成果呈现形式、论文撰写润色、PPT汇报答辩等一系列环节。完成这些工作，需要具备逻辑思维、语言表达、动手操作、专业写作、交流沟通及工具软件使用等方面的技能，掌握技能和知识是圆满完成科研工作的临门一脚。技能、知识可以借助工具书、教培视频、培训班等多种学习方式获得。

综上所述，研究生阶段的学习内容就像一棵树，基础知识是根，知识结构是枝干，前沿知识是树叶，技能知识是果实。每一名学生的科研方向不尽相同，需要自主确定符合自身科研方向的学习内容。

4.4　学习安排

了解了研究生阶段的学习内容后，在有限的学习时间内，如何进行合理的学习安排，显得至关重要。

4.4.1　学习范围划定

首先，在研究生学习的开始阶段，划定学习范围是非常重要的。研究生阶段的学习可以分为课程学习（1年）与课外学习。其中，在课程学习中，需要导师与学生共同协商选择所修课程。虽然研究生培养相对于本科教育具有相当大的开放性与自主性，但是学习范围仍应有所限定，而不是漫无目的。研究生阶段的学习是为后续科学研究与学位论文撰写服务的，不是为了应试，而是为了应用。在没有应用与训练的前提下学到的知识会很快被遗忘，那就是无效学习。研究生阶段的学习应沿着导师的科研方向或学位论文的选题方向来划定学习范围，依据学习范围来进行课程设置与课外学习内容的筛选。

4.4.2　知识载体选择

只要是学习，就离不开知识载体。不同知识载体吸纳的知识内容及其时效性是截然不同的。研究生阶段学习的知识载体主要包括教材、学术专著、期刊文献、工具书、公开专利、技术标准、硕博论文、教培视频、会议讲座等。厘清知识载体与学习内容的对应性，有助于加快学习进程与提升学习效果。

教材主要包含基础知识与专业基础知识，只能起到入门进阶的作用，可以帮助研究生加强对知识结构中知识由来的认知，同时也是研究生学习前沿理论、计算方法与先进的实验测试技术的基础知识。

学术专著是作者对个人或者团队在3～5年（或者更长时间）内某一专业方向或者特定领域的研究工作与研究成果集中而翔实的呈现。学术专著中呈现的知识系统性强，既有知识层次的纵向发展，又有知识结构的横向发展，可以帮助研究生在知识结构构建中实现从基础知识到前沿知识的演化。

期刊文献是作者团队2～3年在某一研究方向的最新研究成果。国际期刊的审稿出版周期一般在1～1.5年，国内期刊的审稿出版周期一般在1.5～2年，这些文献基本上是作者近年来最新的研究成果。阅读这些文献，有助于研究生了解前沿科研知识。

工具书是科学研究和论文写作中需要用到的各类工具的说明书、使用手册或者讲义，常见的有计算软件、绘图软件、制表软件、编辑软件、实验仪器、测试仪器等。工具书是研究生获得科研基础技能的入门学习材料。

公开专利是指无论最终授权与否，专利文件在报送知识产权局审批后在其系统内公开发布的实用新型专利和发明专利。公开专利展示了已经受知识产权保护或者希望受到知识产权保护的技术创新思路及其实施路径。研究生搜索、查阅专利，既可以检查自己的创新想法是否与前人的重复，又可以借鉴他人的创新思想，也是研究生了解前沿科研知识的窗口。

技术标准是针对标准化领域需要协调统一的相关事项制定的标准，是从事一定领域的技术工作需要共同遵守的依据，分为国家标准、行业标准、团体标准、地方标准、企业标准等。技术标准一般用于指导通用性实践活动中的成熟技术。阅读技术标准，可以让研究生将书本上的理论知识与实践中的技术实施联系起来，为科学实践提供知识基础。

硕博论文是研究生所写的学位论文。硕博论文可以为研究生的学术研究和论文撰写提供样本参考与模仿对象。硕博论文从学生毕业答辩到在 CNKI 数据库发布仅需要半年，一些学术大家的前沿科学研究也是通过指导硕博论文而完成的，所以硕博论文是追踪前沿学术动态最为便捷的途径。

教培视频是信息化时代在线上教育与科技传播迅猛发展的基础上涌现的大量教育视频资料，如抖音、腾讯课堂、MOOC（massive open online courses，大型开放式网络课程）等上的视频资源，这些教育资源为研究生的基础知识学习与技能提升提供了工具。

会议讲座是学术成果发布与学术交流的重要窗口，研究生培养要求中也对研究生参加学术会议和讲座活动的次数与规格有明确的要求。参加学术会议讲座，可以帮助研究生了解学术动态、结交同行专家、拓宽学术视野。

综上所述，不同知识载体承载着不同的知识内容，在学习中发挥着不同的作用。基础知识一般需要从课本教材和教培视频中获得；技能知识需要在查阅工具书和观看教培视频的基础上通过反复训练获得；前沿知识主要通过查阅最新硕博论文、期刊文献、公开专利来了解，一般建议查阅 5 年内的相关资料，同时硕博论文与公开专利的时效性比期刊文献更强；构建知识结构的最好方式是从学术专著、综述性期刊文献、硕博论文中的研究现状评述获得相关信息。

4.4.3　学习进阶过程

学习中，知识积累的过程需要符合学习进阶的客观规律，研究生阶段学习内容中的基础知识、知识结构、前沿知识、技能知识四部分也需要合理安排在研究生培养过程中。一些年轻导师不懂培养规律，常常要求研一新生看文献，而研一新生读不懂文献且进展很慢，这是一种效率偏低的科研方法。看不懂的根本原因是学生还未建立起读懂文献的知识结构。

1）第一阶段。第一年主要是课程学习，着眼于基础知识学习。这一阶段，与导师协商选择课程是学习的关键。课程应紧密围绕导师的研究方向或者研究生的学位论文研究方向设置，课程之间应形成知识体系，便于研究生从基础知识学习中了解知识结构。在课程学习之余，主要开展基础技能的知识学习，并结合导师项目实践训练自身的基础技能。

2）第二阶段。第二年主要是学位论文选题开题，即科学研究的发现问题与分析问题的阶段。在发现问题的过程中，研究生需要熟读经典学术专著与技术标准，查阅综述性期刊文献与相关方向硕博论文的研究现状述评，构建研究方向上的知识结构，洞察认知不足、方法瓶颈、技术缺陷及未来需求。在分析问题的过程中，研究生需要查阅最新硕博论文、期刊文献、公开专利，掌握前沿知识动态，寻找解决问题的创新路径。

3）第三阶段。第三年主要是课题研究与学位论文写作，根据所掌握的基础知识，通过反复研读相关参考资料，掌握学术研究涉及的先进理论计算方法和实验测试技术，完成开题报告中所列的研究工作，实现科学发现、理论突破、技术提升。另外，在论文撰写和修改过程中，通过运用前期掌握的学术基础技能，不断提升自身的学术表达能力与基础技能。

4.5 学习方法

4.5.1 学习方法转变

本科阶段的教育基本上还延续着应试教育的模式，学习内容局限在学校或教师选定的单一教材中，仍然采用"死记硬背＋反复刷题"的学习模式，将书本上的知识奉为"金科玉律"。研究生阶段，面对科学研究所需的海量知识，死记硬背无法奏效，没有应试无题可刷，研一新生的最大困惑是不知道如何转变学习方法。

1. 由学为应试转变为学以致用

在我国，研究生阶段的教育体系基本上以考试作为学习效果的检验方式，而研究生阶段，无论是研究课题知识创造还是技术难题攻克，均需要掌握知识并熟练运用，这与对标应试的学习焦点、学习深度与学习广度不可同日而语。因此，在寻找与掌握适合专业特点和自己需求的学习方法时，研究生应始终将学以致用、提升知识运用能力作为检验的标尺。

2. 由全盘接受转变为谨慎怀疑

本科阶段的教材或者书本上的知识常被奉为"金科玉律"，学生的学习主要以达到对知识的领会、理解、记忆与运用为目的。研究生阶段教育的重要目的是培养学生的创新能力。要培养创新能力，首先需要有创新思维。创新思维的培养，就是要在学习阶段秉持谨慎怀疑的态度，遵循知识更新规律，在学习方法上贯穿否定之否定的理念。

3. 由一家之言转变为"货比三家"

在应试教育中，学生对知识结构的认知固化于刻板的教材体系中。在我国，一些教材多年固化不变，教材的雷同性严重，常常充斥着一家之言的知识表达。然而，知识创新没有统一的方向和道路，需要百家争鸣、采众家之长。知识没有绝对正确的，都只是在适用条件下局部可靠，所以在学习方法上应贯穿多目标、多路径的思想。

4. 由死记硬背转变为融会贯通

死记硬背是许多学生习惯的学习方法，即单纯依靠反复记忆和重复诵读，强行将知识内容记住，以达到应付闭卷考试的短期效果。然而，从事科研工作，需要具备独立思考和解决问题的能力，过度依赖死记硬背不利于深入理解相关知识。在实际工作中，虽然可以查阅参考资料中难以记忆的数字信息，但真正需要长期记忆的是知识结构与体系。另外，在选择学习方法时，应当注重理解和运用，建立知识之间的联系，形成专业的知识结构与体系，只有这样才能做到举一反三、融会贯通，灵活运用所学知识。

5. 由勤学好问转变为反思渐悟

勤学好问是老师和家长从小鼓励孩子应养成的良好习惯，是一种非常好的汲取他人经验和智慧的方式。然而，随着从知识学习向知识创造阶段过渡，能够解答研究生的学习与科研问题的人越来越少，再坚守勤学好问的知识获取方式，会限制自己独立思考与解决问题的能力。为了避免这一问题，研究生需要置身于学习与科研工作的挫折中进行反思渐悟，迫不得已时再虚心求教，以训练自己的独创能力与创新思维。

6. 由管中窥豹转变为洞若观火

本科阶段的知识讲授常以知识点为单位，从基本概念入手，由物理模型到数学表达，再到参数获取，学生习惯于应试思维，只关注知识点，忽略了它们之间的联系、知识点隐藏的逻辑条件及应用中的适用条件等。研究生学习不是为了应付考试，而是为属于少数人的知识创造做准备，只需要了解知识内容的主体即可。知识创造的前提在于对知识有洞若观火般的精深理解，切不可管中窥豹，应从全局与细节两个维度进行学习。

4.5.2 课程学习方法

1. 选课方法

不同于本科教学的课程安排在一个专业方向上基本是统一的，研究生课程学习具有灵活性、自主性，可以根据学生的兴趣爱好与课题方向安排课程。一些学生选择课程相当随意，主要目标是满足学分要求；另一些学生希望多学习一些不同课程内容，采用雨露均沾的选课方式。上述错误的选课方式会导致知识结构混乱，缺乏系统性，课程知识之间的联系不强，造成课程学习起不到为论文开题、课题研究与论文撰写做准备的作用。

在进行课程选择前，首先应该明确课题研究方向，围绕课题研究所需的知识内容与技术方法来选择课程，课程的知识之间应具有一定的关联性。同时，应保证基础知识、专业理论知识、专业实践知识、工具方法知识的兼顾融合与匹配。因此，选课不是简单地打钩，需要了解导师课题组的研究方向，与导师交流时，可能涉及课题内容的讨论，可以参阅近年来与课题内容相关的硕博论文，从论文目录中即可了解涉及的知识内容与技术方法，从而拟定初选课程，并与导师讨论，最终敲定。

2. 教材选择

研究生阶段以前，学校的教育方式通常是填鸭式的，教材通常是教师指定的。然而，研究生阶段的学习几乎没有固定的教材，一本好的教材对学习效果会产生很大影响，所以选教材就显得尤为重要。通常情况下，许多学生会随意选择一本教材，或者在授课教师的指导下选择一本经典教材，采用"一本到底"的学习方式。围绕科研创新的知识准备，选择单一教材不利于知识创新与发散性思维的培育。

教材选择首先应以经典教材为基础，在经典教材选择上，应注重教材编制的时间序列，老教材与新教材应有所兼顾。一般而言，老教材对基本知识概念的讲解较为透彻，但一些理论方法已经过时，而一些新教材中的理论方法更为前沿，但知识繁杂。在经典教材的基础上，还应该依据涉及的知识内容，选择具有一定知识系统性的权威专著作为辅助教材。另外，还可以依据知识范围，检索相关综述性文献，通过阅读综述文献，了解经典教材、权威专著及最新研究动态之间的知识结构的串联关系。

3. 听课方式

研究生课程教学方式往往是以讨论课为主，讲授部分也主要聚焦知识难点，所以对于一些简单的基本概念与理论，学生需要预习。预习的重点不在于知识点记忆，而是注重对知识概念与理论方法逻辑内涵的理解。在预习中，最好能够完成以知识结构为脉络的笔记，从知识由来与知识运用两个角度列出存在疑问的知识点清单，标记在笔记中，以备在课堂讨论中向教师提出。在课堂教学中，学生应善于主动提出问题，将知识笔记中的疑问逐一解决，将教师讲解而自己在预习时没有重视的知识点补充到笔记中。课后复习时，应将教材与笔记对应，通过文献阅读，理解已讲解知识点之间的关系。找到该领域的学术权威，寻找学术权威的关键学术专著。因为泛读权威的学术专著，有助于拓展知识领域、扩展知识面。

4. 研习方法

面对经典教材、学术专著与综述性文献等多种材料,传统细致精读的学习方法是无法满足大量课程材料的学习的。研究生阶段学习的主要目的并不是应对考试,而是为后续的课题研究与学位论文撰写做准备,梳理知识结构与掌握重要知识点是课程学习阶段的主要工作,所以对大量信息进行快速学习是研究生阶段学习方法的重大转变。

研究生课程学习一般以自学为主、以问为辅,应重视经典教材与学术专著的目录及综述性文献,梳理与构建知识结构体系,而后围绕知识点由来、知识点演绎、知识点使用,将知识点划分为基础性与重要性等层次。学习中,应对学习内容有所取舍。课程学习阶段,应聚焦基础知识与核心知识,其他一些知识点可以放到后续实践应用中精细研读。在学习方式上,应重视逻辑性理解,无须侧重公式数字记忆。在读书方法上,虽然可以采用"书读百遍,其义自见"的方式,但仍需要采取一定策略,先大规模泛读,然后进行选择性精读,不要幻想一次就可以达到学习效果,应进行反复阅读,通过量变积累达到熟悉理解的质变要求。面对大量学习材料,应采取质疑的比较学习法,分析不同材料的异同。学习中,应重视基本概念的含义、理论方法的底层逻辑、实践应用的实现途径,而不是对概念与公式的简单记忆和套用,还应重视实验条件、公式假定、适用情况等理论方法基础问题的可靠性与对优化空间的思考。最后,应重视目录与文献部分的学习,构建知识体系与知识图谱是研究生课程学习的终极目标。

4.5.3　技能学习方法

技能学习主要是指专业与工具软件学习。"工欲善其事,必先利其器。"工具软件是完成学位论文和科研工作的重要科研手段与科研工具。然而,软件学习存在上手快、学精难的特点,学生的学习效率往往不高,常常是花费了较多时间,仅仅掌握了工具书中的基本操作,不能达到解决实践难题的目的。以下介绍一些技能学习技巧。

1. 理论与操作相融合

许多专业软件是与专业知识密切相关的，软件操作需要专业知识的支撑。工具书往往只介绍了案例的操作过程，不能只是跟着做，而不清楚其背后的理论概念。因此，在专业软件的学习中，操作学习应与理论学习相伴而行。

2. 学习内容不应求全

专业与工具软件学习应顾及专业和工具软件知识的特点。软件工具书的知识介绍往往面面俱到，如果直接跟着工具书学习，既耗时又费力，而且软件的一些功能多数情况下也未必会用到。长此以往，相关学习内容不可避免地会被遗忘，所以软件学习主要聚焦基本操作流程与其主要功能，掌握软件使用的模式，许多操作细节可以在使用时再详细学习。

3. 多种学习载体互补

随着互联网技术的发展，软件学习载体多种多样，有介绍一般性使用方法的，有介绍使用技巧的，还有介绍使用案例的。从一般性使用到精通某些软件，往往存在较大的学习鸿沟，尤其是专业领域的案例使用，还需要具备一定的专业理论与工程经验，所以不可能有一种学习载体完全可以帮助学生实现从入门到精通，需要学生根据自身的进阶状态，寻找不同学习载体，提升软件使用能力。

4. 学会使用帮助文件

帮助文件是软件公司编写的说明软件功能的文档，类似于名词解释或者说明书。如果直接通过帮助文件来学习软件，会觉得生涩难懂、难以理解，所以软件入门阶段会选择工具书来学习。然而，软件工具书一般不可能包括软件所有的使用功能说明，后期的进阶学习，尤其是在高阶应用中，一些功能的使用说明材料是难以找到的，有时根本就没有，此时求助于帮助文件可能是唯一途径。因此，适应帮助文件碎片化的表达方式、学会使用帮助文件至关重要。

5. 学习与实践相结合

在学习中，特别是软件学习，不应只抱着工具书看，进行实际操作对于提高软件学习效率能起到事半功倍的效果。同时，软件学习应尽量根据实际案例进行实操学习，而不是仅仅根据工具书中的案例进行操作，不然学习效果远达不到实践的需求。因为工具书中的案例往往是围绕某一功能或者简单条件做出的使用说明，只有实践才能促进软件学习从入门走向精通。

4.5.4 知识结构梳理

知识结构是指知识体系的构成情况与结合方式，包含知识的来源、发展演化和前沿领域，构成了知识的纵向发展。同时，知识结构还包括知识概念的核心、内涵和外延，构成了知识的横向体系。知识结构的建立既需要有精深的专门知识，又需要有广博的知识面，是培养科学思维方式与开展科研创新工作的重要基础。合理的知识结构是学位论文中文献综述撰写、科学问题提出与科研创新工作的基础。

在研究生阶段的学习中，知识结构梳理应注意以下要点。

1）知识结构梳理应从基本概念出发。基础知识学习应重视基本概念的假定条件、底层逻辑与适用范围，明晰知识概念起点与知识概念之间数理方法的串接关系。

2）知识结构梳理应重视知识衍化。围绕知识衍化进程，厘清知识概念衍化与数理方法发展的路径，有时是知识概念没变，而是串接知识概念的数理方法更为先进了，而知识概念变化后，数理方法肯定会随之变化。

3）知识结构梳理应瞄准前沿知识。前沿知识无非是沿着新思想、新视角、新需求、新方法、新技术、新应用等其中某一方面或多个方面产生的创新成果，需要清楚哪些方面变了，哪些方面本质上并没有变化，从而可以预测前沿知识的发展方向。

4）知识结构的梳理方式是分类比较。在进行知识结构梳理时，应学会对知识进行分类，无非是理论上划分、方法上划分及应用上划分，更高层次的应该是比较分类，观察知识本质上的变化与不变。

4.6　误区与清源

4.6.1　研究生学习与本科生学习的本质区别是什么？

研究生学习与本科生学习在多个方面存在显著差异，但其本质区别在于：本科生是学习未来从事工作或继续深造所需的基础知识与基本专业技能；研究生是根据科研与学术研究的需要而学习，旨在训练科研与独立解决问题所需的学习能力。

4.6.2　研究生学习怎样做到既"博"又"深"？

研究生学习期间，要做到既"博"又"深"，即在广泛涉猎学科专业领域知识的同时，在特定研究领域达到精深理解。其中，博览学科专业群书是基础，精读研究领域的经典论著是进阶。研究生学习应灵活运用学习方法，粗略浏览与精深研读都是很好的学习方法，尤其要重视粗略浏览的学习方法。要做到"博"与"深"的结合，还应该从批判性思考和知识整合能力培养入手。

4.6.3　在研究生学习中遇到困境怎么办？

在研究生学习中，遭遇困境是常见的现象，首先需要清晰地界定面临的具体问题是什么；主动与导师沟通，说明自己遇到的困难，询问导师的意见或建议，或者向可能有过类似经历或者经验的同门师兄师姐或其他研究者求助；学会利用图书馆资源、在线数据库、学术期刊、会议研讨、专业论坛及其他在线资源，增进理解或找到解决问题的方法；学不懂是很正常的，要学会主动舒缓心理压力或情绪困扰，调整心理预期，这样往往会取得柳暗花明、触类旁通的效果。

参考文献

黄海春，唐新湘. 关于研究性学习认识的六大误区[J]. 教学与管理，2002，（4）：28-29.

李旭，陈立宏，刘丽，等. 研究生科研第一课：快速进行文献检索与阅读[J]. 高教学刊，2023，（6）：47-50.

李永刚. 成为研究者：理科博士生素养与能力的形成[D]. 华东师范大学，2018.

刘哲. 研究生拓展课程实施与效果评价研究——以 H 大学研究生拓展课程为例[D]. 河北大学，2019.

路如意. 硕士研究生文献阅读能力综合评价研究[D]. 江西财经大学，2022.

唐萍. 行业特色院校研究生的知识结构及其优化路径[J]. 江苏高教，2023，（10）：70-74.

王会霞，杨洒. 研究生学风调查与建设研究[J]. 高等农业教育，2018，（3）：99-104.

王钧钰. 面向研究生的学术出版素养教育服务研究[D]. 中国科学院大学（中国科学院文献情报中心），2020.

王森，王晗于. 学段转换中硕士研究生的角色适应研究——以 S 大学 2021 级硕士新生为例[J]. 黑河学刊，2023，（2）：61-69.

王森. 大数据时代研究生学习方式转变研究[D]. 西南大学，2017.

王田. 大学生自主学习的现状及影响因素研究[D]. 东北师范大学，2014.

王晓莉. 研究生的成就动机与创业学习：创业价值观的中介作用[D]. 河南大学，2010.

张德江. 改革教学方法 培养创新人才[J]. 中国大学教学，2009，（5）：7-10.

张怀满. 试论大学学习的特点及大学生学习能力的培养[J]. 黑龙江高教研究，2010，（9）：129-131.

张文燕. 研究生科研问题意识的现状及对策研究[D]. 西南大学，2016.

第 5 章　科研能力如何培养

对于学生而言，科研能力确实是一个非常抽象的概念，从字面理解就是科学研究的能力。研究生教育主要是培养学生的科研创新能力，那么科研能力都包含哪些方面？研究生培养对科研能力的要求是什么？在研究生教育与学位论文写作过程中，科研能力如何培养？

5.1　科研能力的内涵

科研工作的本质是发现问题、分析问题、解决问题及展示成果的过程。科研能力包含这个过程中涉及的所有能力，是一种独立的创造性解决问题的综合能力。科研能力往往不是一种单一的能力，而是一种综合性的发现问题、分析问题、解决问题的能力。在科研过程中，需要学生具备不同的能力，解决遇到的各种问题，任何一环出现问题，最终科研工作都会失败。

5.1.1　发现问题

科研创新中的发现问题能力是推动科学进步的起点，要求科研人员具备敏锐的洞察力、批判性思维，对所在领域有深刻的理解。要想提高科研能力，一定要具备问题意识。发现一个问题往往比解决一个问题更重要，牛顿曾说"如果说我看得比别人更远些，那是因为我站在巨人的肩膀上"。以下是科研创新过程中发现问题能力包括的几个关键方面。

1）知识储备能力。深厚的学科专业知识是基础，同时跨学科的知识广度能够帮助科研人员从不同角度审视问题，发现知识之间的新联系和潜在的研究空白。

2）好奇心观察力。对周围世界保持好奇，对日常现象或实验中的异常数据保持敏感，能够从习以为常中发现不寻常的问题，从实际需求出发寻找科研创新的切入点。

3）批判反思能力。不满足于现状，敢于质疑现有理论和方法的局限性，通过逻辑推理和实证分析，识别理论与实践之间的差距。同时，勇于自我质疑，经常性地反思自己的方法，有助于发现问题的新面向或先前未曾注意到的漏洞。

4）趋势预测能力。能够基于当前的研究趋势、技术发展和社会需求，预测未来可能出现的问题或需求，提前布局研究方向。

5）文献分析能力。通过系统地分析文献，不仅能够了解研究领域的前沿动态，而且能够识别研究缺口、矛盾或未充分探讨的议题。

6）学科交叉能力。与不同背景的科研人员、行业专家及用户交流，能从多样化的视角获取灵感，发现实际应用中遇到的问题。

7）问题重构能力。将看似无关或已解决的问题重新框架化，从新的角度或层次进行审视，可能会发现新的研究问题。

拥有这些能力的研究生能够在科研创新的过程中，不断提出有意义的研究问题，为科学探索开辟新路径，推动科技进步和社会发展。

5.1.2 分析问题

分析问题是科研创新的思想源泉，科研创新是研究生进行学术研究的核心和灵魂。然而，对于许多研究生而言，创新说起来容易，做起来却万分艰难。为了正常毕业，一些研究生只能被动"创新"。很多看似高大上、立意新颖、方法独特的论文，其实只是"为了找创新点而找创新点"，根本没有理论突破和实践价值，从而陷入本学科的"内卷"怪圈。

在科研创新领域，分析问题的路径更加侧重于探索未知、创造新知和推动技术进步。这一过程虽然也遵循基本的问题分析框架，但有其独特的特点和侧重点。

1）界定问题的本质内涵。在科研创新中，问题的界定往往源自对现有理论、技术或实践中的空白、矛盾或不足的洞察。这要求研究生要具备深厚的专业知识和敏锐的问题意识，能够精准地分析问题的本质。

2）找到问题与现状差距。广泛收集前沿研究的文献资料，分析前沿研究现状与拟解决问题之间的差距。

3）发现解决问题的契机。基于问题分析和研究现状，提出研究假设，找到连接研究现状与问题解决的创新桥梁。

4）确定创新途径与方法。科研创新不仅体现在新问题的提出上，也体现在研究方法的创新上。研究生应该做到抓住解决问题的契机，提出解决问题的研究方法、技术路线和实施方案。

5.1.3　解决问题

在科研创新中，解决问题的过程需要开展一系列比较、筛选、摸索、验证、解析等实验操作与理论推导。解决问题的能力是多方面的，不仅要求科研人员具备扎实的专业知识，还需要具备一系列综合技能和良好心态。以下是科研创新中解决问题能力包含的关键要素。

1）问题拆解能力。面对复杂的研究课题，能够将其分解为更小、更容易管理的子问题，逐一攻克，这是高效解决问题的关键。

2）操作执行能力。设计严谨的实验来验证假设，熟练掌握实验操作技能，保证数据的准确性和可靠性。

3）数据分析能力。运用统计学、计算等方面的工具，对数据进行深入分析，从中提取有用信息，准确解读数据的含义。

4）科研协作能力。科研创新往往需要跨学科的知识融合，能够与不同专业背景的团队成员进行有效沟通与协作，共同解决问题。

5）应变纠错能力。在科研过程中，常常需要根据新发现调整研究方向或方法，灵活适应变化，持续优化研究方案。

6）导向自学能力。面对新问题或新技术，能够快速学习并掌握必要的知识和技能，自我驱动，持续进步。

7）调整心态能力。科研过程中充满了挑战与不确定性，需要科研人员具备坚持不懈的精神，面对失败不气馁，能够从挫折中学习并前进，持之以恒，具有抗挫的能力。

8）秉持诚信定力。在科研活动中遵守科研诚信，尊重参与者的权利，确保研究的伦理性，保持对科学真理与社会贡献的责任感。

上述能力相辅相成，共同构成了科研创新中解决问题的坚实基础。

5.1.4　表达成果

科研创新中的成果表达是将研究发现、理论创新和技术突破有效地传达给学术界、行业乃至公众的关键。良好的成果表达能力不仅能提高研究的可见度和影响力，还能促进知识的共享与交流。以下是科研创新中成果表达能力的几个重要方面。

1）清晰的论文写作能力。撰写高质量的学术论文、报告或专利说明书，要求语言清晰、逻辑严密、结构合理，能够准确无误地传达研究目的、方法、结果和结论。

2）美观的图表制作能力。利用图表、图形和图像等可视化工具，直观地展示研究数据和发现，帮助读者快速理解复杂的信息。

3）流畅的演讲汇报能力。在学术会议、研讨会或项目评审中，能够自信、有条理地口头汇报研究工作，回应提问，有效地吸引和保持听众的注意。

4）灵活的讨论沟通能力。在同行评审、学术会议和研究合作中，能够有效地参与讨论，展现出批判性思维和开放的态度，根据不同对象调整沟通方式。

5）丰富的成果展示能力。利用社交平台，以多媒体形式展示科研成果，拓宽传播渠道，增强互动性和参与感。

6）严谨的维权保护意识。了解并正确使用版权、专利等知识产权保护机制，确保科研成果的合法使用和传播。

7）全面的总结归纳能力。能够从大量研究数据和信息中提炼出核心要点，写出有影响力的摘要、综述或提出政策建议，服务于决策制定和实践应用。

这些能力体现了研究生不仅需要是优秀的研究者，同时也应是有效的沟通者，能够将自己的创新成果以恰当的方式传达给目标受众。

5.1.5　能力体系

科研能力是在科学研究活动中具备的一系列知识、技能、方法、态度和创新意识等的综合体现，是顺利完成科研工作、产出高质量研究成果的关键。研究生阶段需要培养的科研能力有以下几个方面。

1）高效学习能力。当前，科学技术更新迭代的速度非常快，科研工作中时常要面对不断涌现的新问题或新技术，而且跨学科交叉成为解决科研难题的有效途径。因此，具备快速学习最新科学技术与掌握跨学科的知识广度的能力是非常重要的，这是在科研工作中提高持续创新能力的根本保证。

2）归纳总结能力。科研工作中的文献分析是找到科研问题切入点与解决问题突破口的基础工作，问题重构是规划问题解决方案的有效手段，论文写作中凝练科研工作的主要结论与创新性是提升科研价值的重要途径。归纳总结能力是完成上述工作的主要方法。

3）创新思维能力。创新思维能力是实现科研创新的主要方法，是在面对问题、挑战或需求时，能够跳出传统框架，运用新颖、独特的方式进行思考，并提出创造性解决方案的能力。

4）应变执行能力。科研创新思路构建完成后，科研工作的效果将依赖于研究者的科研执行能力与遇到困境的应变能力。应变执行能力包含两部分：科研执行能力与应变纠错能力。科研执行能力是指在科研工作中，将研究计划、创意或目标转化为实际成果的能力。应变纠错能力是指在科研活动中，面对实验设计、数据收集与分析、理论验证等过程中可能出现的错误、偏差或意外情况时，能够迅速识别问题、灵活调整策略，并采取有效措施进行纠正的能力。

5）协调沟通能力。科研过程中的协调沟通能力是指在科学研究或项目管理过程中，有效地组织团队成员、促进信息交流、解决冲突，以及与外部合作伙伴建立良好关系的能力。科研活动中既有团队内部的沟通、协调与合作，又有团队之间的沟通、协调与合作，而且科研创新离不开高水平的学术交流，学术思想碰撞将会迸发创新灵感。

6）科研表达能力。科研表达能力是指在科学研究和学术交流中，能够清晰、准确、有逻辑地传达思想、实验设计、研究结果及结论的能力。这种能力是研究生必备的一项核心技能，不仅涉及文字表达，还涉及数据展示、图表制作、口头报告及科研论文撰写等多个方面。良好的科研表达能力可以帮助研究生有效地与同行交流，也是保障研究生学位论文盲审与答辩顺利通过的基本条件。

7）总结归纳能力。总结归纳能力是指在学术研究和知识整合中，能够系统、准确、有逻辑地从大量信息中提取核心要点，理解关键概念，并将其以简洁、有条理的方式呈现出来的能力。这种能力是科研工作者必备的一项核心素养，不仅涉及信息处理能力，还涉及逻辑思维、抽象概括、知识整合及学术写作等多个方面。良好的总结归纳能力可以帮助研究生提高学习效率，增强问题解决能力，同时总结归纳能力也是保障研究深度、论文质量及学术交流效果的基本条件。

8）学术鉴赏能力。学术鉴赏能力是指在学术领域中，对学术作品、研究成果、理论框架、研究方法等进行准确评估、深刻理解和合理评判的能力。它不仅要求研究生掌握扎实的基础知识和专业知识，还涉及批判性思维、逻辑推理、文献分析等多个方面。学术鉴赏能力与学术水平是相辅相成、互相促进的，是衡量研究生学术水平的一个重要维度，学术鉴赏能力的提升有助于学术水平的提高。在学术生涯中，一个人的学术鉴赏能力和学术水平往往是同步发展的。

5.2 高效学习能力培养

高效学习能力的培养是一个系统而长期的过程，不仅要求研究生掌握专业知识，还涉及研究方法、思维训练、信息检索、数据分析等多个方面。以下是一些提升高效学习能力的建议。

1）学习中应秉持审视质疑习惯，采用多材料对比学习模式。学习不是被动接受知识的过程，而是主动筛选知识的过程。在学习中，贯穿批判性思维的培养，不要盲目接受传统学术观点。为了培养质疑和分析的习惯，研究生在学习中应进行对比阅读，针对同一学习内容的多份材料，学会从多个角度审视同一知识点。"不怕不识货，就怕货比货。"采用多材料对比学习模式，能够有效提升学习效率。

2）学习中应设置时间管理目标，保持集中轰炸式学习强度。学习中，应以掌握有限范围的知识点为学习目标，而不是以某本书或教材为主。研究生在进行时间管理时应设定时间限制，合理规划学习计划并有效管理时间，保持在短时间内进行集中轰炸式学习。学习应注重高效和密集，而非长时间的低强度、持续性学习，因为后者容易导致学习疲劳。

3）学习中应重视知识点的衔接，以聚焦知识结构为学习目标。知识的发现与应用不是源于或依靠单一知识点的，由多个知识点组合起来的知识结构才能发挥作用。知识结构的认知不在于知识点本身，而是来自对知识点衔接关系的认知。定期回顾、反思与总结学习内容，思考新知识与已有知识，以及已有知识之间如何衔接，形成框架式的知识结构或相互关联的知识网络，并将其应用于实际情境之中，才是学习的主要目标。

4）学习中需要有好奇心和求知欲，莫学猴子扳苞谷。科技发展日新月异，保持好奇心，跟踪最新研究动态，不断更新自己的知识体系，适应科研环境的变化，是从事科研应有的基本状态。采用多种学习方式，如视觉型、听觉型或动手操作型；尝试多种学习方法，如观看视频、阅读书籍，参加工作坊、研讨会和在线课程等，均能够提高学习新知识的效率。然而，学习过程中需要时时评估新知识与已有知识的关联，合理确定学习的"取与舍""轻与重"。无关联的新知识对科研是没有价值的，所以学习过程中切不可蜻蜓点水，也不能学猴子扳苞谷。

通过上述这些策略，可以有效提升研究生的科研学习能力，为成为优秀的科研工作者打下坚实的基础。

5.3　创新思维能力培养

创新思维能力培养是一个多维度、系统性的过程，涉及了解新知识、挑战传统观念、鼓励多元思考和创造性解决问题等多个方面。以下是提升创新思维能力的有效方式。

1）需要持续学习跨界知识。研究生要不断学习新知识，不仅仅是本专业领域的，也包括其他领域的。跨界学习能够帮助研究生从不同角度看待问题，促进思维的交叉融合，从而产生创意。

2）既要思路发散又要目标收拢。了解实际的知识需求和知识应用痛点，是创新的出发点。拓宽视野，发散思维，是产生创新的条件。另外，创新还需要通过回溯知识的来源和演进过程验证其可行性。只有设定清晰的目标，才能激发创新思维，提升创新效率。

3）需要厘清创新思维的来源与培养途径。

创新思维的来源，具体有以下几种。

其一，学科进展与行业发展报告。

其二，科技部、国家自然科学基金委员会重大科技项目指南。

其三，近三年顶级刊物的中英文文献与名校硕博士学位论文。

其四，参加学术会议与科研头脑风暴。

培养创新思维的路径，具体有以下几种。

1）在老问题上出现新思路，通过放宽传统方法的基本假定条件，从而拓宽传统方法的使用范围。

2）瞄准社会发展的重大需求。

3）通过学科交叉催生新方法。

4）拓展解决问题的视角，引入新维度。

5）立足前沿，紧跟科研发展潮流。

5.4 应变和执行能力培养

应变能力是指面对科研困境或者意想不到的突发状况时，能够迅速、有效地做出分析判断和调整研究方案的能力。执行能力是指将科研实施方案转化为实际的科研工作并达成既定科研目标的能力，是科研能力的集中体现之一。培养应变和执行能力，可以从以下几个方面入手。

1）编制研究大纲是基础。在进行科研工作前，研究生应编写目标清晰、方案可行的研究大纲。在应变和执行能力培养过程中，应从适合自身能力的小目标开始，实施方案应该尽可能详细、条理清晰、重点明确，要思考方案实施过程中可能会出现的不利情况，制定规避或替代预案。同时，要编列工作计划与时间安排，学会对工作计划进行分解和优先级排序，抓大事，放小事。

2）管理任务进度是保障。在科研工作进行过程中，任务进度与时间管理是核心和关键，可以采用番茄工作法提高时间利用率。学会任务分解，可以将复杂的科研工作简化为一系列简单的任务，保持自我激励与自律，为自己设定小目标和奖励机制，使用日历、待办事项列表或项目管理工具来跟踪进度和时间。

3）提升学习能力是核心。执行能力与知识、技能基础密切相关。在执行任务过程中，要保持长期学习的状态，根据执行中遇到的困难与需求，不断提升知识储备和技能基础。可以说，快速学习能力是执行能力的根本体现。

4）快速积累经验是捷径。在应变和执行能力的培养过程中，积累经验与模拟训练是主要手段。研究生应积极参与导师的课题研究，协助同门的科研工作（现场试验、室内试验、数值试验、图表绘制），参加学术与实践活动，学习科研设备的使用、测试流程、技术标准，熟悉实验报告、咨询报告、分析报告的编写格式，在开始科研工作前，先提升个人的执行能力。

5）抓住主要矛盾是原则。应变和执行能力培养的核心是问题解决与决策能力。迅速识别问题与快速决策的本质是找到问题的主要矛盾，尽量忽略次要矛盾的干扰，围绕主要矛盾找到解决问题的突破口。另外，遇事应保持冷静，尽量将复杂矛盾简化为最基本的条件，抽丝剥茧，对各个矛盾可能产生的影响进行排序，然后化解矛盾。

6）保持反思总结是常态。按时收集科研成果信息，及时分析关键信息，是提高应变和执行能力的关键。同时，应定期评估科研执行效果，及时调整科研方案，建立纠错反馈机制，反思成功的经验和失败的教训，提出应对科研困境的策略。

5.5　协调沟通能力培养

科研工作中的协调沟通能力尤为重要，因为它涉及与不同背景的研究人员、团队成员、资金提供者及同行评审人员等的互动。以下是针对科研领域特别适用的几种培养协调沟通能力的方法。

1）学会倾听。科研交流沟通的第一步是学会倾听，倾听的前提是必须掌握大量科研专业术语，其中正确使用术语是沟通的基础。学会倾听不仅仅意味着应全神贯注地听对方说话，关键是能够理解对方的学术观点。

2）准确表达。准确地表达自己的想法和需求，对于避免交流误解至关重要。研究生要学会使用学术语言，丰富学术交流方式，保持谦虚、耐心的态度，多肯定他人有价值的学术观点，尽量少标榜自身的学术成绩。

3）管理情绪。在沟通过程中，要能够有效控制自己的情绪，即使面对分歧或压力，也不应激动甚至失态。同时，要学会以积极、建设性的方式表达情绪，帮助缓和紧张氛围，促进问题的解决，主动寻求他人对自身科研成果的反馈，正确对待别人提出的意见，积极思考需要改进之处。

4）解决矛盾。在团队协作中，往往需要协调不同意见，在出现冲突时，能够冷静、公正地处理，寻找双赢或多赢的解决方案。同时，要保持开放和灵活的态度，愿意接受意见和反馈，能提出有效的冲突解决策略，掌握调解和谈判技巧。

5）遵守规范。在科研合作与沟通中，分享数据、方法和结果时，必须遵循科研诚信和伦理规范，包括正确引用他人的研究观点、保护知识产权、尊重参与者的隐私等，这是保持信任和确保科研合作有效的基础。

6）学会开会。科研工作中，常常需要定期组织会议，跟踪项目进展，及时调整计划和策略，保持团队成员之间的紧密联系和信息同步。在会议前，需要做好准备工作，准备汇报材料；拟定需要协商和解决的问题；在会议中认真倾听同门汇报，参与问题讨论；注重汇报的逻辑与层次，提出遇到的问题，并拟定解决方案；会后应及时整理组会笔记，落实下一阶段的工作安排。

5.6　科研表达能力培养

对于研究生来说，科研表达能力至关重要，它不仅会影响研究成果的传播与接受，还关系到合作机会的获取和个人学术声誉的建立。以下是一些培养科研表达能力的方法。

1）广泛阅读。阅读高质量的科研文献，特别是本领域的经典论文和最新研究成果，了解学科语言特点、研究方法和论述结构，逐步形成良好的学术语感。

2）写作练习。定期开展写作练习，可以从撰写实验报告与工程报告入手，逐渐尝试撰写研究论文、项目申请书等。写作初稿完成后，主动寻求导师或同门的反馈，依据意见修改和完善。写作练习初期，可以尝试模仿优秀论文的写作风格和结构，围绕理论研究、实验研究、应用研究的学术表达需要，逐渐体会不同的写作风格。

3）逻辑思维。科研表达需要具有严密的逻辑性。研究生可以通过自学逻辑学基础、批判性思维等方面的书籍来提升逻辑分析和组织能力，确保论文写作与交流表达中论点清晰、论据充分、论证有力。

4）学术会议。参与学术会议不仅可以了解学科前沿动态，更重要的是抓住口头报告和海报展示的锻炼机会，可以提升演讲能力和临场应变能力。

5）工具使用。使用图表和可视化工具，可以极大地增强科研表达的数据可视化效果。研究生可以学习如何使用图表、图形和其他可视化工具，来清晰、直观地展示复杂的数据和概念。

6）表达规范。熟悉并遵循所在领域的引用格式、论文结构、语言风格等规范，有助于提高文章的专业性和可接受度。

7）强化英语。鉴于英语是国际学术交流的主要语言，需要提升英语读写能力，通过阅读英文文献、参加英语讨论组、写作训练等方式加强英语学习。

8）坚持不懈。科研表达能力的提升是一个长期的过程，需要耐心和持续的努力，不能因为初期的挫折而气馁，要保持积极的学习态度，不断进行实践与反思。

5.7 总结归纳能力培养

在学术领域，总结归纳能力是一种非常重要的思维和学习技能，能帮助研究者从大量信息中提取关键点，理解核心概念，并将其以简洁、有条理的方式表达出来。培养总结归纳能力，不仅能够提高学习效率，还能增强解决问题和决策的能力，这直接关系到研究的深度、论文的质量及学术交流的效果。以下是一些培养总结归纳能力的有效方法。

1）分类整理。归纳总结的核心方法就是依据逻辑关系分类整理，识别出共同点和差异，采用抽象思维和概括能力，识别出核心要素及其相互关系，对规律进行归纳总结。

2）笔记训练。研究生在听讲座、会议与定期阅读书籍和文章的过程中，可以深入理解其研究背景、方法、数据和论证过程，掌握记笔记的技巧，锻炼捕捉重点和分析逻辑结构的能力，训练归纳总结主要内容的能力。

3）写作练习。研究生要定期写作，特别是要定期撰写文献综述、评论或分析性文章等。写作是提升归纳总结能力的有效方式。撰写文献综述，不仅要归纳单篇文章的内容，还要比较多篇文章与整合信息，对研究现状形成全面的认知。论文摘要写作要求文字凝练，且具有概括性，论文结论写作则需要提炼研究结果与研究价值，这些写作练习能有效提升研究生的总结归纳能力。

5.8　学术鉴赏能力培养

学术鉴赏能力对于提升研究生的学术水平至关重要。以下是几种培养学术鉴赏能力的策略。

1）广泛阅读与深度研读。首先，广泛涉猎不同领域的经典和前沿文献，拓宽视野，了解不同学派和理论。其次，选择经典论著进行深入研读，细致地分析其论证逻辑、数据支持、结论推导过程，以提升批判性思维水平。

2）批判思维养成与训练。研究生在阅读和学习过程中，要不断提问和反思：假设是否合理？数据来源和分析方法是否可靠？结论是否能充分支持论点？其培养的是不盲目接受信息，能够独立思考和评判信息的能力。另外，要参与学术讨论、辩论，了解他人的学术思想，尝试评论他人的论文、书籍或研究项目，分析其优点、不足及可能的改进方向。

3）持续学习与前沿跟踪。学术发展日新月异，保持好奇心，定期关注、学习最新的研究成果、学术动态和技术进展，不仅有助于保持知识的时效性，也是提升学术鉴赏能力的重要途径。

通过上述方法的持续实践，研究生可以逐步提高个人的学术鉴赏能力，为深入研究和创新打下坚实的基础。

5.9　误区与清源

5.9.1　相对于学习而言，研究生更常困惑的"能力"究竟是什么？

相对于学习而言，知识是看得见的，它存在于书本、文献中，也是学生在学习生涯中非常熟悉的。然而，能力似乎与知识有关，又游离于书本。研究生在被导师批评"能力不足"时，常常会求教于书本，认为"知识没掌握牢固""知识有了，能力就有了"，这就大错特错了。能力是指解决问题时熟练运用自身的知识与经验的水平，能力不高或许是因为知识与经验不足，但更多的是不知道如何运用知识与经验。

5.9.2　科研能力培养的本质是什么？

能力与实践密切相关，能力的获取与培养也应该来自实践，所以科研能力同样是从科研实践中来，再回到科研实践中去。科研能力培养的本质就是加强科研实践，在科研实践中发现自身的不足，通过自我批判性反思，思考能力不足的原因有哪些，是由于知识与经验不足，还是因为知识与经验运用存在问题？如果是知识不足，应加强知识学习；如果是经验运用存在问题，则应该加强对经验的总结，然后进行科研实践。因此，科研能力培养只能靠多干、多悟、多学来实现。

5.9.3 能力培养比知识学习更为重要？

每个人掌握的知识都是有限的，无论是在今后的科研创新还是生产实践中，总会有超出自身掌握范围的知识盲区。而且，在知识更新迭代背景下，知识是学不完的，也不太可能在掌握充足的知识后才开展科研与实践工作。能力培养是研究生教育的核心，是帮助学生应对未来挑战与解决未知问题的"法宝"。然而，这并不意味着知识学习不重要。知识是构建能力的基础，没有足够的知识储备，能力的发挥也会受到限制。

参考文献

黄祥芳，冯巧. 基于研究生科研创新能力培养的高校数据素养教育策略研究[J]. 江苏科技信息，2023，（28）：56-58.

金龙. 关于研究生科研能力培养的思考[J]. 大学，2021，（10）：70-71.

刘旭坡，陈野，康萌萌，等. 高效学习能力培养贯穿研究生教育全过程——以材料科学与工程专业为例[J]. 高教学刊，2022，（32）：155-158，162.

邵云飞，周湘蓉，陈涛. 基于OBE理论工科研究生创新思维能力培养方案研究[J]. 高等理科教育，2022，（2）：40-47.

王振，曾荣，李涵，等. 工科硕士研究生的科研能力培养探讨[J]. 产业与科技论坛，2023，（20）：255-256.

吴兴兴，李丽珍，余雪丽. 试论研究生五种能力的培养[J]. 太原理工大学学报（社会科学版），2003，（2）：31-32，47.

张雷. 研究生课程培养创新思维能力的探索——以电力电子系统建模与仿真课程为例[J]. 中国现代教育装备，2022，（1）：106-108.

张乃莉. 学术交流对提升研究生科研能力的影响及其应对[J]. 中国林业教育，2023，（5）：37-44.

郑瑞强，胡军华. 培养研究生科研能力的行为逻辑与机制创新[J]. 高教发展与评估，2022，（1）：73-81，124-125.

周彩虹，周海燕，张永明，等. 创建研究生自我管理平台，加强综合素质训练[J]. 中国高等医学教育，2010，（11）：119，126.

第6章 文献阅读要领

文献阅读是学术研究不可或缺的一环，贯穿于研究的整个生命周期。从选题、开题、实验、分析、成稿到发表，都是在丰富的文献基础上进行的智力活动。然而，许多研究生在阅读文献时，往往懵懵懂懂，照单全收，要么不清楚哪些是值得阅读的高质量文献，要么不知道如何围绕文献阅读进行科研思考。文献阅读的目的与作用无外乎两个方面：借鉴与启发。只有清楚借鉴什么、如何启发，才能明白如何提升文献阅读效果。

6.1 存在的问题

在研究生阶段，文献阅读是知识学习与学术研究的重要组成部分。文献往往聚焦于局部知识点的创新，关注同一知识点的多篇文献组成的知识体系需要读者自行组织，而且创新工作代表着新知识的发现，相关参考资料较少，也难以理解，所以研究生在文献阅读过程中普遍会遇到以下问题。

1）文献检索能力弱，定不准目标。研究生学习均会设置文献检索课程，以便掌握文献检索的基本方法。如何确定检索关键词是至关重要的，如果确定的检索关键词聚焦性不强，会造成搜到的文献过多或者过少，从而影响后续的阅读效率与收获。而且，随着文献阅读的深入，检索关键词与检索项也需要不断调整和细化。

2）文献数量多，做不到取舍。在文献阅读开始阶段，研究生设置的检索关键词会相对宽泛，检索后往往会获得大量文献。面对数量庞大的文献，研究生往往不知道如何取舍和筛选，如果不加筛选会造成阅读工作量繁重，从而降低科研效率，还会致使学生产生厌学情绪。真正能激发学生进行批判性思考的主要是那些高质量的精品文献，如果花了大量时间在低水平文献阅读上，不仅会降低文献阅读工作的效率，妨碍对科研问题的思考，长此以往，还会影响学术鉴赏能力的培育与养成。

3）文献知识新，读不懂内涵。文献是关于最新科研创新成果的"新闻报道"，常常会涉及新理论、新方法、新技术等新的知识点。文献中的专业术语与知识概念有时难以理解，尤其是跨学科领域的文献。如果缺乏系统的阅读方法，不但难以做到高效地阅读和理解文献，还需要花费很多时间兼顾细节概念与整体架构。

4）文献篇幅长，记不住要点。中文期刊对文献篇幅有着严格的规定，篇幅相对较短，一般在1万字左右，而外文文献的篇幅规定较松，一般在十几页至二十页。此外，由于语言为非母语且专业理解力有限，一些研究生在阅读外文文献时常会面临"前看后忘"的痛苦，需要长时间反复阅读才能达到效果。在繁忙的学术生活中，研究生需要通过有效的时间管理来组织阅读工作。

5）文献信息杂，理不清体系。有些文献往往聚焦于局部知识点的创新，对同一知识点的研究，不同学者着眼的角度可能是不同的。因此，即便针对的是同一知识点，不同文献中的知识信息也是杂乱的，无论是构建学术基础，还是将知识应用于研究中，均需要研究生具备整合能力，以便厘清知识体系。

6）文献千般好，找不到问题。在阅读文献时，一些研究生容易延续学习惯性，先入为主地认定文献中的论述均是正确的，容易接受文献中的观点，缺乏批判性思考，不清楚文献作为报道最新科研成果的载体的新闻性、时效性与局限性。文章虽然经过同行专家评议才能予以发表，但是许多观点和结论均未经过广泛的验证，一些初步的阶段性成果还有不少瑕疵。某些作者为了达到发表需求，会对论文的一些缺陷与不足进行掩盖。同时，在知识更新和发展过程中，前期结论未必是正确的，其正确性也会受到使用范畴的限制。一些研究生很难对以上问题进行准确辨识。

6.2 阅读的作用

文献阅读是开展科研工作的重要基础，不仅能帮助研究者了解特定领域的最新进展，启发创新思维，还能为研究工作提供重要的理论与方法借鉴。文献阅读在研究生的专业知识构建和学术研究过程中扮演着至关重要的作用，具体如下。

1）掌握研究中的基本概念与基础理论及其拓展应用。

2）熟悉理论、实验与计算等科研方法的基本套路。

3）跟踪科研领域内最新研究成果与技术发展趋势。

4）认识当前研究的水平、空白、缺陷与未解问题。

5）借鉴其他学者的独特思路、先进方法与宝贵经验。

6）可以作为研究工作的知识基础与成果可靠性的佐证。

7）提高研究生的学术写作与表达能力，提高学术鉴赏水平。

8）了解学术界的重要窗口、构建学术人脉的基础。

上述八点对应着学术研究的 4 个不同阶段。

1）学术基础培育阶段，主要包含第 1、2 点。在研究生课程学习期间与进入学术研究阶段初期，通过系统阅读文献，帮助其掌握专业基础理论、正确和规范的专业术语，熟悉常规的科研方法与学术套路，拓宽学科范畴内不同专业领域的知识面，为学术研究工作打下坚实的基础。在这个阶段，文献阅读成为研究生的学术积累方法，具有学习模仿作用。

2）学位论文选题阶段，主要包含第 3、4 点。在研究生学位论文选题与开题报告编制时，需要掌握国内外相关领域的最新研究成果与进展。在文献阅读中，可以借助文献比较与批判性思维，发现当前研究的空白、缺陷与不足，确定学位论文的选题方向，避免重复性研究工作，界定研究课题的独特性和科学价值。在这个阶段，文献阅读能为研究生的选题提供启发。

3）论文写作推进阶段，主要包含第 5、6 点。在研究生学位论文撰写过程中，文献阅读能提供不同视角和思路，激发研究生的创新思维，获得解决问题的新路径；帮助其了解和掌握最新的研究方法与技术，为学位论文中拟采用的研究方法和实验设计提供借鉴；通过与其他文献比较，为研究工作提供理论与数据支撑，对研究成果进行可靠的验证。在这个阶段，文献阅读能为研究生科研工作的开展提供参考和借鉴。

4）论文成果总结阶段，主要包含第 7、8 点。在研究生学位论文写作中，文献阅读有助于其熟悉专业术语、了解论证逻辑、学习语言表述、规范参考引用、提升写作技能，避免出现低级错误。定期追踪领域内的高质量文献，有助于研究生紧跟学术前沿，培养批判性思维，提高学术鉴赏能力，也有助于学术交流与人脉积累。在这个阶段，文献阅读对研究生的学术修养培育具有一定的推进作用。

6.3 文献检索

文献阅读的本质是追踪最新科研动态与热点问题，了解目前技术进展与成果水平，分析科学问题与技术瓶颈，为后期毕业论文的开题、技术方法的选择提供参考，为图表的制作提供借鉴。在众多期刊文献中，研究生应该努力找到最具有参考价值的文献，并根据自身的科研需求，阅读与梳理这些文献资料涵盖的知识结构、知识内容。

虽然许多学校为研究生开设了专业论文检索课程，但是大都只是介绍了一般性的检索方法。面对各大期刊数据库的海量文献，如何提高检索效率，精准找到目标文献，仍然需要掌握一些方法和技巧。

6.3.1 了解研究领域的国内外主要学术期刊数据库

国内常见中文学术数据库主要包括万方、超星、CNKI 等（图 6-1）。国外英文学术数据库主要包括 EBSCO、Elsevier SDOS、Frontiers、ProQuest EBC、SpringerLink、UMI ProQuest 等（图 6-2）。

| 万方数据知识服务平台（期刊+学位论文） |
| 超星期刊数据库 |
| 中文发现系统 |
| 百链云图书馆 |
| CNKI-期刊\博硕\会议\工具书\标准 |
| CNKI-期刊全文数据库 |
| CNKI-博硕学位论文全文数据库 |
| CNKI-中国重要会议论文全文数据库 |
| CNKI-标准文献数据库 |
| CNKI-中国引文数据库 |
| 台湾华艺学术文献数据库 |
| 国研网统计数据库 |
| 北大法意中国法律资源数据库平台 |
| 超星电子图书 |
| 读秀学术搜索（使用4.0版本阅读器） |
| CADAL数字图书馆 |
| 锐思金融研究数据库 |
| EPS全球统计数据/分析平台 |

图 6-1 常见中文学术数据库

图 6-2　常见英文学术数据库

6.3.2　精准确定检索关键词

1）学术基础培育阶段。在这一阶段，应从综述性文献检索与阅读入手，在熟悉研究领域知识体系的基础上，围绕学术基础夯实目标，初步圈定检索关键词。初步圈定检索关键词，应做到范围适中，不宜过泛，否则容易导致文献检索量庞大；也不宜过小，否则容易导致目标文献太少。

2）学位论文选题阶段。在这一阶段，研究生应围绕近年来研究领域内的学术热点及论文选题聚焦点，筛选和检索关键词。关键词可以从学科主要学术期刊的热点文献中找，也可以通过所属学科学会编制的年度"学科进展报告"与相关科研单位编制的前沿报告阅读。

3）论文科研推进阶段。在这一阶段，文献阅读主要是为了对研究方法与方案设计寻找类似的样板参考，所以检索关键词主要聚焦在新方法与新技术上，而且应注意将检索时效锁定在近 1 年或 2 年。

4）成果总结写作阶段。在这一阶段，主要工作是寻找科研制图和论文写作的样本案例，检索时主要选用能够反映论文主旨或者章节内容的主题词，检索时应注意期刊质量或者单位与作者的影响力。

6.3.3　锁定检索范围

1）知识时效性。检索的文献内容应该是与众不同的，提出了新的观点、理论或方法，具有明显的创新性，能够反映领域内研究的最新进展，适用于前沿文献。一般以在 3～5 年内发表的文献的参考价值为佳，发表 10 年以上的文献，除非是经典文献，否则参考价值会大打折扣。

2）期刊声誉。高质量的文献一般发表在本领域内的权威期刊或由知名出版社出版，这些机构通常遵循严格的同行评审流程，保证了研究内容的质量和学术价值。SCI（Science Citation Index，科学引文索引）文献应按照中国科学院或 JCR（Journal Citation Reports，期刊引用报告）分区，尽量选择高分区文章；中文文献应该选择北大中文核心期刊或学科领域内著名核心期刊刊登的文章。

3）作者知名度。查看文献作者的学术背景、研究经验和在该领域内的声誉，具有丰富经验和高认可度的作者通常能产出高质量的研究成果。同时，要注重作者在学科或行业内的影响力，以院士、领域内知名专家为宜。

4）下载引用数。下载引用数间接反映了文章的受欢迎程度，尽量选择高被引文献。被广泛引用的文献通常在相关领域内具有较高的影响力和认可度。但需要注意的是，引用时应综合考量文献的发表时间。

5）单位影响力。在检索文献时，应关注作者所在单位在学术或行业内的影响力。

6.3.4　其他检索方式

1）著名学术期刊的封面文献。

2）知名学术圈热点文献推送。

3）综述类文献中引用的核心文献。

4）高关注度文献中的关键参考文献。

5）同领域小同行最新发表的文献。

6.4　文献管理

6.4.1　文献质量判别方法

通过文献检索能获得大量文献，如果直接逐篇仔细阅读，是特别耗时耗力的，而且直接检索获得的文献并不是都有较大的参考价值。文献的参考价值是判定文献质量的标准，可以借鉴的范围越广，表明文献的质量越高。高质量的文献大致上可以分为两类：一是学术素养深厚的经典文献；二是追踪学术热点的前沿文献。以下是几种常见的文献质量判别方法。

1）文献主旨的相关性。研究生可以通过文献题目、关键词、公式、图表等信息，比较这些信息与目标参考需求的关联度，以此来判别文献主旨的相关性。

2）文献研究的创新性。在文献题目的新颖性、引言部分的说明及结论陈述中，都能找到关于研究创新性的阐述。创新性是判断文献参考价值的重要指标。

3）文献内容的丰富性。文献研究工作量、实验或分析方案、图表数量、数据容量与维度，都能够反映出文献内容的丰富性。

4）文献工作的严谨性。高质量的文献表现为研究方法合理、工作过程完整、分析论证充分、结论可靠。

5）文献结构的逻辑性。高质量的文献表现为结构清晰、论点表述明确、论证逻辑连贯、可读性强，便于读者理解。

6）文献写作的规范性。高质量的文献表现为语言表述流畅、学术词汇运用规范、写作格式标准、参考文献引用准确，能充分体现文献研究工作的深度和广度。

6.4.2　文献管理方法

为了提高效率，需要对检索获得的文献进行管理。精准评估文献的参考价值与对文献的参考范围进行系统分类，有助于优化阅读方式与提高阅读效率。文献管理工作包括文献筛选、文献分类、文献分级与文献积累等。文献筛选是指在检索获得的大量文献中筛选出与研究目标密切相关、具有重要参考价值的文献。文献分类是指根据参考范围与价值，将文献划分为不同类别。一般建议先按照参考范围划分，再在参考范围内按照参考价值划分。参考范围分类是按照文献中的研究对象、研究目标、研究方法、研究思路的相似性进行区分。文献分级是以文献的参考价值来划分等级。参考价值划定是按照文献质量与科研水平，以及其与自身科研工作的相关性进行，总结每类文献的主要观点、研究成果和使用的研究方法。文献积累是指根据科研工作的进展，定期检索文献、管理文献、阅读文献、再管理文献（删除参考价值不大的文献），不断更新科研动态与成果资料。

1）文献筛选。根据文献质量判别方法，秉承宁缺毋滥（时间宝贵）的原则，筛除参考价值不大的文献。

2）文献分类。按照文献中的研究对象、研究目标、研究方法、研究思路等科研工作的相关性，以参考范围来归纳与区分文献。

3）文献分级。按照文献质量划分参考价值等级，再在参考范围内按照参考价值划分，进而归纳与区分文献。

4）文献积累。根据科研进展与知识更新，定期检索、筛选、阅读新文献，删除价值不大的旧文献，不断更新自己的文献库。

6.4.3　文献管理工具

常用的高效文献管理软件有 EndNote、Mendeley、Zotero 等（图 6-3），可以跨越不同数据库检索，提供了一般数据库不具备的强大检索引擎，具备文献引用率与获取热点文献的分析等功能，方便管理文摘、全文、笔记及附件等信息，还可以在论文写作时高效组织与编辑引用参考文献的顺序和格式。

图 6-3　文献管理工具 EndNote、Mendeley、Zotero

6.5　阅读方法

6.5.1　文献阅读策略

文献阅读的首要任务是构建学术研究领域的知识分类体系，而后在知识分类体系中填充具有研究特色的最新的高质量文献。具体而言，文献阅读策略如下。

1）文献阅读可以从综述类文献开始，包括文献综述、书评文章、学科进展报告、行业白皮书等，主要用于建立学术研究领域的基本分类体系。对于此类文献，应注意出版日期，因为一些出版日期较早的综述文献的借鉴作用有限，只能作为基础知识学习材料。

2）文献阅读应聚焦三个方面，一是解决了什么问题；二是采用了什么方法；三是获得了什么结论。应按照问题、方法、结论三个层次，将阅读的文献放入学术研究领域的基本分类体系中。根据知识内容与借鉴价值的细分，还可以在学术研究领域的基本分类体系下进一步分类。

3）文献阅读的选择应从相关性与时间轴两个维度展开，其中，相关性是首要考虑因素，其优先级高于时间轴。相关性主要体现在文献所解决的问题与研究主题的契合度上，或者文献阅读的目的本身聚焦于方法论的探讨。在满足相关性的前提下，应优先选择较新的文献。

4）文献阅读方式也不是一成不变的，大部分文献并非需要精读，切不可随便抓到一篇文章就开始研读。研究生应根据相关性与时间轴，圈定需要精读的文献。开始阶段的阅读往往是痛苦的，由于基础知识储备不足和对学术研究动态的不了解，文献有时很难完全看懂，此时可降低阅读要求，将近似内容的中文文献、英文文献或者其他参考资料归并起来对照阅读。实在读不懂的地方，可以先放下来，日后再找机会请教导师或他人。在有了一定的文献阅读基础后，除了前沿未知研究之外，后续的文献阅读应有一定的选择性。

6.5.2 文献的借鉴作用

在研究生学术研究中，文献的借鉴作用有以下几个方面。

1）了解研究现状。全面把握当前研究动态和发展水平，为研究生确定自己的研究方向和选题奠定坚实的基础。

2）掌握学术语境。快速融入所在学术领域的语言环境和思维模式，熟悉领域内的专业术语、概念框架及理论体系。

3）学习科研套路。学习常规的科研方法、技术路线，掌握不同研究方法的适用条件与基本流程。

4）借鉴方法思想。在原创性学术研究中借鉴科学创新的思想，在应用性学术研究中学习文献中采用的理论与方法。

5）保持学术敏锐。定期追踪阅读最新的高质量文献，紧跟学术前沿，捕捉新兴的研究热点和未来的发展方向。

6.5.3 文献的启发思考

文献阅读后的启发思考是学术研究和知识创新的重要环节。在学位论文的写作过程中，广泛阅读文献后的启发思考，不仅可以加深研究生对本研究领域知识的理解，还可以帮助他们识别本研究领域的空白点、矛盾或未解决的问题，避免重复研究，进而找到新的研究问题或创新思路。然而，启发思考却是学生最难掌握的学术方法。绝大多数文献都在论证自身科研工作的先进性、创新性与突破性，文献中既提出了问题，也解决了问题，使得研究生很难从少量文献中识别本研究领域的空白点、矛盾或未解决的问题，更不用说启发思考、获得创新思路了。以下是一些在文献阅读后促进启发思考的方法。

1）比较与对比。针对不同文献的观点、研究方法和结论进行对比，分析它们的异同，这有助于掌握研究发展趋势、识别理论分歧等。

2）批判性思考。对所读文献持批判态度，评估其研究方法的合理性、数据的有效性、结论的普遍适用性等，思考其是否存在研究偏见，数据解释是否充分，结论是否过于牵强。这种分析能帮助研究生发现潜在的研究缺口或不同的解释角度。

3）跨学科视角。尝试从其他学科的角度审视自己的研究主题，看看能否借鉴其他领域的理论、方法或工具来解决当前的问题。

4）反思与质疑。对现有理论和实践提出合理质疑，不断反思文献中的假设、结论是否适用于所有应用场景，是否有未被充分探讨的变量或因素。

5）应用的缺陷。将文献中的理论、模型或发现放入知识应用的场景中，思考应用这些知识解决现实问题的瓶颈在哪里。

6）拼接与整合。尝试将文献中的不同理论与方法拼接整合，构建新的模型与提出新的方法来解决问题。

7）创新性设想。将文献中现有知识放到未来的应用场景中，想象未来的应用需求，寻找现有知识与未来需求之间的差距。

8）文献的统计。对研究领域的大量文献进行系统整理、分类统计，通过大数据识别研究的热点、趋势与发展。

9）讨论与合作。与同门、导师讨论自己的阅读体会和思考，不同背景和视角的交流往往能激发灵感，从而提出解决方案。

6.5.4　文献阅读指南

文献阅读主要分为略读、泛读、精读与选择性阅读等。在开展文献阅读前，首先应该了解学术论文的写作结构，这有助于研究生快速获取想要了解的研究主旨与参考内容。学术论文具有较为严格的写作结构和规范，形式上类似于传统的"八股文"。科技论文的主要目的是介绍与展示科研工作的过程、结果及其创新性，包括研究背景、科学问题、研究目标、研究方法、技术路线、研究成果、主要结论等，常规的写作结构如下。

1）题目，反映论文主旨与创新性。

2）摘要，按照研究背景、研究目的、研究内容、主要结论与研究意义的次序，将上述内容浓缩为1～2句话，一般分为长摘要与短摘要。

3）关键词，一般为5～6个专业词语，主要反映论文的主旨。

4）前言，包含科学背景、研究现状、科学问题、研究目标、研究思路、写作结构说明。

5）方法，包含理论基础、实验方法与技术路线。

6）过程，包含工作条件、基础参数、研究方案、过程步骤。

7）结果，包含成果的图表展示与文字说明。

8）讨论，包含成果可靠性与创新性的分析。

9）结论，包含凝练性结果总结、结果价值与未来工作展望。

不同文献的阅读方法选择与使用不是相互独立的，而是相互辅助的。研究生在阅读文献时，可以根据自己的需要，按照上述论文的结构有所侧重。在进行文献检索时，主要使用略读。略读主要是详细阅读文献的摘要与目录，目的是确定文献是否具有检索和下载价值。在进行文献管理时，主要使用泛读。泛读是相对于精读而言的，如果说精读相当于"细嚼慢咽"，泛读则相当于"囫囵吞枣"。泛读追求阅读效率，目的是快速了解文献的主旨，评估文献的参考范围与参考价值。泛读的"囫囵吞枣"，并不应被理解为整个阅读过程中的不认真、不仔细，也不是通篇均采取略读的方式，而是需要精读那些能够快速了解文献主旨与创新性的章节和段落，对于介绍研究工作细节的部分，则要略读。泛读中需要精读的内容包括题目、摘要、关键词、前言、研究结论及关键图表，其他部分仅需要略读。根据文献的参考范围和参考价值，对文章主旨与自己拟开展的研究方向相近且具有较大参考价值的文献，主要使用精读。精读需要细读多思，反复琢磨，一边分析一边评价，做到明白透彻。对于仅仅在理论方法、实验技术或者成果表达上值得借鉴的文献，主要使用选择性阅读。在进行选择性阅读时，只对论文中需要参考的部分进行精读。

6.6 误区与清源

6.6.1 文献检索阅读应有明确的目标

文献检索阅读最忌讳的是没有目的性，学以致用是贯穿研究生阶段学习的总纲，文献检索阅读也应以此为纲。很多研究生会陷入误区，学习兴趣广泛，抱着多学知识以备无患的观念，花了很多时间与精力，杂乱无章地检索阅读了与自己的科研方向无关或者难以自成体系的文献资料。然而，由于没有持续、有效的科研推进与实践，这些凌乱的且没有"肌肉记忆"的知识内容很快就会被忘记，需要用时还得重新学，这是非常浪费时间的。

6.6.2 文献检索阅读应具备一定的知识基础

文献检索阅读不应急功近利。目前，一些青年导师急迫希望学生尽快进入课题研究状态，新生入学后就立即要求其开始文献检索阅读。然而，由于学生的知识基础不完备、科研经验不足，不能有效评估文献的参考价值，不能有效地对文献进行筛选与分类，面对大量生涩难懂的文献，文献检索阅读进展缓慢，他们会感到非常痛苦，有的学生甚至会出现厌学情绪。文献检索阅读的目的是追踪最新科研动态与热点问题，了解目前的技术进展与成果水平。由于文献知识的碎片化与不系统，文献检索阅读是不能作为学生基础知识学习与知识拓展进阶的方式的。学生应在完成课程学习的基础上，阅读一定数量与自己的科研方向相关的教材与专著，具备了一定的知识基础后，再开展文献检索阅读。

6.6.3 文献检索阅读中泛读比精读更重要

在不同文献阅读方法中，使用最为广泛的是泛读。文献管理中需要做大量的泛读工作，梳理出围绕文献检索阅读目标的分类参考文献列表，找到具有重要参考价值的文献资料，这也是文献检索阅读的关键。同时，在文献筛选和文献分类工作中，泛读也是构建检索文献的知识结构的重要途径，这是后续开题报告中论述研究现状与撰写文献综述的基础。高效的泛读与精准的评估是保障文献管理工作有序进行的基础，是提升文献检索效率与精准性的关键。研究生要在熟悉论文写作结构的基础上，精读表达文献主旨与具有创新性的章节段落。精准的评估，需要长期的基础知识积累与研究领域系统知识结构的构建，这需要学生在系统阅读相关研究领域的教材、专著的基础上，不断进行总结和归纳。

6.6.4　文献检索阅读效果不佳的应对策略

找到具有重要参考价值的文献资料后，应根据参考范围与参考价值选择是进行全文精读还是选择性阅读。由于需要阅读的文献都是最新科研成果，难免艰深晦涩，研究生在阅读时往往会感到痛苦不已又束手无策，应对的方法有如下几种。

1）文献不要一篇一篇地阅读，而是要将文献管理中某一参考范围内的一组文献一起摊开阅读。有的文献对某一知识点讲得清楚一些，有的文献则对其他方面阐述清晰，相互补充、相互参考，比较容易构建知识结构体系，这也是进行文献管理的关键。

2）"书读百遍，其义自见。"对于一些文献，不要奢望很快就可以明白，有时需要反复阅读，或者阅读其他参考资料后再阅读。阅读文献，要从粗到细，先弄清楚底层逻辑，再弄清楚技术细节。

3）实在不懂的细节，可以通过向通讯作者发邮件的方式询问，或者与导师讨论。但是，切记不要自己不付出努力就直接询问，这将丧失锻炼自身文献阅读能力的机会。因为研究生阶段学习的核心不仅仅是获取知识，更重要的是提升独立解决问题的能力。

参考文献

陈予琳. 关键词检索方法在科技查新中的应用研究[J]. 河南师范大学学报（自然科学版），
　　2011，（3）：171-173.

李旭，陈立宏，刘丽，等. 研究生科研第一课：快速进行文献检索与阅读[J]. 高教学刊，2023，（6）：47-50.

廖剑岚，詹婉华. 研究生文献调研能力培养的研究[J]. 江苏高教，2013，（1）：98-99.

刘清海，甘章平. 利用 EndNote 提高编辑工作效率[J]. 编辑学报，2011，（1）：67-69.

沈利峰. 数字图书馆网络信息资源整合研究[D]. 中国农业科学院，2005.

谢群. 文献管理软件的功能层次划分理论研究——以 Endnote 为例[J]. 现代情报，2008，（4）：113-114，117.

余敏，朱江，丁照蕾. 参考文献管理工具研究[J]. 现代情报，2009，（2）：93，94-98.

张立军，董学军，于巍. 论文科研究生文献阅读的现状及提高策略[J]. 沈阳师范大学学报（社会科学版），2012，（5）：157-158.

第 7 章　学术研究关键要点

学术研究是研究生培养目标考核的主要内容，其创新性与学术水平是能否授予学位的主要参考指标。高水平的学术研究不仅要求有深厚的专业知识，还涉及严谨的研究方法、高效的文献管理、清晰的逻辑思维及准确的表达能力。然而，对于刚入学的研究生，在短时间内提升科研素养是非常困难的，而且是不切实际的。一些关键学术研究技巧将成为短时间内提升学术研究效果、避免踩坑与规避误区的有效方法。

7.1　学术研究目的

学术研究是对科研能力的一种训练，考察的是能否把一件事情看透彻，把前人所做的研究总结和归纳清楚，以及将自己的观点与结论表述清楚。这一过程中要培养的能力包括写作能力、资料收集能力、逻辑思维能力、行动执行能力、总结归纳能力等。研究生进行学术研究的目标有以下几个方面。

1）培养科研能力。撰写学位论文的全过程，研究生需要独立或在导师的指导下完成选题、文献调研、方案设计、实验实施、数据分析、论文撰写等工作，这一系列步骤旨在全面培养其科研方法探索、问题解决、创新和独立研究的能力。

2）深化专业知识。学位论文撰写，通常要求研究生在其专业领域进行深入研究，这不仅能巩固和深化其专业知识，还能促进跨学科知识的融合与应用，能帮助他们掌握前沿研究动态和最新技术。

3）理论与实践结合。在撰写学位论文过程中，可以将理论知识与实践相结合，通过解决实际问题来验证理论的有效性，或者基于实践发现提出新的理论框架，体现研究成果的实际应用价值。

4）学术规范训练。在论文撰写过程中，研究生需要遵循学术诚信原则，学习并遵守科研伦理和学术规范，包括使用正确的引用方式、数据处理规则，确保实验设计的科学性等，这都有助于培养良好的学术道德和严谨的学术作风。

5）创新能力激发。学位论文要求研究生在研究中寻求创新点，包括理论创新、方法创新、应用创新，这能激发研究生的创新潜能，为促进学科发展做出更大贡献。

6）沟通与协作能力提升。在研究过程中，研究生往往需要与导师、同学及行业内专家进行交流讨论，参加学术会议，这些活动能够提升研究生的沟通表达、团队协作和学术交流等方面的能力。

7）职业发展预备。高质量的学位论文是研究生学术能力和研究潜力的直接证明，对后续的学术深造、科研职位申请或就业具有重要意义，为学生的长远职业发展奠定了坚实的基础。

综上所述，学术研究的培养目的不仅仅在于学术成果的产出，更重要的是通过这一过程，全方位提升研究生的学术素养、研究能力、职业道德水平和职业竞争力。

7.2 学习与科研的关系

无论是家长还是学生，都存在一种误解：研究生教育是本科教育的延续，主要任务还是学习，学习好才能做好科研。虽然学习与科研之间的关系密切且互补，然而它们是两种性质完全不同的工作。学习好，未必能将科研做好，需要厘清两者工作方式的区别。

1）学习与科研的思维背离。学习好主要指的是研究生在课程学习、考试及理论知识掌握方面表现优异，这需要有良好的记忆力、理解力和勤奋学习的态度，学习方式更多是记忆、理解与模仿。科研能力更多指的是创新思维、问题解决、实验设计与执行、数据分析、论文撰写及科学交流等方面的能力。科研工作往往需要独立探索未知领域，挑战现有理论，提出并验证新的假设。这不仅依赖已有的知识积累，更重要的是需要具备批判性思维、创造力、耐心和持之以恒的精神。学习需要理解与遵守知识体系下的知识规则，而科研则要颠覆知识体系下旧的知识规则，建立新的知识规则，所以学习与科研完全是两回事。

2）学习与科研非必然关系。学习成绩优秀并不能完全等同于在科研领域也能同样出色。扎实的学科基础是从事科研工作的基础，但科研活动更多需要批判性思维、缜密的逻辑思维、科研实践技能等科研能力作为支撑。科研能力是通过科研项目训练、导师指导及不断试错逐渐培养的。科研是打破旧知、探索未知、创造新知的工作，虽然知识基础对科研有一定的帮助，但是掌握旧知的程度并不必然能触发新知的创造，科研创新更多是依靠"离经叛道"的批判颠覆精神和"天马行空"的丰富想象力实现的。爱因斯坦曾说过，"想象力比知识更重要"，因为知识是有限的，而想象力概括着世界的一切，推动着进步。有时候，经典理论学习也会对旧的知识体系有敬畏之心，反而会抑制科研的想象力。

3）学习应为科研需求服务。学习是科研工作的基础，必要的理论知识、研究方法和技能学习是开展科研工作的前提条件。同时，在科研过程中遇到的用已有理论、方法与技术难以解决的问题，往往也需要学习新理论、新方法与新技术来解决，科研工作推进也会促进学习内容的扩展与深入。作为知识基础的学习，是为了科研创新；作为科研工具的学习，是为了解决科研问题。前者的学习应该聚焦于知识结构，后者的学习应该聚焦于知识应用。因此，研究生阶段的学习不是为了"鱼"——掌握知识，而是为了"渔"——获得学习能力，学习能力是科研能力的重要组成部分。

7.3　选题方法和技巧

选题是学位论文工作的重要环节，需要给出关于学位论文的题目、研究目标、研究内容、技术路线、预期研究成果、拟解决的关键问题、创新点、可行性等研究工作规划与实施方案。难度适当的选题对学位论文顺利完成有着至关重要的影响，选题得当事半功倍，选题不当会影响论文答辩。学位论文管理中开题报告及其评审是确保选题达到学位论文水平的重要环节。

7.3.1 选题的重要性

学位论文的选题是整个研究过程的起点，其重要性不言而喻，主要体现在以下几个方面。

1）选题决定了学位论文的学术价值与创新性，是评价学位论文质量的重要标准之一。

2）选题确定了研究内容及工作量，学位论文研究有严格的时间限制，不然会影响研究生的毕业时间。

3）选题论证了学位论文研究工作的可行性，是判断学位论文能否顺利完成的重要指标。

4）好的选题可以成为研究生一生的工作方向与研究领域，如果能够获得优秀的研究成果，能提升个人的就业竞争力，为未来的职业生涯奠定基础。

7.3.2 选题的原则

选题应当遵循一系列原则，以确保学位论文能够满足毕业论文考核要求，以下是几个核心原则。

1）研究价值。是否有研究价值，是确定论文题目的首要依据，也是导师与评审专家评估论文选题是否符合要求的重要指标。研究价值分为学术价值与社会价值两部分。对选题研究价值的判别，要看是否能解决学科难题、促进学科发展，研究成果能否满足社会发展需求、推动生产力进步。当然，研究价值可以是直接的，也可以是间接的；可以是短期显现的，也可以是长期体现的。

2）专业范围。选题应当紧密关联研究生所学的专业领域，选题方向应能反映其掌握知识的程度和解决问题的能力。撰写学位论文是研究生学习的重要环节，是评定学生是否达到本专业学位要求的主要参考指标。如果选择非专业性的选题，无法评价学生的专业水平。

3）创新性。创新性是评估学位论文研究水平的关键标准之一，也是研究生选题能力的重要体现。导师应鼓励研究生选择新颖、具有独创性的研究题目，避免重复已有研究，力求在理论、方法或应用上有所突破。这不仅能够提升论文的科学价值，更能展示作者的创新思维和研究能力。论文的创新性表现在理论创新、方法创新、结论创新、应用创新等方面。

4）可行性。可行性是指选题中实施方案的可能性，需要充分考虑研究的难易程度、工作量、时间、资源、数据可得性及个人能力等因素，确保研究可以在规定时间内顺利完成。选题的可行性，需要从主观条件和客观条件两方面进行综合评估。其中，主观条件包括个人兴趣、知识积累、科研技能等；客观条件包括实验设备、项目经费、工作条件、数据准备、研究时间等。

5）科学基础。选题工作需要基于已有的科学理论或技术事实进行，确保研究的科学性和严谨性，旨在揭示客观规律、分析问题或提出解决方案。

7.3.3　选题来源

论文选题，需要导师与学生共同思考，不能天马行空，完全按照兴趣来选。一般而言，论文选题可以通过以下几个途径获取。

1）导师研究方向。导师通常有明确的专业研究范畴，并在该领域内取得了显著成就，累积了丰富的研究经验。因此，研究生在选择论文研究主题时，应当尽量贴近导师的研究方向，这样做不仅能获取导师的专业指导和学术资源支持，还能更有效地促进学位论文按时顺利完成。

2）课题项目支持。以导师或课题组承担的国家或企业支持的课题项目为依托，在课题项目的研究范围内寻找值得作为学位论文主题的研究点，在与导师商量的基础上，划定合理的研究范围来确定选题。这类选题可以获得相对充足的经费支持，可以开展复杂的大型实验研究。

3）学术会议研讨。参加国内外的专业研讨会，也是获得学位论文选题灵感的重要途径。在学术研讨会上，可以了解知名学者最近从事的研究、提出的新观点，也可以参加自己关注的热点前沿问题的专题讨论。另外，可以选择感兴趣的问题，与相关专家建立学术联系，与其研讨学位论文的选题。

4）生产实践激发。问题导向是科学发展的最大推动力，解决生产实践中遇到的问题是学位论文选题的重要出发点。此类选题一般研究目标较为明确、研究价值突出、选题的聚焦性强，便于研究生组织研究内容、编写开题报告。

5）文献查阅获取。通过广泛搜集并深入研读学科专业领域的文献资料，研究生能够全面把握该学科在国内外的当前研究态势及最新发展趋势。在此过程中，理解并分析不同学者研究方法的独特之处，明晰前辈已完成的研究成果及其所达到的研究层次显得尤为重要。进一步地，识别这些研究存在的局限性与尚未探索的领域，以此为契机，确立自己的研究选题，旨在填补知识空白或改进现有研究的不足。

6）兴趣职业规划。兴趣与想象力是科学研究的重大推动力。部分研究生凭借其丰富的工作履历和实践经验，对特定领域有着深刻的理解与积累；另一些研究生则因对某一领域怀有浓厚兴趣，已在该领域进行了深入的自我探索与知识积累；还有的研究生作为某一单位的定向培养对象，有明确的职业背景和研究方向需求。若能将个人这些独特的背景与导师的研究专长有效融合，往往能够挖掘出既符合个人优势又契合导师研究方向的优质选题。

7.3.4 选题方法

研究生学位论文选题包括选择方向、文献阅读、开展调查、界定范围、确定题目等几个环节。在选题的方向确定以后，还要经过一定的调查研究，进一步确定选题的范围，以便选定具体题目。但这只是一个选题的程序问题，仅仅掌握选题程序是不够的，还需要明白选题的方法。

1. 发掘法

发掘法是依赖于对大量现有文献资料的深入研读，并在对比分析中锁定研究题目。通常，这一过程可以遵循以下几个步骤来开展。

1）全面且细致地浏览文献资料库。在浏览过程中，应养成做笔记的习惯，记录文献资料的概览，特别是那些给自己留下深刻印象的观点、论据、论证技巧，以及自己在阅读过程中产生的任何灵感或初步思考。

2）将收集到的信息按照不同的主题或观点进行分类整理，通过排列组合的方式，尝试从中识别出潜在的研究问题或空白点。

3）将个人在研究过程中的直观感受与文献资料进行细致比对，经过深思熟虑后，可能会提出新的见解或研究思路。在此基础上，进一步深入思考，研究选题的方向便会逐渐清晰并具体化。

2．求证法

这是一种起始于个人"初步设想"，随后通过广泛查阅文献资料来验证并明确研究主题的方法。

1）评估个人"初步设想"是否能为他人观点提供新的视角或补充，同时考察该设想是否已被前人探讨过，以及探讨的深度和广度如何。

2）对比个人"初步设想"与现有研究成果，若发现完全重合，则需立即调整思路，重新构思；若仅部分重叠，则应聚焦于未被充分探讨的领域，缩小研究范围并深化探究。

3）保持对瞬间灵感的敏锐捕捉，并持之以恒地深入探索这些灵感所指向的研究方向。

3．漏斗法

漏斗法是一种从宽泛主题提炼至精确研究范畴，并最终构思出具体研究题目的系统性方法。在提炼主题阶段，需要综合考量个人的理论知识积累与资料搜集情况，初步评估研究的实际可行性及所需资料的获取难度。值得注意的是，此时提炼出的主题不应直接等同于论文题目，而更像是一个由核心关键词构成的集合，它为研究划定了一个大致的领域边界，为后续深化探索奠定了基础。

4．编网法

编网法是一种创新性的研究方法，其核心在于首先明确一个新的研究议题，以此议题作为核心线索，将相关的理论知识紧密地编织成一个网络体系。在此基础上，构建出研究的整体框架，并据此精心规划研究的实施步骤与方案。

7.3.5　选题技巧与注意事项

学位论文的选题除掌握选题的来源与方法之外，还应掌握选题的技巧。

1. 注重创新意识

树立学术创新意识是选题的根本。创新是科研工作的灵魂，其关键是学术思想的创新。学位论文的创新，可以通过以下几点得到体现。

1）选题新。选题应当有新意，意味着研究的问题应该是别人未曾研究过的，或者虽有研究但不深入、存在争议，又或者是需要更新视角重新审视的问题。

2）材料新。在研究中使用新颖的第一手数据或文献资料，或者对已有资料有新的解读和运用，这些新材料能够为研究提供新的视角或证据支持。

3）方法新。创新可以体现为采用新的研究方法、技术手段，或是将其他领域的研究方法首次引入当前研究领域，包括新创造的研究方法、跨学科研究方法的应用及新颖的分析视角。

4）观点新。在研究过程中形成并提出的独到见解和理论建树，能够对现有理论进行补充、修正或提出挑战，推动学科知识边界的拓展。

5）理论新。对于研究生尤其是博士生而言，学位论文应当在理论层面有所建树，实现一定的突破，展现出作者在该领域的独特理解和创新能力。

2. 创新应控制尺度

创新跨越国界，意味着理想中的研究课题应属于尚未被前人或他人涉足的新领域。然而，在研究生学习阶段，实现这一理想往往颇具挑战。因此，研究生应当从"传承与创新"的角度出发，聚焦于那些已有前人进行研究的项目，并在此基础上挖掘新的研究视角或理论，进行深化探索，以期为该课题带来新的进展与补充。此外，对于某些在国外已有广泛研究但在国内尚属空白的课题，同样可以成为研究生论文选题的一个富有潜力的方向。一般而言，创新性强，可能可行性就弱，可行性强，创新性就弱，所以研究生在选题时需要平衡创新性与可行性之间的关系。

3. 难度应因人而异

研究生的个性特质与学术水平呈现出显著的多样性，包括他们的基础知识储备、创新思维、科研态度及实践操作技能等方面均存在较大差异。鉴于博士研究生与硕士研究生在培养目标上的不同，其选题策略也应各有侧重，需要根据个体的具体情况进行针对性的考量。对于那些思维敏锐、动手实践能力强的研究生而言，更适合选择那些富有创新性且具有一定挑战性的课题，以便能够充分发挥他们的优势，推动学术研究的深入发展。

4. 师生讨论互补

在庞大的文献资源库中，尽管导师拥有丰富的经验与专业知识，但其所能触及的信息依然有局限性。相比之下，研究生因年轻且思维活跃，他们的学习成果与见解往往能为研究课题注入新的活力与提供新的视角，成为不可或缺的重要补充。因此，加强师生间的学术交流，促进相互学习，实现知识与经验的互补，是提升研究质量、促进教学相长的关键。导师应积极鼓励研究生在既定研究方向上勇于探索与创新，力求在深度与广度上都有所突破，以期达到国内外学术前沿的水平。

5. 特长方向结合

研究生应当积极寻求个人专长与导师研究领域之间的契合点，以此为基础孕育新的研究课题。鉴于学位论文的主体部分需要由研究生独立承担，因此研究生需要对自己的专业优势有清晰而深刻的认识，并以此为出发点，主导研究进程。在此过程中，导师的角色更多是作为引导者，提供必要的支持与有限的协助，而研究生则需依靠自身的努力与智慧，推动研究不断向前发展。

6. 选题应以小见大

学位论文的选题若过于宽泛或难度过大，可能会导致研究任务难以圆满完成；相反，若选题过于简单，则可能无法充分锻炼研究生的科学研究能力，难以满足学位论文的严格要求。因此，选择一个难度适中、范围恰当的题目，是确保研究顺利推进的关键。具体而言，论文选题不宜过于庞大，因为过大的题目往往难以深入探究，且在规定时间内难以得出满意的结论。理想的选题方式是从具体问题切入，以小见大，同时，最为重要的是要在研究中注重创新的深度，力求在特定领域内做出实质性的贡献。

7. 注重理论与实践平衡

论文选题应注重理论研究与生产实践相结合，确保研究既有深厚的理论支撑，又能对接实际需求，做到理论指导实践，实践丰富理论。一些研究生的选题从文献中来到文献中去，嚼别人吃剩下的馍，对问题的关键把握不准，容易掉入为了创新而创新的怪圈。还有一些研究生将工程项目研究报告直接拿来作为学位论文，虽然能够清晰地解决问题，但是理论性不够，创新层次不高。二者均不是学位论文选题的典范。

8. 选题质量检索评估

在选题过程中，研究生必须开展大规模的文献检索阅读。根据文献检索量，可以评估选题所处状态，同时应密切关注文献的数量与发表时间。

1）检索所得文献很少，首先需要审核检索关键词是否存在过于宽泛或过于狭窄的问题，如果是，则需要调整检索关键词并重新尝试检索。一般而言，若文献较多但发表时间均较久远（5 年），在某种程度上说明选题已经过时。

2）检索所得文献较多、发表时间较均匀，说明选题是学者一直关注的命题；若文献较多、发表时间均较近，说明选题是近期学者关注的热点问题。

3）检索所得文献较少，说明是新问题或者研究意义不大。

总的来说，如果某一选题已经有很多学者研究过，可能留下来的研究空间较小，如果研究的学者较少，可能研究空间广阔，但是难度大。对于科研经验不足的研究生而言，检索文献发表时间最好是集中在近 1～3 年，且年代越近，数量越多，这样既能保障选题的新颖性，又可以有一定的文献资料作为参考。

9. 熟悉创新路径与技巧

1）老树开新芽，面对传统问题，应放宽解决它的基本假定。

2）引入新方法、新技术，解决传统问题。

3）面向重大社会与工程的新需求，解决新问题。

4）学科交叉催生解决问题的新思路。

5）拓展解决问题的新视角，引入新维度。

6）紧跟学科国际科研潮流。

7.4　开题进程与难点

当准备进入博士学位论文或硕士学位论文写作时，第一步通常是提交开题报告或研究计划书。开题报告是研究项目启动之前的书面规划，为整个研究过程设定了框架和方向。撰写高质量的开题报告，对于确保研究的成功至关重要。因为它是研究工作的第一步，概述了研究的目的、意义、方法、预期结果等关键内容，同时也是研究生向导师或开题答辩委员会展示研究思路和方法的载体。下面将探讨论文开题报告的重要性，以及如何撰写一份成功的论文开题报告。

7.4.1　开题报告的重要性

学位论文的整体表现是衡量研究生培养成效的核心要素之一，其中，开题报告作为确保学位论文质量的首要关卡，扮演着至关重要的角色。它不仅是对研究生学术研究工作能否顺利进行及最终论文质量进行有效监控的关键环节，还从管理层面体现了研究生培养流程的重要性。开题报告不仅是文献调研成果的集中展现，更是后续学位论文撰写思路的发散起点，对于引导研究生有序、高效地推进论文工作具有决定性作用。开题报告的重要性包括以下几个方面。

1）开题报告是奠定学位论文质量基石的重要步骤。其内容涵盖以下关键维度：①明确选题的目的、意义及必要性，为后续的论文撰写提供方向性指引，并评估选题在实际应用中的潜在价值；②阐述选题的背景依据、国内外研究现状，这既构成了文献综述的核心内容，也为丰富学位论文的参考文献库奠定了基础；③概述选题的基本框架、研究重心、研究规划、思路及实施时间表，确保研究路径清晰可行；④突出选题的创新亮点与预期成果，详述主要研究方法、资源需求（包括经费、人力、物资等），并预设可能遭遇的挑战及应对策略；⑤制定详细的研究时间表。正如俗语所言，"良好的开端是成功的一半"，一份精心准备的开题报告无疑是通向优秀学位论文成功之路的重要基石。

2）开题报告是研究生论文工作启动前的一项关键筹备活动，旨在确保研究生全面而深入地做好前期准备。为了确保开题报告的顺利通过，研究生需要在报告前进行周密的筹备，同时，院系、教研室及导师也会对研究生的选题进行严格的审核与指导。对于选题恰当、研究方法科学、实施计划可行的项目，将予以批准进入论文开题阶段；而对于存在不足之处的项目，则要求研究生进行修改和完善，直至满足要求后再开题。这一流程体现了对学位论文质量从源头抓起的高度重视，因此，精心准备开题报告无疑是保障学位论文质量不可或缺的一环。

3）开题报告有助于精确界定选题的范围与目标。为了编制一份高质量的开题报告，研究生需要深入进行一系列调研工作，包括：①广泛查阅相关文献资料，以建立扎实的理论基础；②全面审视国内外研究现状，识别研究的空白点、存在的不足、核心焦点及其学术价值；③详尽了解当前理论与实验研究的条件限制及技术手段。这一系列准备活动能够促使研究生对选题目的有更清晰的认识，从而为其顺利进入论文撰写阶段奠定坚实的基础。

4）开题报告在促进学术交流方面发挥着积极作用。在导师及领域内专家的悉心指导下，研究生得以揭示自身研究的潜在短板。通过开题报告这一学术交流平台，研究生能够拓宽专业知识视野，深化对选题可行性与实用性的理解，进而为后续研究工作奠定坚实的基础。这一过程不仅有助于提升研究生的学术素养，更是撰写出高水平学位论文的重要前提。

7.4.2　开题报告的主要内容

1）题目。题目是对研究工作的概括，是开题报告核心工作中的画龙点睛之笔。

2）研究目的与意义。在开题报告中，研究生要清晰地阐述研究的目的和意义，说明研究的重要性和价值所在。这有助于评委了解自己的研究动机和目标，以及研究的潜在贡献。

3）文献综述。在开题报告中，研究生需要对相关领域的研究进行综述，包括前人的研究成果和不足之处，以及自身研究将在哪些方面做出创新和突破。这有助于评委了解研究背景和理论基础，以及该领域的学术水平。

4）研究目标。开题报告中的研究目标能帮助研究生确定研究的目标和范围，有助于保证研究工作的针对性。

5）研究内容。开题报告要详细说明研究的具体内容和方法，包括研究对象、样本选择、数据收集和处理、分析方法等。这有助于评委了解研究思路和具体操作流程，以及确保研究的科学性和可靠性。

6）研究方法。在论文开题报告中，需要规划研究方法，并确定在整个研究过程中要采用的具体研究方法。这样研究生可以在整个研究过程中高效地工作，减少不必要的时间浪费和试错。

7）进度安排。在开题报告中，要给出详细的研究计划和时间表，包括每个阶段的研究任务和时间节点。这有助于评委了解研究进度和安排，以及如何确保研究顺利进行。

8）预期成果与创新点。在开题报告中，要突出研究的预期成果和创新点，说明研究工作如何推动相关领域的发展和进步。这有助于评委了解研究价值和潜力，以及其对学术界和社会的贡献。

总之，写一份优秀的开题报告，需要充分考虑研究的目的和意义、文献综述、研究内容和方法、研究计划和时间表，以及预期成果和创新点等方面。只有在这些方面都做到充分准备和深入思考，才能写出一份真正有价值的开题报告。

7.4.3 开题报告的考核要求

开题报告是研究生培养过程中的一个关键性阶段评估，它构成了对学位论文质量实施早期管理与监控的首要环节。作为确保研究生学位论文质量的一项重要机制，开题报告在明确研究生的研究方向与定位上扮演着至关重要的角色。它不仅有助于研究生清晰地界定自己的研究目标与路径，还是监督和提升学位论文质量的有效手段。论文开题报告还是学位论文的一部分，必须得到指导教师或委员会的批准。

论文开题报告对文体标准的要求不高，在文字表述上需要做到简明扼要，但格式和结构要有条理且逻辑清晰。开题报告考核的五个重要方面如下。

1）选题的创新性、价值性和可行性。

2）研究内容的合理性。

3）研究框架的逻辑性。

4）研究概念的明确性。

5）研究综述的全面性。

7.4.4 开题报告如何撰写

1. 开题工作开展顺序

1）根据选题方向，确定研究拟解决的具体问题，确定研究目标。

2）针对研究目标与拟解决的问题，构思解决问题需要做的研究工作及主要步骤，并确定研究内容。

3）思考研究工作中需要采用的研究方法、实验技术，并确定技术路线。

4）分析研究工作与技术实施过程中的重难点，确定拟解决的关键科学问题。

5）思考如何实现关键科学问题的突破，总结研究创新点，修正研究内容和技术路线。

6）根据研究内容和技术路线，思考研究实施的细节，针对关键实施节点，提出具体的理论与实验实施技术方案。

7）围绕影响研究工作创新性与可行性的关键点，开展预研工作，论证研究工作的有效性、创新性与可行性。

8）根据研究时间安排与答辩限期，思考研究工作的进度安排，确定关键工作的时间节点。

2. 开题报告编制顺序

开题报告不应该按照章节排布顺序来编写，而是应从核心部分开始。

1）反复斟酌确定开题报告中的研究题目、研究目标、研究内容、拟解决的关键科学问题、创新点，这一部分工作需要与导师讨论，得到导师的认可后，再开展下一步的工作。

2）围绕研究目标，分析拟解决问题的实践意义与科学意义，撰写开题报告的研究背景与研究意义。

3）撰写文献综述，文献综述分为文献综合和评述两部分。首先，围绕研究目标、研究内容、研究方法，开展文献综合工作，分类整理文献，确定研究现状部分的结构安排。其次，围绕研究的创新点，开展文献评述，突出研究现状中与创新点相对应的不足与缺陷，系统分析现有研究存在的问题。

4）根据研究内容，绘制研究工作的技术路线图，参考文献综述，编制理论与实验实施技术方案。

5）依据预研工作，编写研究大纲，分析研究的可行性。

6）确定研究工作的进度安排。

3. 研究题目的确定

研究题目是一篇文章最醒目和最具标志性的内容，因此题目的拟定需要慎之又慎。通过题目一般可以判断出主要研究方向、研究内容、研究方法及创新点。题目的拟定一般要遵循以下原则。

1）全面性原则。题目应包括研究工作的核心关键词，使读者通过关键词能够判断研究方向和研究内容。

2）清晰性原则。题目的表述要清晰，不要含糊不清、出现歧义或语义双关现象，保证导师和答辩委员会相关人员可以通过题目大致理解研究者要做的研究工作。

3）新颖性原则。题目的拟定应包含研究工作的创新点，需要给读者一种耳目一新的感觉。

4）匹配性原则。题目应与研究工作相匹配，不应过大或者过小，一般"小题目，大文章"是比较合适的选择。

5）适当性原则。题目的字数不宜过多或过少，字数过多会显得繁杂、冗余，字数过少又很难体现研究主题与创新性，字数应保持在 15～25 字，最好不超过 30 字，适当情况下可以添加副标题。

4. 研究意义的分析

研究意义的内容包括现实意义与理论意义，主要是表述研究的重要性。

1）现实意义，是指研究工作在实践活动中的重要价值与意义。比如，对行业发展的好处、对社会发展的贡献等。

2）理论意义，是指研究工作对学科发展或理论、技术的进步具有重要价值与意义。比如，国内外该方向的研究尚少、能推动研究进展等。

5. 研究现状的总结

对国内外研究现状的总结是开题报告的核心内容之一，关系到开题报告质量，是研究问题提出的起点，也是研究工作的来源。文献综述通过整理、分类与评述文献中的研究工作及文献之间的联系，总结研究现状，分析存在的问题，为研究目标、研究内容及关键技术路线的提出埋下伏笔。

1）文献分类很重要。对于国内外研究现状，应按照不同维度分类撰写，保证思路清晰、条理分明。分类标准因学科或者研究内容而异，比如，可以按照理论流派、研究视角、研究观点进行分类。

2）既要综，又要述。一般情况下，可以先综后述，也可以综与述同时进行。在综的过程中，文献综述不能仅仅转述文献的主要观点，而是应该围绕文献研究工作特点与本研究工作的联系介绍研究现状。在述的过程中，应坚持实事求是的原则，客观地评价已有研究工作的缺陷与不足，不能为了突出自己的观点而恶意贬低他人的观点。

3）应以问题为导向。文献综述的撰写应强调以存在的问题为导向，围绕存在的问题总结、梳理文献综述的表述过程，不是泛泛地对研究现状进行总结，而是应有针对性地分析待解决问题与研究工作的关联。

4）巧妙利用图表。应引用重要文献中有特色的结论或者自行制作展示研究发展历程的图表，更加清晰地将文献综述的意图展示给读者。

5）文献选择应兼顾全面性与针对性。在文献选择过程中，应兼顾中英文文献，著作、期刊论文与学位论文，以及经典文献和前沿文献。同时，应尽量选用近 1~3 年发表或出版的文献。文献数量应有保障，硕士学位论文应在 100 篇左右，博士学位论文应在 250 篇左右，可视选题方向酌情减少。为了确保参考文献的质量，应主要选择核心期刊或者权威期刊的论文。

6. 研究内容的撰写

研究内容是开题报告的核心部分，研究内容的撰写要始终围绕研究问题展开，紧扣研究主题。

1）注意研究内容的聚焦性。研究内容应聚焦某一问题，虽然不同的研究点可能侧重于该问题的不同方面，但是要保持不同维度的统一性，同时紧扣那些重要的维度方向。

2）注意研究内容的层次性。某一研究问题或研究主题可能会涉及很多知识层面，此时要保持研究内容的层次性与递进性，这样才能呈现出研究过程的逻辑性。

3）注意研究内容的平衡性。研究内容安排应注重平衡性，除了研究的重难点，其他研究点的工作量适当，难度基本均衡，而且主题突出，又具有相互配合的统一性。

7. 研究重点与难点的撰写

研究重点与难点的撰写应围绕研究内容展开，研究重点则是研究内容的核心部分。论文的研究内容一般围绕"问题是什么""为什么""怎么做"的思路撰写，而研究重点则是突出撰写"怎么做"。研究难点就是阻碍研究顺利推进的一些难以解决的问题，比如，数据获取、研究理论的创新性、实验技术方法的突破等。

8. 研究思路的撰写

研究思路，即打算如何开展研究，描述具体研究过程是什么，在研究过程中遵循什么样的逻辑。因此，研究思路是对研究内容的层次性与递进性的进一步描述。一般而言，研究思路围绕"提出问题—分析问题—解决问题"的范式，根据问题的重要性程度与层次性或递进性分为 3 个子问题（硕士学位论文以 3 个为宜，博士学位论文以 3～4 个为宜），之后针对提出的具体子问题，采用适宜的研究方法进行分析，并提出解决策略。研究思路的撰写，一定要保证逻辑性，在文字描述的基础上，辅以研究框架图或技术路线图，更加直观地展示整个研究工作的脉络与架构。

9. 研究方法的撰写

研究方法是多种多样的，需要根据研究主题、研究问题和研究内容、学校实验室的研究条件及自身对基础知识与技能的掌握情况，选择合适的研究方法，可以是单一方法，也可以是多种方法的组合。研究方法的选择，要考虑可行性、可靠性与精度。常见的研究方法有理论分析法、数值分析法、实验模拟法、数据分析法、现场观测法、问卷调查法等。

10. 研究创新点的撰写

研究创新点不是想出来的，也不是生编硬造出来的，而是通过对比和分析参考，对研究现状进行梳理和总结得出的。当然，改进的程度与层次的不同，代表了创新的程度。研究创新点的撰写，可以从研究理论的创新、研究框架的创新、研究方法的创新、研究观点的创新等几个维度展开。研究创新点的撰写，应重点剖析已有研究现状与自己的研究工作的突破点之间的关联，既不能夸大自己研究的创新性，也不能过于谦虚。

11. 研究进度安排的撰写

研究进度可以按照研究内容的顺序来安排，也可以不按照此顺序，但是不应该违背研究内容之间的逻辑顺序和串联关系，同时应兼顾各部分的难易程度。一般而言，都是从基础问题开始。研究进度安排内容包括整个研究拟分为哪几个阶段、各阶段的起止时间。总体上而言，应合情合理、量力而行。

7.4.5 开题报告存在的问题

撰写开题报告是一个系统而细致的过程，涉及对研究主题的深入理解、文献的广泛阅读，以及对未来研究的周密规划。如果开题报告存在问题，可能会影响后续研究的顺利进行或评审。以下是一些常见的问题。

1）形式主义严重。一些学校对开题报告的重视程度不够，对开题报告的重要作用了解不够，开题报告往往流于形式。这不仅无法体现开题报告的作用，也不利于研究生后续的论文写作。

2）准备工作仓促。随着招生规模的扩大，每位导师指导的学生数量相对增多，导致导师的时间和精力投入不足，师生间的直接交流与互动减少，在某种程度上导致开题报告的水平不高。

3）研究问题模糊。研究问题不够清晰、具体且不具有可研究性，时常过于宽泛，没有精确指向要探索的特定领域。

4）文献综述不足。重要文献有遗漏，检索所得文献过旧、过泛，不能准确地反映当前的研究现状。文献综述与研究内容的针对性不强，文献整理和归类不系统，只罗列了文献研究工作，并没有评价现有研究之间的联系与存在的不足。

5）意义阐述不清。没有从科学理论性与社会实践价值方面重点阐述研究的重要性。

6）技术路线模糊。研究内容与工作步骤的关联性不强，技术路线比较粗糙，没有详细地说明技术实施的流程与方案。

7）可行性不强。研究计划安排不合理，技术可行性与设备资源无保障，时间安排不当等。

针对上述问题，建议仔细审查并根据反馈进行修改。研究生可以听取导师或同行的意见，因为他们能提供有效的指导。同时，要保持开放的心态，不断迭代和完善，直至开题报告能够准确、清晰地呈现研究计划和体现研究价值。

 7.5　学术研究基本思路

7.5.1　科研工作模式

科研工作模式多种多样，随着时代的发展和学科交叉融合的加深，科研工作模式也在不断演进，以下是几种典型的科研工作模式。

1）基础研究模式。主要关注本学科的基础理论与原理，不直接以应用为目标，强调发现新规律和进行理论创新。这种模式的研究多从理论概念模型或者室内实验出发，通过实验发现规律并揭示机制，利用理论概念刻画机制，进而通过数学模型进行规律预测。

2）应用研究模式。研究目标是解决具体的实际问题，将基础研究成果转化为技术、产品或服务。此模式更注重通过技术研发、技术集成解决复杂但还未得到解决的实际问题。这种模式下的研究多从分析未解决实际问题的技术困境出发，借助新技术研发、引入与集成，提出解决实际问题的新方法，通过现场实验验证方法的可靠性，揭示相关方法与技术在应用中的规律与适用性。

3）跨学科研究模式。针对复杂的问题，跨越传统学科的界限，采用其他学科的研究视角、知识与技术，解决本学科的核心科学问题，或者提出多学科融合的技术方法，解决出现的新的科学问题。第一种情况相对简单，属于"拿来主义"。第二种情况从分析和解决新的科学问题出发，着眼于多学科技术融合，旨在使两者实现同频共振。

7.5.2 科研常用方法

科研方法涵盖多个层面，有思维方法、实验方法、计算方法、分析方法与数理方法等，它们共同构成了科学研究的框架。

1. 思维方法

思维方法是指在思考、分析和解决问题时，依据逻辑原则和规律，系统、有条理地推理和论证的一系列思维方式和技巧。以下是一些基本思维方法。

1）演绎推理。演绎推理是从一般性原理和特定的事实出发，推导出结论。最经典的例子是亚里士多德的三段论："所有的人都是会死的（大前提），苏格拉底是人（小前提），因此苏格拉底会死（结论）。"

2）归纳推理。与演绎相反，归纳是从特殊到一般的推理过程，通过观察多个特定事例，总结出一般规律或原则。例如，观察到许多天鹅是白色的，从而归纳出"所有天鹅都是白色的"这一假设。

3）类比推理。推理是一个过程，它涉及对比两个或多个对象、事件或情境的共同之处，进而根据已知对象的特性来预测未知对象可能展现出的属性。例如，通过对地球生态系统的深入理解，科学家能够推测出其他星球上可能存在适宜生命繁衍所需条件的可能性。

4）批判性思维。批判性思维是一种评估和分析信息，以确定其真实性、相关性和合理性的方法，包括识别偏见、谬误、不一致之处，以及要求通过证据支持论点的能力。

5）问题分解。将复杂问题拆解为更小、更易管理的部分，逐一解决后再综合起来，有助于更清晰地分析问题和寻找问题解决方案。

6）逆向思维。从期望的结果出发，反向推理需要采取的步骤或条件，常用于规划和策略制定。

7）逻辑链条。明确因果关系，建立事件间的逻辑联系，有助于理解事物发展的脉络和逻辑顺序。

8）假说演绎法。先提出一个假设，然后设计实验或收集数据来验证该假设，根据结果接受、修改或拒绝假设，是科学探究中常用的方法。

掌握这些逻辑思维方法，不仅能提高解决问题的能力，还能提升沟通交流的效率，是一个人学习、工作和日常生活中不可或缺的技能。

2. 实验方法

实验方法是科学研究中一种基本且重要的方法，通过控制和操作变量来测试自变量与应变量之间的因果关系，观察并记录结果，检验基本假设，发现现象规律、验证理论预测。实验方法一般包括问卷调查法、室内实验法、现场试验法、工程测试法。实验方法通常遵循以下几个关键步骤。

1）确定实验目标。明确实验旨在解答的问题或验证的假设，确保问题具有可研究性和明确性。

2）提出实验假设。基于现有理论或测试方法，提出一个或多个可测试的假设。假设应是具体、明确并且是可以被验证的。

3）设计实验方案。选择实验变量，确定自变量（实验中主动操纵的因素）、因变量（响应自变量变化的结果）和控制变量（需要保持恒定，以避免对结果产生混淆影响的因素）；确定实验组与对照组，实验组接受处理（自变量的变化），对照组则不接受或接受标准处理，用以对比效果。

4）选择实验样本。确定参与实验的对象，考虑样本的代表性和大小，选择合适的抽样方法，以保证实验结果的普遍性和可靠性。

5）准备实验材料设备。通过清单列出所有实验所需材料、试剂、仪器设备及其规格要求。

6）制定实验程序。详细规划实验的操作流程、测量方法和数据收集方式。

7）实施实验流程。严格按照实验设计执行，详细记录实验的每一个步骤，记录所有相关数据，确保实验的准确性和可重复性。

8）分析实验数据。使用统计学方法对收集到的数据进行整理、分析，检验假设是否得到支持。

9）解释实验结果。基于数据分析，解释观察到的现象，讨论结果是否符合预期，以及结果的意义。

10）得出实验结论。总结实验发现，验证或修正初始假设，讨论实验的局限性，并提出未来研究的方向。

11）编制实验报告。撰写实验报告或科研论文，详细记录实验设计、过程、结果及结论，供同行评审和学术交流。

3. 计算方法

计算方法是使用算法和数值技术来解决数学问题和工程问题。这类方法特别适用于那些无法得到精确解析的问题，或者当问题规模太大以至于解析方法不切实际时，可以使用此种方法。计算方法主要有以下几种。

1）数值分析。研究如何用计算机数值逼近数学分析中的各种问题，如求解线性方程或非线性方程、积分、微分方程等。

2）迭代方法。这是一种用于逐步接近问题解的技术，如用牛顿法求根、用高斯-赛德尔迭代法求解线性方程等。

3）优化方法。寻找函数极值的算法，广泛应用于工程设计、数据分析等领域，如梯度下降法、遗传算法等。

4）插值拟合。通过已知数据点构造函数来估计未知数据，如拉格朗日插值法、最小二乘法等。

5）数值积分、微分。数值积分和数值微分是用于定积分和微分的近似计算方法，如辛普森法则、龙格-库塔法等。

6）数值线性代数。高效处理大型矩阵问题，如特征值问题、奇异值分解等。

7）并行高性能计算。利用多处理器或多计算机协同工作以加速计算过程。

计算方法流程根据所要解决问题的类型和采用方法的不同而有所变化，通常可以概括为以下几个主要步骤。

1）问题定义。首先，明确需要解决的具体问题，比如，求解一个非线性方程、求积分、求解偏微分方程或优化问题。其次，确定问题的边界条件、初始条件及已知参数。

2）选择算法。根据问题的性质选择合适的数值方法，需要考虑的因素包括精度要求、计算资源限制、问题规模及是否需要实时解等。

3）算法编程。将选定的计算方法转化为具体的算法步骤，使用编程语言（如 Python、MATLAB、C++等）实现这些算法。这一步可能包括编写函数、类或模块来执行必要的计算。

4）数据输入。准备好所有必要的输入数据，包括初始猜测值、边界条件等，并在程序中正确设置。

5）执行计算。运行编写的程序，并进行计算。这可能涉及迭代过程，直到达到预定的收敛标准（如误差阈值）。

6）结果分析。分析计算结果，检查其合理性，比如，是否满足物理意义、是否符合预期趋势。对比不同方法的结果，如果可能的话，与理论解或实验数据进行比较，以验证计算的准确性。

7）误差验证。评估计算结果的误差，分析误差来源（如舍入误差、截断误差）。如有必要，调整算法参数或尝试其他计算方法，以减小误差。

8）编写报告。记录整个计算过程、使用的算法、关键参数、结果及分析结论。编写报告或论文，清晰地展示自己的发现和方法的有效性。

9）优化应用。根据需求对算法进行优化，提高计算效率或精度，将成熟的计算方法应用于实际问题解决或作为更大系统的一部分。

这个流程是迭代和循环的，特别是在研究和开发阶段，可能需要多次返回之前的步骤，调整方法、优化算法，以提高结果的准确性和实用性。

4. 分析方法

分析方法主要是指数据分析方法，旨在从原始数据中提取有价值的信息，支持决策制定和问题解决。以下是几种常用的数据分析方法。

1）描述性分析。这是最基本的数据分析形式，通过汇总统计量（如平均值、中位数、众数、标准差等）和图表（如柱状图、饼图、散点图），来概述数据的特性。

2）诊断性分析。在描述性分析的基础上，进一步探索数据中的异常、趋势和关联性，试图找出问题的原因。常用方法包括对比分析、交叉分析和象限分析。

3）预测性分析。利用历史数据建立模型来预测未来趋势或事件发生的可能性。常见的预测模型包括线性回归、逻辑回归和时间序列分析。

4）规范性分析。在预测分析的基础上，提出建议或决策选项，以优化其性能，通常涉及优化模型和模拟技术。

5）趋势分析。跟踪关键指标随时间的变化，识别趋势、周期性和转折点，帮助企业预测市场动向或业绩走向。这有助于研究生更好地利用数据，得出更精准的结论。

6）聚类分析。将数据集中的对象分成不同的群组（或聚类），使得同一群组内的对象彼此相似，而不同群组的对象差异较大，常用于市场细分、客户分类等场景。

7）关联规则学习。发现数据之间的有趣关联，如购物篮分析中的商品之间的购买关联。

8）因子分析。通过减少变量的维度，来识别数据的基本结构和模式，常用于市场调研和心理学研究。

9）主成分分析（principal component analysis，PCA）。主成分分析是一种降维技术，通过正交变换将一组可能相关的变量转换成一组线性不相关的变量。

10）假设检验。用于检验关于总体参数的统计假设，如 t 检验、ANOVA（analysis of variance，方差分析）、卡方检验等，以判断数据是否支持或拒绝某个假设。

11）回归分析。研究一个或多个自变量（预测变量）与一个因变量（响应变量）之间的关系，包括简单线性回归、多元线性回归、非线性回归等。

12）机器学习算法。机器学习算法包括监督学习（如决策树、随机森林、支持向量机、神经网络）和无监督学习（如聚类、降维）等，用于复杂模式的识别和预测。

选择哪种数据分析方法，取决于研究目的、数据的性质和可用资源。在数据分析过程中，常常需要结合多种方法以获得全面和深入的理解。

数据分析流程通常遵循一套结构化的步骤，以确保分析的有效性和准确性。虽然不同的组织和应用场景可能会对流程有所调整，但一般而言，数据分析的流程可以概括为以下几步。

1）明确目的。在开始之前，首先要清楚数据分析的目标是什么，包括定义要解决的具体问题、确定分析的范围，以及设定可衡量的指标。

2）数据采集。根据分析目的确定所需的数据源，包括内部数据库、公开数据集、调查问卷、网页抓取等多种方式。数据采集应确保数据的质量和相关性。

3）数据预处理。清除数据中的错误值、重复值、缺失值和异常值，进行数据格式化、规范化，可能还包括数据转换和数据集成，确保数据适合后续的分析。

4）探索性数据分析（exploratory data analysis，EDA）。利用统计图形和描述性统计量来探索数据的特征，包括数据分布、关联性、异常值检测等，以更好地理解数据集的性质。

5）数据建模。选择合适的分析方法和技术，如回归分析、分类、聚类、时间序列分析等，建立模型来深入挖掘数据间的关系、预测未来趋势或分类/分群。

6）结果解释。解释分析结果，将其转化为易于理解的形式，包括图表、报告或仪表板。这一步骤需要明确指出分析结果对研究的意义，并提出相应的建议。

7）结果验证。对分析模型和结果进行验证，评估其准确性和实用性。根据反馈和新的数据对模型进行调整和优化，形成持续改进的闭环。

5. 数理方法

数理方法是运用数学理论和逻辑推理来研究和解决问题的一系列技术与手段，被广泛应用于自然科学、工程科学、社会科学等多个领域。数理方法的核心在于借助数学语言和工具，对现实世界的现象进行抽象、建模、分析和预测，将实际问题转化为数学问题，通过建立数学模型来描述和研究问题的本质与规律。模型可以是代数方程、微分方程、概率模型、图论模型等。

数理方法的工作流程大致分为以下几个步骤。

1）问题定义。明确研究的问题或目标，界定问题的范围和边界条件，确定需要解决的关键问题是什么。

2）模型构建。基于问题的特性和已有理论，选择或设计合适的数学模型来描述和抽象问题，可能包括数学公式、算法、图论结构等。

3）假设设定。为了简化问题和模型的可处理性，通常需要设定一些合理的假设条件，这些假设应该是基于实际经验和理论分析提出的。

4）数学分析。应用数学工具和理论对模型进行分析，可能包括求解方程、推导公式、获取数值解、优化计算等。

5）结果验证。通过实验数据、案例研究或模拟结果验证模型的有效性，评估模型预测或解释能力的准确度和可靠性。

6）稳健性检验。研究模型对参数变化的敏感性，以及模型在不同假设条件下的表现，确保模型的稳健性。

7）参数优化。根据分析结果和验证反馈，对模型进行调整和优化，可能包括参数调优、模型修正或引入更复杂的数学工具。

7.5.3　科研工具使用

科研工具使用涵盖从文献检索、文献管理、数据分析到结果呈现等多个环节，是研究生提高工作效率、保证研究质量的重要载体。以下是常用的科研工具。

1）文献检索。文献检索工具包括 Google Scholar、PubMed、中国知网、万方数据、百度学术等。

2）文献管理。文献管理工具包括 EndNote、Zotero、Mendeley，用于收集、组织、注释文献，并自动生成参考文献列表。

3）数据统计。数据统计工具包括 SPSS、R 语言等，用于数据分析、统计建模和数据可视化。

4）数据共享。数据共享工具中的 GitHub、GitLab 用于版本控制和代码共享，Figshare、Zenodo 用于数据存储和发表。

5）编程软件。编程软件包括 Python、MATLAB、Julia 等，广泛应用于数据分析、机器学习、科学计算等领域。

6）实验仿真。实验仿真工具包括 LabVIEW、Simulink，用于实验设计、信号处理、系统建模与仿真。

7）数值仿真。数值仿真工具包括 COMSOL Multiphysics、ANSYS 等，具有多物理场的模拟和分析能力，被广泛用于结构、流体、热学和电磁学等领域。

8）数据绘图。数据绘图工具包括 Origin、GraphPad Prism，用于高质量的数据图表制作。

9）图像处理。图像处理软件包括 Adobe Photoshop、GIMP 等，用于图像编辑、美化和分析。

10）文档编辑。文档编辑软件包括 Microsoft Word、LaTeX 等，前者比较常用，后者尤其适用于科学论文撰写。

11）在线协作。在线协作工具包括 Overleaf（LaTeX 在线编辑）、Google

Docs 等，便于团队合作撰写文档。

12）翻译工具。翻译工具包括知云文献翻译、唐帕翻译、小绿鲸英文文献阅读器等，能帮助母语非英语的研究人员理解文献。

13）专业软件。生物信息学专业软件，如 NCBI BLAST、CLC Genomics Workbench 等，用于基因组分析、序列比对等；化学与材料科学专业软件，如 ChemDraw、Materials Studio 等，用于分子结构绘制、材料模拟。

7.5.4　成果总结提炼

研究成果的总结是科研工作的重要环节，不仅要求能清晰、准确地反映研究的核心发现，还要能够展示科研工作的意义、应用价值，以及对现有知识体系的贡献。高质量的研究成果总结，通常包括以下几个关键部分。

1）研究成果的价值。明确指出研究成果解决的科学问题及其应用价值，有助于读者理解研究的重要性及其成果的价值定位。

2）研究方法的说明。概述研究中采用的研究设计、实验方法、数据收集与分析技术等，简明扼要地说明研究工作的实施过程，以便体现研究成果的可靠性。

3）主要结论的凝练。这是研究成果总结的核心部分，需要详细但精炼地报告研究的关键发现，使用图表、数据和实例来支持研究结果，确保结果表述清晰、逻辑连贯、便于理解。

4）讨论结论的逻辑。解释研究发现的意义，探讨其与研究现状的关联，分析可能的因果关系、局限性，还需要评估研究结论的普遍性和适用范围。

5）客观严谨的视角。在对研究成果进行总结时，要保持客观、严谨的态度，避免夸大研究的重要性，或忽视研究的潜在局限性。

在对研究成果进行总结时，成果总结提炼可以遵循以下具体原则。

1）观点明确独特。明确研究总结是面向专业同行的，不要总结学者已经掌握的科研常识或者普遍规律，而是总结研究工作揭示的前人未知或不清晰的内容。

2）论点结构布局清晰。采用清晰的结构布局，合理分段，使用小标题和列表来组织论点阐述过程，方便读者阅读。

3）突出创新点。明确指出本研究相对于已有工作的创新之处或独特贡献，以体现研究的价值。

4）数据支撑观点。尽可能地用数据、图表、统计结果来支持论点，同时保证数据图表与结论观点的形象性与直观性，增强结论的说服力。

5）结论与问题呼应。结论应与文献综述和研究现状述评相呼应，以展现研究目标的达成度，评估结论的可靠性。

6）注意结论主次。突出主要结论，适当论述次要结论，分析不同结论之间的关联与逻辑。

7）加强结论研讨。在最终定稿前，让导师审阅或同门帮忙检查总结，他们的反馈可以帮助研究生发现并修正错误，进而提升论文的质量。

8）表达简洁明了。避免冗长复杂的句子和不必要的技术细节，力求表达简洁、明了，便于读者理解研究结论的核心要点。

7.6 研究工作推进方法

7.6.1 研究工作分解

研究工作分解是研究工作开始阶段中的一个重要步骤，需要将复杂与烦琐的科研任务细分成多项更小的、可管理的子任务。这样不仅有助于清晰地界定工作范围，还能提高工作效率，确保研究工作按照计划完成。研究工作分解通常有以下几种方式。

1）分解研究目标。将整个研究工作的目标分解为几个阶段性的小目标，这些小目标是后面分解工作的基础，比如，参数获取、模型构建、理论预测等。

2）分解工作模式。将整个研究工作按照研究方法分解为不同的工作模式，比如，理论研究、实验研究、方法研究等。

3）分解工作模块。将不同工作模式的研究工作按照不同步骤分解为不同工作模块，比如，实验系统搭建、实验方案设计、实验加载测试、数据收集分析等。

研究工作分解后的工作量应保持适中，基本上应与师生定期的学术研讨的时间安排相匹配，一般工作量最小应满足一周，最大不应超过一个月。

7.6.2　进行工作总结

及时进行工作总结是提升研究效率、促进学习成长的重要实践。它不仅能帮助研究生回顾已完成的工作，确认是否实现工作目标、发现工作不足与缺陷，也能为后续的工作提供宝贵的经验和教训。以下是工作总结方面的建议。

1）设定固定时间。确立一个固定的总结周期，比如，每周一次，或是研究工作分解任务完成后，进行习惯性的回顾，确保及时总结。

2）记录关键事件。在日常工作中养成记录的习惯，无论是成功经验、遇到的困难还是临时的科研灵感，都是总结的宝贵素材。

3）回顾目标与成果。比较项目初期设定的目标与实际达成的成果，评估完成度，明确哪些目标已经实现，哪些还需要努力，哪些目标可能需要调整。

4）分析过程与方法。深入分析完成任务采用的方法、工具和流程，分析哪些做法是高效的，哪些不够理想及其背后的原因。

5）反思问题与对策。反思在研究过程中遇到的问题和困难，分析出现问题的根源，思考解决问题的途径或者是否有更好的对策。

6）提炼经验与教训。从研究工作的成功和失败中总结经验教训，因为这是研究工作中积累的宝贵财富，可用于指导后续研究工作的决策和行动。

7）修正下一阶段计划。基于总结的结果，调整接下来的工作计划，设定新的目标，规划改进措施，确保持续进步。

7.6.3　定期学术研讨

定期学术研讨是师生之间或者课题组内部之间交流工作进展、分析研究困境、讨论解决对策、促进知识共享、激发创新思维、分享工作经验的重要活动，也为研究生提供了一个展示研究成果、接受导师与同门评议、探讨学术问题的机会。以下是有效组织和参与定期学术研讨的建议。

1. 导师组织工作

1）明确研讨目标。根据研究进展与存在的问题，设定本次研讨会的主题，确保议题的讨论价值。另外，明确研讨的目标，比如，分享最新研究成果、探讨特定问题还是检查研究进展。

2）邀请研讨人员。邀请专家学者或者需要问题研讨的一名研究生作为主讲嘉宾，他们前期的充分研讨材料准备，可以提升研讨的深度和广度。另外，还可以邀请课题组其他老师和学生广泛参与研讨，促进多元视角的交流。

3）安排紧凑议程。合理规划研讨时间，包括主题演讲、问题讨论、问答环节等，保证会议的连贯性和讨论的高效性。

4）定期进行研讨。一般应保证每周都有一次师生之间简短的交流研讨，每个月要有一次课题组范围内的正式学术研讨会，每个学期应有一次模仿学术会议的研究工作进展汇报活动。

2. 研究生参与角度

1）充分准备。在研讨前，研究生应充分准备研讨材料，准备好可能提出的问题、讨论素材、应对的观点。

2）积极交流。在研讨过程中，无论研讨主题与自己的工作相关与否，均要积极参与思考、表达观点。

3）记录反思。会议期间，做好笔记，记录重要观点、新发现或启发性想法。会后，反思工作可能存在的失误，思考工作改进对策。

7.6.4 适时调整工作

在遇到科研困境时，有效的调整策略对于摆脱困境、推进研究至关重要。面对科研困境，保持耐心、开放和创造性思维是关键，灵活运用一些有效的调整策略可以克服困难，推动科研工作继续前进。以下是一些应对科研困境的建议。

1）明确问题的本质。冷静分析遇到的科研工作困境，明确问题的具体表现及根本原因，如是实验设计不合理、数据收集有误、理论假设不成立，还是实验设备测试精度有问题，等等。

2）重新进行可行性评估。基于问题的本质，重新审视研究目标是否仍然可行，考虑是否需要调整研究方向或具体目标。同时，评估现有的研究路径，思考是否有更有效或具有创新性的方法来实现目标。

3）寻求外部帮助。与导师、同门或者其他老师开展交流，分享科研困境和初步解决方案，征求意见和建议。因为外部视角往往能为研究生提供新思路和解决问题的线索。

4）文献案例调研。围绕科研困境和存在的问题，进行文献深入查阅与类似的研究工作调研，寻找相似研究或相关领域的成功案例，分析如何克服类似的问题。

5）小规模试验测试。在全面调整研究工作之前，可以先开展小规模的试验或模拟，测试新方法或调整后方案的有效性。

6）心理压力管理。科研困境往往会带来压力和挫败感，保持积极的心态非常重要。研究生可以通过运动、冥想等方式缓解压力，保持良好的身心状态，以更佳的状态迎接挑战。

7）适时放弃调整。有时候，如果经过充分尝试后仍无法突破，可能需要勇敢地考虑放弃当前的研究路径，重新定位研究目标与方向。这不是失败，而是科研探索过程中的正常现象。

8）记录与反思。无论结果如何，都要详细记录整个调整过程、采取的措施及取得的效果，这能为今后解决类似问题提供宝贵的经验和教训。

7.7　误区与清源

7.7.1　研究生阶段为什么要开展学术研究？

研究生教育的核心不是知识授予，而是能力培养。对于大多数研究生而言，毕业后继续从事科学研究工作的人毕竟占少数，那为什么还要以学术研究作为研究生培养的主要考核内容呢？主要是因为在学术研究中能够全面培养学生的发现问题、分析问题、解决问题的工作实践能力，这样的能力是从事各类行业的高级人才都应该具备的，而且学位论文科研工作是很好的能力培训与养成的试验场。

7.7.2 研究生在学术研究中的最大困惑是什么？

学术研究是研究生学习中面临的巨大挑战。我国本科之前的教育主要聚焦于知识学习，本科阶段涉及基本知识的运用，研究生阶段的学术研究要求的是知识创造，从知识学习到知识运用，再到知识创造，是一个巨大的跨越。这需要在知识运用中发现知识，解决现实工作中遇到的问题。解决遇到的问题就是知识创造的起点，也是研究生在学术研究中面临的困惑。

7.7.3 研究生在学术研究中的考核标准是什么？

研究生阶段学术研究考核要求也是让学生常常感到困惑的问题，不清楚学术研究应该做到什么程度，常常会产生焦虑抑郁、自我怀疑。首先，需要清楚研究生阶段的学术研究是对自身能力提升的训练，并不需要自己在学术研究上做出多么大的成就；其次，需要明白研究生阶段是在导师的指导下进行学术研究，就像婴儿在父母的搀扶下蹒跚学步，熟悉学术研究的主要工作流程、创新思维方式、关键核心方法是这一阶段的培养关键；最后，需要清楚研究生阶段的学术研究考核标准，能否达到一般学术水平要求，体现能够独立完成学术工作的能力。这就像是学步后的考核，重点在于是否能够独立行走，至于走得是否稳健，则是对优秀学位论文的更高标准和要求。

参考文献

高晓英，高云海. 学术论文选题指要[J]. 应用写作，2024，（4）：33-36.

韩景春，栗延文，游小秀. 科技期刊学论文选题思路与写作技巧[J]. 编辑学报，2023，（1）：103-108.

李冲，朱晨阳，李丽. 不合格硕士学位论文开题报告缘何可以通过？——基于布尔迪厄场域理论的 D 大学案例研究[J]. 学位与研究生教育，2020，（7）：63-69.

刘琳东. 浅谈"学习共同体"视域下教学与科研关系的内涵特点及构建策略[J]. 蚕学通讯，2020，（4）：52-55.

路如意. 硕士研究生文献阅读能力综合评价研究[D]. 江西财经大学，2022.

木斋. 原典——学术研究的基础原点和基本方法[J]. 琼州学院学报，2015，（3）：1-3.

陶焕杰. "五问"文献阅读方法研究和实践[J]. 计算机教育，2022，（10）：141-144，149.

谢鑫，沈文钦，陈洪捷. 一流大学博士生课程学习与科研训练的关系研究——来自 C9 高校的证据[J]. 湖南师范大学教育科学学报，2023，（4）：79-89.

邢旭光，翟惠平，赵宇龙. 研究生学术论文选题、审视评判与投稿——基于导师–编辑双重视角[J]. 集美大学学报（教育科学版），2023，（4）：62-67.

徐婷婷. 硕士研究生学术研究意愿影响因素的质性研究[D]. 南昌大学，2021.

许华. 科研院所硕士研究生自我效能感、专业承诺与学习倦怠的关系[D]. 华东师范大学，2011.

郑海峰，方彤，宋玉坤，等. 智库机构科研工具发展及应用管理研究[J]. 管理观察，2019，（5）：114-116，121.

第 8 章　科研成果制图表达

科研成果制图表达是数据可视化在科研领域的重要应用场景，是实验数据和研究成果直观、有效的呈现方式。数据可视化是一种技术，它运用图形化的表达方式将数据信息呈现出来，旨在帮助用户以更为直观且深刻的方式观察和理解数据，进而促进对数据的深入分析。科研成果制图表达既要用图的美观性与形象性来吸引读者，又要展现实验数据和分析结论的科学性与直观性，它不仅可以帮助读者理解论文的主要结论，也是学术论文编辑、审稿人与评阅人的关注焦点和快速评估学术价值的重要参考，在学术论文、研究报告、专利申请、科研基金申请等方面起着举足轻重的作用。如何绘制美观的科研成果图，更好地呈现科研成果，是研究生成为一名合格的研究人员或顺利完成学术论文写作需要具备的重要能力。

8.1　制图的规范性

科研成果制图有出版规范要求，即配图应符合投稿期刊要求的配图格式。不同学术期刊在图名、字体、坐标轴，以及颜色选择、配图格式等方面都有其特有的要求。论文只有符合投稿期刊的制图要求，才能进入下一阶段的论文送审。

8.1.1　制图基本构成

科研成果制图主要包括 X 轴（X axis，又称横轴）、Y 轴（Y axis，又称纵轴）、X 轴标签（X axis label）、Y 轴标签（Y axis label）、主刻度（major tick）、次刻度（minor tick）和图例（legend）等。

要想使科研成果制图美观，需要在版式设计、结构布局和颜色搭配方面下功夫。在版式设计方面，文字字体要保持一致，字号不大于正文字体的字号，行距、文字间距应与正文协调一致；在结构布局方面，制图应出现在引用文字的下方或右侧，即"先文后图"，不同尺寸的配图不要安排在同一列或同一行；在颜色搭配方面，应避免使用过亮或过暗的颜色，相邻的图层元素不宜采用相近的颜色（特别是在分类插图中）。此外，对于彩色图，如果是黑白印刷，需要对图片进行转换，并进行灰度区分。

8.1.2 制图基本原则

在科研成果制图的过程中，需要遵循以下几条主要原则。

1）必要性原则。配图主要起到了文字说明补充、结果直观展示、引出下文内容等作用。然而，需要避免科研论文中出现文字较少、图表较多的情况，所以不要直接将原始数据和中间处理过程涉及的制图全部展示在论文中，应主要放置能够反映论文重要结果与主要结论的复杂和多维数据的配图，增强配图表达的必要性，而非简单地堆砌配图。

2）易读性原则。为了方便读者准确理解科研论文配图的内容，在制图时应遵守易读性原则，数据表达直观，标题、标签和图例完整准确等，可以有效地增强科研论文中配图的易读性。

3）一致性原则。配图内容与上下文一致，配图表达的含义、专有名词、逻辑关系、符号和缩写应与正文保持一致；配图数据与上下文一致，有效数字应根据真实数据和测量方法确定；插图比例尺和缩放比例大小一致，修改插图时，保持前后内容的一致性；相似配图中的文本属性、符号和图层结构保持一致。

8.1.3 制图配色基础

制图配色是视觉传达设计的重要组成部分，良好的色彩搭配能够增强图形的吸引力和信息的传达效率。制图配色的基础知识包括以下几个方面。

1）色彩理论。色彩的基本属性，包括色相（hue）、饱和度（saturation）和亮度（brightness）。色相指的是颜色的基本种类，如红、绿、蓝等；饱和度是指颜色的纯度或强度；亮度则是指颜色的明暗程度。

2）色彩模式。色彩模式包括 RGB（红、绿、蓝）和 CMYK（青、品红、黄、黑）等。RGB 常用于屏幕显示，而 CMYK 则适用于印刷。在科研成果制图中，经常选择的色彩模式包括 RGB 色彩模式、CMYK 色彩模式。

3）色彩搭配原则。一般情况下，采用色轮（color wheel）配色的方案。色轮又称色环，一般由 12 种基本颜色按照圆环方式排列组成。它是一种人为规定的色彩排列方式，不但可以帮助我们更好地研究色彩变换和色彩搭配规律，而且允许自行设计具有个人风格的配色方案。可以使用色彩选择器、调色板生成器等工具，找到合适的色彩搭配，如 Adobe Color、Coolors 等。常见的色轮配色方案有单色配色方案、互补色配色方案、等距三角配色方案和四角配色方案等。

1. 单色配色方案

单色配色方案是指使用同一种色相的不同饱和度与亮度进行搭配。单色配色方案的饱和度与明暗层次明显，可以创造出和谐统一的效果。单色配色方案比较容易上手，因为用户只需要考虑同一色相下饱和度与亮度的变化。此外，单色配色方案还具备相同色系的协调性，在使用过程中，不会出现颜色过于鲜艳的情况，保证了所选颜色的平衡。在科研成果制图中，单色配色方案常被用于表示呈现有直接关系、关系较为密切或同系列的数据。需要注意的是，对于单色配色方案中颜色的选择，种类不宜过多，3～5 种较为合适。

2. 互补色配色方案

互补色配色方案选择色轮上相对的颜色进行搭配，如红色与绿色。当只能选择两种颜色时，色轮上间隔 180°（相对）的两种颜色为互补色。互补色具有强烈的对比效果，可用于科研成果制图中观察组数据和对照组数据的可视化表达。

3. 等距三角配色方案

等距三角配色方案是指将色轮上彼此间隔 120° 的 3 种颜色进行组合，会使配图的颜色更加丰富，但它在科研成果制图中的应用较少。在使用等距三角配色方案时，可以将其中一种颜色作为主色，将另外两种颜色作为辅色。

4. 四角配色方案

四角配色方案是在色轮上形成矩形的四个点上的颜色进行搭配，可以创造更复杂但仍然平衡的色彩组合。四角配色方案的优点是能够使配图的颜色更加丰富，缺点是使用时具有很大的挑战性，容易造成色彩杂乱。在科研论文配图的颜色选择过程中，应尽量避免使用四角配色方案。

8.2 绘图常用工具

科研成果制图必须通过绘图工具实现。绘图工具即各式各样的绘图软件，其中较为常见的有 Origin、Matlab、Adobe Illustrator、Python、R 语言等。

8.2.1 Origin

Origin 是一种用于数据分析和图形展示的科学绘图软件。软件提供了多种工具用于绘制和分析数据，其强大的数据处理和描绘能力，使其在生命科学、物理化学、工程学、材料学等学科中得到了广泛应用。

Origin 能满足绝大部分的绘图需求，包括基础 2D 图、条形图、饼图、面积图、多面板图、多轴图、统计图、等高线图、热图、地图、专业图、分组图、3D 图、数据浏览图和函数图等。其不但功能强大，而且操作简单，容易上手。

相较于其他绘图工具，Origin 具有以下特点和优势。

1）数据分析功能。Origin 提供了丰富的数据分析工具，包括统计分析、曲线拟合、峰识别、信号处理等，能够满足科学研究和工程分析中的多种需求。

2）绘图定制功能。Origin 提供了丰富的绘图选项和定制功能，用户可以通过简单的拖拽和设置进行图形的定制，包括图表类型、颜色、标签、图例等，能够满足不同领域用户的个性化需求。

3）可编程性和自动化。Origin 具有强大的编程能力，用户可以使用 LabTalk、Origin C 或 Python 等进行编程，实现数据处理、分析和图形生成的自动化，提高工作效率。

8.2.2　Matlab

Matlab 是一种专业的数值计算和技术计算软件，用于算法开发、数据可视化、数据分析，以及数值计算的高级技术语音和交互式环境。Matlab 拥有丰富的算法工具箱，因此在工程计算、控制设计、信号处理与通信、图像处理、信号检测、金融建模设计与分析等领域得到了广泛应用。

相较于其他绘图工具，Matlab 具有以下特点和优势。

1）数值计算功能。Matlab 提供了丰富的数值计算函数和工具箱，支持矩阵运算、线性代数、微积分、常微分方程等数学运算，适用于科学计算和工程应用。

2）丰富的工具箱和应用领域。Matlab 拥有多个工具箱，涵盖信号处理、图像处理、控制系统设计、统计分析、机器学习等多个领域，在不同科学和工程领域都有广泛的应用。

3）开放的编程接口。Matlab 允许用户通过编写脚本文件和函数来自动化任务和算法，同时也支持与其他编程语言（如 C/C++、Python）的集成，扩展了其应用的灵活性和功能。

8.2.3　Adobe Illustrator

Adobe Illustrator 是 Adobe 公司开发的一款专业矢量图形编辑软件，被广泛用于创建、编辑和排版矢量图形。它常用于创建图标、标志、插图、海报等各种类型的矢量图形作品。Adobe Illustrator 支持高度精确的矢量绘制，能够处理描边、填充和渐变效果等复杂工作，并且提供了丰富的绘图工具，具有色彩管理和文本处理功能。Adobe Illustrator 的文件格式兼容性良好，可以输出各种高质量的印刷品和 Web 图像。

相较于其他绘图工具，Adobe Illustrator 具有以下特点和优势。

1）支持矢量图形。Adobe Illustrator 主要处理矢量图形，这意味着图形可以无损缩放，保持较高的清晰度，特别适合于对精确度和清晰度要求较高的科研图表。

2）专业绘图工具。Adobe Illustrator 提供了丰富的绘图工具，如画笔、铅笔、形状工具等，能够绘制复杂的科学图表、流程图、示意图等。

3）图层管理和组织。图表往往包含多个元素和数据集，Adobe Illustrator 的图层功能可以帮助用户清晰地管理和组织图表的各个部分，便于后续编辑和调整。

8.2.4　Python 和 R 语言

Python 和 R 语言均为编程语言，有丰富的科研绘图工具和库，能够满足各种数据可视化的需求。

Python 是一门通用编程语言，有广泛的应用领域，科学计算和数据分析只是其中的一部分。因此，Python 在科研绘图中的灵活性很强，能够结合多种库满足各种需求。Python 有诸如 Matplotlib、Seaborn、Plotly 等强大的绘图库，能够满足从基本的二维图表到复杂的交互式和三维图表的各种需求。Python 的数据处理和分析能力强大，可以方便地对数据进行预处理和分析后绘图。

R 语言是一门专门用于数据分析和统计的语言，因此在统计图表和复杂数据可视化方面表现出色。R 语言有许多专门用于科学绘图的包，如 ggplot2 等。这些包设计了许多统计学和数据可视化领域的最佳实践，使得生成高质量的图表相对容易。R 语言的核心功能包括强大的数据处理和统计分析能力，因此可以直接在数据处理和分析的过程中进行绘图。

Python 适用于通用的科学计算和数据处理，绘图库也非常丰富，适合跨学科的应用。R 语言专注于统计分析和数据可视化，其绘图包提供了许多统计学的最佳实践，适合纯粹的统计分析工作和数据科学研究。

8.2.5　绘图模板工具 CNSknowall、BioRender、SciDraw

绘图模板工具通常是指用于创建和编辑图表、图形和其他视觉内容的软件或在线服务工具。这些工具可以帮助用户快速制作专业水平的图表，如流程图、数据图、组织结构图等，无须从头开始设计或手动绘制。

1. CNSknowall

相较于其他绘图工具，CNSknowall 提供了多种数据分析可视化图表及相应的示例数据，操作便捷，可以帮助研究生方便、快速地生成符合其需求的图表。

2. BioRender

BioRender 是一种专门用于生命科学绘图的工具，可以帮助科研人员和教育工作者创建高质量的插图。其支持团队协作和分享，可以多人同时编辑和评论，适合科研团队共同使用。

3. SciDraw

SciDraw 既提供了构建图形的框架，也提供了生成图形内容的工具。SciDraw 有助于生成包括数学图、数据图和图表在内的图形。该软件包允许对文本和图形的样式进行手动微调。它专为论文写作插图提供素材，网站的插图走的是学术风格，所以设计简洁、功能一目了然，但其素材可以直接放到论文或 PPT 中。

8.2.6　其他绘图工具

Excel 和 PowerPoint （PPT）作为 Microsoft Office 套件中的两大核心工具，也具备基本的绘图功能。

Excel 提供了强大的数据分析功能，科研人员可以利用 Excel 进行数据处理、统计分析，并生成各种类型的图表，如折线图、柱状图、散点图等。用户可以在 Excel 中对生成的图表进行定制，调整颜色、字体、标签等，以满足具体的展示需求和科研要求。Excel 支持将制作的图表直接复制到其他 Office 应用程序中，如 Word 或 PPT。

PowerPoint 提供了丰富的幻灯片制作功能，科研人员可以利用其创建专业的科研报告、会议展示或学术演讲。其允许用户将 Excel 中生成的图表和数据直接插入幻灯片中，使得科研数据的展示更加生动和清晰。完成后的幻灯片可以导出为 PDF 文件或直接用于演示，也可以通过电子邮件或云存储共享给其他人。

还有许多其他专业的绘图工具，包括统计制图软件 GraphPad Prism、SigmaPlot，材料性质分析软件 Materials Studio，化学绘图工具 ChemOffice，3D 建模与动画制作工具 3DS Max，地理信息系统软件 ArcGIS，统计分析和数据建模软件 SPSS，生物医学影像处理和分析软件 ImageJ，经济学和社会科学统计分析软件 Stata 等。

8.3 基本制图类型

根据涉及的变量数量，科研成果绘图的基本制图可以划分为单变量图形、双变量图形和多变量图形。

8.3.1 单变量图形

单变量图形展示的是一个变量的数据分布，主要用于分析和理解单个变量的分布与特征。常见类型有直方图、密度图、概率图等。

1. 直方图

直方图是一种图形展示方式，它将数据集分割成若干个连续的区间，并通过矩形条的高度或长度来直观地表示每个区间内数据点的频率或数量。直方图通常用于展示连续数据的分布情况，如温度、身高、成绩等。直方图在统计学、数据分析、机器学习等领域得到了广泛应用。

2. 密度图

密度图作为直方图的一个变种类型，使用曲线来体现数值水平，其主要功能是体现数据在连续时间段内的分布状况。当然，选择不同的核函数，绘制的核密度估计图不尽相同。

3. 概率图

概率图的作用是检验数据是否服从某一分布。概率图不但可以检验样本数据是否符合某种数据分布，而且可以通过对数据分布形状的比较，发现数据在位置、标度和偏度方面的属性。

8.3.2　双变量图形

双变量图形展示了两个变量之间的关系，用于分析两个变量之间的相关性和相互关系。两个变量间的相互关系包括离散关系和连续关系。绘制离散变量的图包括点图、克利夫兰点图、点带图、分簇散点图、柱形图、类别折线图、箱线图、饼图和环形图、"棒棒糖"图、人口"金字塔"图、"小提琴"图、云雨图等，绘制连续变量的图包括折线图、面积图、相关性散点图、回归分析图、相关性矩阵热力图、边际组合图等，其他类型的图还包括 ROC（receiver operating characteristic，接受者操作特性）曲线、生存曲线图、"火山"图、"子弹"图等。

1. 离散变量

（1）点图、克利夫兰点图、点带图和分簇散点图

点图也是一种统计图，使用点的个数来表示数据集类别或组内计数情况。点图只适用于中小型数据集（$N \leqslant 20$，N 为数据个数），当数据量较大时（$N > 20$），可使用避免数据重叠的图进行替换。点图可以有效显示样本数据的"形状"和分布情况，对于比较频率分布特别有用。

克利夫兰点图通常由一条水平线（或者一系列水平线）和一系列点组成。此外，它也可以用来显示异常值或离群点。克利夫兰点图常用于呈现分类数据的分布情况，比如，在医学研究中显示不同治疗组的治疗效果，或者在市场调查中显示不同产品的销售情况。

点带图又称单值图或单轴散点图，用于可视化多个单独一维数据值的分布情况。通常可以并排绘制多组数据的点带图，来比较一组数据的分布情况，以及不同数据组的分布差异。

分簇散点图之所以被称为"分簇"，是因为不同的类别或组别的数据点会被

分成不同的簇。分簇散点图用于展示多个组别或类别之间的关系，并在同一图表中对它们进行比较。这种图表常用于探索多个变量之间的关系、发现群组结构或观察实验结果的分布情况等。

（2）柱形图

柱形图又称柱状图，是一种统计不同类别离散数据值的统计图形。在柱形图中，分类变量的每个实体都被表示为一个矩形（即"柱子"），数值决定了类别"柱子"的高度。相较于柱形图，条形图更加强调绘图数据间的大小对比，尤其是当涉及的数据类别较多时，使用条形图展示的结果更加美观和清晰。

（3）类别折线图

在类别折线图中，每个类别通常由一条折线表示，而横轴代表时间或者其他连续变量。这种图常用于分析和展示类别随时间的变化情况，比如，不同产品的销售额随时间的变化情况、不同地区的气温随时间的变化情况等。

（4）箱线图

箱线图，又称为盒须图或箱形图，是一种用于展示数据分布情况的统计图表。它可以显示数据的中位数、上下四分位数、最大值和最小值，帮助观察者了解数据的中心趋势、离散程度和异常值情况。箱线图适用于比较多个数据集的分布情况。

（5）饼图和环形图

饼图通常用来显示一个整体被分割成若干部分的比例关系，每个部分的大小与其代表的数值大小成正比。作为常见的图表形式，饼图和环形图被大量用于各种学术研究报告中，如突出表现某个部分在整体中所占的比例、数据集中不同分类数据的占比差异等。它们的使用涉及社会学、经济学，以及一些理工类学科。

环形图的绘制和饼图类似，只是将饼图中间部分去除。相对于饼图而言，环形图能够解决多个饼图对比时变化差异难以被发现的问题，使读者更加关注每个类别的弧度长度（数值大小）的变化。此外，中间空出的部分还可以添加文本信息，帮助用户更好地理解。

（6）"棒棒糖"图和人口"金字塔"图

"棒棒糖"图结合柱状图和线图的特点，用于展示数据点的分布和排名。在

"棒棒糖"图中，数据点通常以圆圈（或其他形状）表示，并通过垂直线与水平轴连接。这些线的长度可以表示数据的大小或者数值的变化。

人口"金字塔"图作为统计柱形图的一种，可以用类似金字塔的形状对人口年龄和性别等的分布情况进行形象的展示。人口"金字塔"图适用于检测人口模式的变化差异，其形状可以很好地展示人口结构；而顶部较宽、底部狭窄的金字塔则表示出现人口老龄化、生育率低等情况。也就是说，它可以用来推测人口的未来发展情况。

（7）"小提琴"图和云雨图

"小提琴"图结合了箱线图和核密度估计图的特点，能够显示数据的分布形状、中位数、四分位数、极值和密度估计等信息。"小提琴"图适用于比较多个数据集的分布情况，能够直观地展示数据的分布形状、中心趋势和离散程度。

云雨图结合了"小提琴"图、散点图和箱线图的特点，同时可视化原始数据的值、数据的密度分布和关键汇总统计信息，其使用场景主要有查看实验数据或建模数据的基本情况，为数据集数值分布、异常值查看等提供了依据。

2. 两个连续变量

（1）折线图

折线图用于表示一个或多个变量数值随连续相等时间间隔或有序类别（分类变量）的变化情况。折线图可以很好地反映数据的增减、增减速度、增减规律等。折线图通常用于以下情况：显示随时间变化的数据，如股票价格、气温变化等；对比多个变量的趋势，如销售额、用户增长等；分析周期性或季节性模式。

（2）面积图

面积图，又称区域图，是一种随着有序变量的变化，数值随之变化的统计图。在大多数情况下，面积图表示某一监测值随时间的变化趋势。特别是在经济学和社会中，如果要观察一组或者多组研究数据随时间变化的趋势或者进行对比，则可以用面积图进行可视化展示。

（3）相关性散点图

相关性散点图是使用散点图的形式来表达变量间相关性的一种统计图形。在大多数情况下，相关性散点图用在对多变量数据集进行数据选择的操作中。此外，相关性散点图还适用于对新构建方法或机器学习算法性能的评估。在学术研究中，面对大数据集构建的散点密度图较常出现在大气科学、海洋科学、地球物理学等地理信息系统（geographic information system，GIS）相关的学科中，这类学科中所使用的数据集一般较大。

（4）回归分析图

回归分析通常用于研究两个或多个变量之间的相互关系，并建立一个数学模型来描述这种关系。从严格意义上来说，线性回归散点图和相关性散点图在多个方面存在相同之处，二者的使用场景也有所重合，但线性回归散点图侧重于构建变量间的拟合关系，发掘变量间的对等关系，使用场景多为对新构建拟合公式的评估和应用。

（5）相关性矩阵热力图

相关性分析通常用于确定两个变量的相关程度，但在判断一组数据中多个变量是否存在因果关系时，可以使用相关性矩阵热力图。相关性矩阵热力图的使用场景是数据预处理，即查看实验数据集中各变量之间的相关程度。在理工类学科中，构建新方法（模型算法）时，通常需要在前期进行特征选择，这时需要将较多变量特征进行可视化表示，为删除不必要的导入特征提供依据。

（6）边际组合图

两个连续变量的边际组合图主要是指在现有的绘图坐标对象的右、上轴脊上分别根据对应的 X 轴、Y 轴坐标数据进行单独图的绘制，所绘制图的类型一般为密度图、直方图等。在绝大多数情况下，边际组合图用于对实验数据集进行分布情况的可视化探索和展示。

3. 其他类

（1）ROC 曲线

ROC 曲线是一种用于评估分类模型性能的图表，通常用于二元分类模型。ROC 曲线是一种图形工具，它以真正率作为纵坐标，以假正率作为横坐标，通过描绘不同阈值条件下分类器的表现，全面展示了分类器的性能特点。ROC 曲线的使用场景多为对分类算法结果精度的评价。此外，ROC 曲线还被广泛应用于医学统计中，用来比较疾病诊断方法。

（2）生存曲线图

生存曲线又称存活曲线，是根据生态学中物种从出生到死亡所能存活的比例做出的阶梯状曲线图，是生存分析中最重要的统计图之一。生存曲线图主要被应用于生物医学、生物信息学和临床试验等领域。

（3）"火山"图

"火山"图属于散点图的一种变体，它通过整合统计检验中的显著性水平与数据点的变化幅度信息，以一种直观高效的方式，迅速甄别出那些既展现出较大变化幅度又具备统计学上显著差异性的数据点。在医疗、临床等研究中，"火山"图常应用于转录组、基因组、蛋白质组、代谢组等研究统计数据的可视化展示。

（4）"子弹"图

"子弹"图的功能和柱形图类似，用于显示目标变量的数据，但前者可以表现的信息更多，图表元素也更加丰富。"子弹"图常用于显示阶段性数据值信息，如在社会科学、经济学等问题的研究中，对某一研究目标（如国内生产总值、生活水平指数、财政收入等）进行不同时段的数据值与既定目标均值等维度的对比展示。

8.3.3 多变量图形

多变量图形就是含有 3 个或 3 个以上变量的可视化图。它是应对多个变量维度绘制需求时常用的类型。常见的多变量图形有以下几种。

1. 等值线图

等值线图，有时也称为水平图，是一种在二维平面上显示三维曲面的图。在常见的学术研究中，等值线图的应用场景较多，涉及不同的研究领域，如等高度（深度）线用于展示区域整体地势情况，等温度线用于显示一个地区整体的温度范围分布，等气压线用于反映一个地区的气压分布与高低，等降水量线（等雨量线、等雨线）用于表示一个区域内降水的多少，等等。此外，等值线还可以表示密度、亮度和电势值。需要注意的是，在绘制等值线时，为了便于观察数值变化，通常会在每条等值线上添加对应的数值标签。

2. 气泡图

气泡图是一种将数值大小映射为数据点大小的多变量图类型。它是散点图的变体，可以被看作散点图和百分比区域图的结合。在常见的科研绘图中，较其他点图形系列，气泡图的使用场景较少，且使用时涉及的气泡图类型也仅限于维度变量的数值对数据点大小和颜色的映射。气泡图还常与地图结合，用于展示研究区域观察变量的区域变化。

3. 三元相图

三元相图又称三元图、三角图，是一种广泛用于三组数据比较与分析的图形类型。三元相图通过在二维平面上展现数据在 3 个分组上的分布情况，以及两两分组数据间的相关关系，高效地进行数据筛选、数据表达和相关统计分析。三元相图常用于生物学、材料学、矿物学和物理学等研究领域，是众多学术期刊中常见的一种统计分析图。

4.3D 图

目前，3D 图逐渐受到用户的欢迎，特别是在需要展示较多维度的数据时。相比常规的 2D 图，3D 图往往更能体现数据的变化趋势和特定使用场景下的数值变化。在学术研究中，3D 图在学术论文中出现的频次越来越高，特别是在地理、工程和金融等研究领域。

3D 组合图是一种数据可视化工具，用于在三维空间中结合不同类型的图表（如柱状图、折线图、散点图等）来展示多维数据。这种图表可以同时展示多个变量之间的关系，并且通过三维视角提供更直观的数据展示方式。

5. 平行坐标图

平行坐标图是多变量数据集中常用的一种统计可视化表示方法。该图能显示多变量数据值，适合用来对比同一时间段多个变量之间的关系。在平行坐标图中，每个变量都有自己的轴线，所有轴线彼此平行排列，各自有不同的刻度和测量单位。

6. 主成分分析图

主成分分析就是分析一组数据的主要成分，其原理是利用降维思想将原数据中多个原始变量（重复和关系紧密的变量）转变为尽可能多地反映原来变量信息、更具代表性和综合性的新变量。

7. 和弦图

和弦图是一种可以表示不同实体之间相互关系和彼此共享信息的图形表示方法。从视觉角度来看，和弦图由节点分段和连接弧的边构成。节点分段沿圆周排列，节点通过连接弧相互连接，每条连接弧会分配数值（以每个圆弧的大小比例表示）。此外，也可以用颜色（一般为渐变色）将数据分成不同类别，这有助于比较和区分不同类别的数据集。在绝大多数情况下，和弦图往往具备交互作用，可以让读者更容易阅读图并进行自由探索。

8.4 特殊制图类型

8.4.1 Bland-Altman 图

Bland-Altman 图又称差异图，是一种比较两种测量技术的统计图形表示方法，可用于评估两次观测（或两种方法、两个评分者）的一致性。Bland-Altman 图的基本思想是计算两组测量结果的一致性界限，并用图形直观地反映这个一致性界限。

8.4.2 配对图

配对图是指使用配对数据绘制的基础图形，其类型通常包括实验样本数据的不同测量方法结果、不同时刻前后数值对比的绘图类型。配对数据是指两组互相配对样本中同一变量的数值，与相关性分析中的两组数据类似。不同之处在于，相关性分析中的数据是同一批样本的不同变量，而配对数据是同一变量的两组互相匹配的样本。

配对图多为组合类型，一般包括柱形图、箱线图和散点图，绘图所使用的数据一般为"长"数据。

8.4.3　韦恩图

韦恩图，也称文氏图或者范氏图，是一种表示不同有限集合之间所有可能的逻辑关系的图形。每一个有限集合通常以一个圆圈表示，一般只展示 2～5 个集合之间的交、并集关系。一个完整的韦恩图包括以下 3 种元素：若干表示集合的圆、若干表示共有集合的重叠圆和圆内部的文本标签。需要注意的是，在涉及超过 5 个集合的场景中，不适合使用韦恩图进行表示。

8.4.4　泰勒图

在做模型相关的工作时，常常需要对不同模型结果进行精确比较。在模型较少的情况下，一般的相关性散点图即可完成对模型结果与真实观测值的相关程度的分析，但当涉及使用多个模型时，如何判定哪一种模型的模拟效果最好、模型结果误差更小，仅使用相关性散点图进行对比，其结果是不直观且不全面的。泰勒图则可以很好地完成同一或多个测试数据集多模型结果和实际观测值之间的比较分析。

8.4.5　森林图

森林图，这一以图形外观直接命名的类型，构建于统计指标与统计分析方法之上，并通过数值运算结果来绘制，亦被称作效果测量图或比值图。从本质定义出发，森林图在平面直角坐标系内呈现，其中，一条垂直于横轴（X 轴，其刻度值常设定为 0 或 1）的无效线作为中心基准。图中，多个研究的效应量及其置信区间通过平行于横轴的线段来描绘，而这些线段围绕无效线分布。此外，一个特定的图形符号（如菱形，或根据具体情况可能采用的其他形状）被用来直观展示多个研究合并后的效应量及其对应的置信区间。

8.4.6　漏斗图

漏斗图是一种在 Meta 分析中用于某个分析结果偏倚检测的可视化图类型。

漏斗图一般以单个研究的效应量为横坐标，样本含量以纵坐标的散点图样式出现。在漏斗图中，样本量小且精度较低的散点分布在漏斗图的底部，向周围分散；样本量大且研究精度高的散点则分布在漏斗图的顶部，向中间集中。漏斗图中的各点纳入的各个研究，横轴表示效应量，值越小，研究点越向左，反之，则研究点越向右。纵轴表示标准误，中间的竖线为合并的效应量值。理想状态下，各个研究点应均匀分布在竖线的两侧。

由于常规的漏斗图只能判断纳入研究分布的范围，不能判断哪些研究落在无统计学意义的区域，等值线增强漏斗图则可以很好地解决上述问题。该种漏斗图在传统设计的基础上进行了创新，特别引入了三个不同显著性水平区域（分别是 $p<5\%$、$5\%<p<10\%$ 及 $p>10\%$），用以明确区分统计学差异的界限。这一设计不仅有助于更精确地评估漏斗图的对称性，还能有效识别出哪些研究位于无统计学显著性的区域，从而为用户提供更为详尽和深入的视觉分析依据。

8.4.7　史密斯图

史密斯图是一种用于电机学与电子工程学的图，主要用在传输线的阻抗匹配上。史密斯图是对二维直角坐标系的复平面的数学变换，由 3 个圆系构成，用于在传输线和某些波导问题中利用图解法求解，以避免烦琐的运算。一条传输线的阻抗会因其长度的改变而改变。

史密斯图中的圆形线表示阻抗的实数值，即电阻值，也可以叫作等电阻圆。圆图最左侧点的电阻值为 0，最右侧点的电阻值为∞，中间的横线及向上和向下散出的线表示阻抗的虚数值，即由电容或电感在高频下产生的阻力，其中，向上的线表示正数，向下的线表示负数。

参考文献

邓晓敏，张军朋，吴先球. 利用 origin 确定实验中非线性函数的曲线关系[J]. 大学物理实验，2011，（1）：73-76.

何君琦，于力刚，路洪艳，等. Origin 在绘制态密度图中的应用[J]. 牡丹江师范学院学报（自然科学版），2016，（2）：69-71.

江玉珍. 三绘图软件的综合应用研究——AutoCAD、3DS Max 及 Photoshop[J]. 电脑知识与技术，2019，（7）：219-221.

蓝洋，何秀，朱诚勋，等.R 语言在生物科学研究绘图中的应用[J]. 华东师范大学学报（自然科学版），2019，（1）：124-135，143.

李宝惠，平梅.Origin7.0 在科技绘图、数据处理方面的应用[J]. 临沂师范学院学报，2005，（3）：124-128.

吕翔，刘幸平，马宏跃.Origin 软件在物理化学实验绘图中的应用[J]. 实验室科学，2012，（6）：94-96.

人民日报海外版两会特刊组.拥抱 AI 技术，让纸媒版面"潮"起来[J]. 新闻战线，2024，（7）：12-13.

嵩天，黄天羽.Python 语言程序设计教学案例新思维[J]. 计算机教育，2017，（12）：11-14，19.

第 9 章 学术写作方法技巧

学术写作是凝练科研成果的重要学术环节，是科研工作的重要组成部分。学术写作不仅需要系统地阐述研究成果，还应以规范化形式展现出来，便于同行评审和交流。学术写作能力也是研究生必须具备的基础科研能力，学术论文质量是评估研究生培养成效的重要指标。

9.1　学术写作的类型

研究生阶段学术论文写作的主要类型有期刊论文、技术报告、学位论文、专利文件，按照研究方法与研究套路还可以分为实验型论文、计算型论文、理论型论文、数据型论文、综述型论文等。不同类型学术写作之间具有较大的差异。

9.1.1　从学术用途上分类

1. 期刊论文

期刊论文是研究生尤其是博士研究生达到毕业要求的关键指标，一般是在科研项目和学位论文研究之后，在获得的研究成果中选取一个具体且聚焦的主题，围绕其中的理论、实验、计算或观测等方面展开讨论，以浓缩的篇幅和凝练的表达，发布自己的最新观点、创见性发现与突破性方法，在通过严格的同行评议和编辑审查后，达到了期刊的学术与出版要求，才能被期刊接收录用。期刊论文本质上是一种科技成果发布的新闻稿，主要起到科学技术信息的相互交流、相互借鉴作用。受到发表篇幅的限制，其容量相较学位论文更小。

2. 技术报告

技术报告是完成具体的科技研究或科技服务项目后，向业主和验收专家提交说明研究内容、研究流程、实施过程、研究成果与主要结论的书面文本材料，以此来解决实践工程项目中设计、技术、工艺、设备、材料等具体问题。技术报告作为一种非出版性科技成果发布材料，主要是业主与验收专家用来审查项目的完成情况是否达到合同约定的验收标准，所以技术报告应满足项目需求的针对性、可靠性与实用性，同时需要顾及其科学性与先进性。

3. 学位论文

学位论文是研究生为了申请一定层次学位而必须提交的具有一定学术价值的论文。学位论文有严格的评审程序，需要经过具有相应导师资格专家的书面评阅与向专门评审专家汇报答辩，评议合格后才能说明学位论文达到了相应层次学位的学术要求，是授予学位的关键学术成果，是研究生阶段学术水平与学术成果的全面体现。

4. 专利文件

专利文件是专利申请过程中不可或缺的专用文件格式。针对发明专利与实用新型专利而言，其专利文件构成涵盖了权利要求书、说明书、附图及摘要等多个组成部分，尽管各部分承担着各异的功能角色，但它们之间存在着紧密的内在联系，共同构成了专利保护范围的完整描述。对于外观设计专利，其专利文件则主要由外观设计图片或照片，以及一份简洁的外观设计说明构成，用以直观展现并阐释设计的核心特征。

9.1.2　从学术内容上分类

1. 实验型论文

实验型论文主要针对某一个具体科学问题，采用室内实验和模型试验方法，开展科学试验观测。它基于观测现象与测试数据，深入分析实验过程中的物理机制与演化规律，从而揭示出与该科学问题内涵相关的各因素之间的规律性联系。实验型论文不同于一般的实验报告，其写作重点应放在实验方法与测试技术的先进性、实验设计方案的创新性，以及分析实验过程揭示的新发现与新规律，并提出自己的新观点。

2. 计算型论文

计算型论文主要描述采用数学-物理方程或者数值模拟方法，模拟科学问题的物理、力学、化学机制演化过程，分析其科学机理，获得并揭示演化过程中相关影响因素之间的关系规律。计算型论文写作的重点应放在数学–物理方程与数值模拟方法的先进性上，以及模拟分析中揭示的新发现与新规律，提出自己的新观点。

3. 理论型论文

理论型论文主要是提出、发展或阐述一个描述与分析科学问题物理–化学衍化过程的理论方法。理论型论文写作的重点在于物理–化学机制的分析，基本概念与假定条件的约定，概念模型与数理方法的逻辑推演，数学过程的严密推导，其中基本假定的可靠性、数理模型的先进性、求解推导的严谨性是理论型论文写作中需要着重交代的。

4. 数据型论文

数据型论文主要是描述采用实测与数据挖掘方法来发现科学问题的背景、现象、本质、特性、运行规律。数据型论文写作的重点在于论证数据的可靠性、数据挖掘方法的先进性、发现现象与规律的创新性。

5. 综述型论文

综述型论文是在综合分析和评价文献中知识结构的基础上，总结某一学科或领域知识更新的发展历史与现状，找出相应知识内容的演化规律、存在的问题和发展趋势。综述型论文的核心是提出具有启迪性和权威性的看法与建议，需要做到文献新而全、总结全面、分析严谨、说理透彻、眼光长远。

论文撰写需要做的工作，如图 9-1 所示。

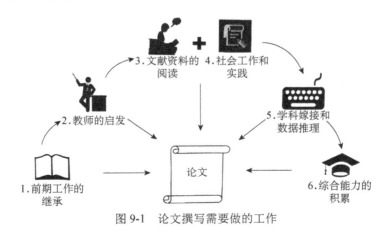

图 9-1 论文撰写需要做的工作

9.2 学术写作的要求

9.2.1 期刊论文

期刊论文是指在经过同行评审的学术期刊上发表的研究成果，是学术界交流思想、分享新发现和理论进展的主要形式之一。期刊论文的写作要求和写作重点如下。

1. 写作要求

期刊论文写作的目的是发表。不同期刊的影响因子与认可度不同，高影响因子期刊一般只会接收具有重要研究成果的高质量论文，不仅需要对研究成果的创新性进行审核，而且对写作质量也有较高的要求，不同等级期刊对论文写作质量的要求是不同的。

2. 写作重点

期刊论文发表审核，首先要求具有创新性，所以期刊论文写作重点应围绕研究工作的创新点进行。

1）研究背景写作是介绍创新工作的科学与实践意义。

2）研究基础写作是呈现创新工作所填补的科研空白。

3）研究方法写作应突出创新工作的特色。

4）研究结果写作应阐明创新工作的效果。

5）研究价值写作应评价创新工作的科学价值。

不具备创新性的研究工作不宜出现在期刊论文中，因为它会拉低论文的学术水平。

3. 写作聚焦性

写作聚焦性是指期刊论文写作应集中于一个研究主题，主题涉及的范围要具体化与目标化，目标越小越好。引言或文献综述部分，也应随着主题范围聚焦，其主要目的是突出创新工作。研究方法与研究结果介绍也应聚焦于论证创新工作的着眼点、实施与效果。总之，期刊论文写作应聚焦于创新工作的具体点与深入度、难度。

4. 写作浓缩性

出版单位的要求不同，不同期刊论文篇幅的差异较大。但是，无论篇幅大小，相对于研究工作而言，期刊论文都像一篇关于研究工作的新闻稿。新闻稿的新闻性就是论文的创新性，而新闻稿的结构就是将围绕创新点的背景、说明、效果、价值浓缩在狭小的篇幅之内，所以无论是主题确定、内容筛选，还是图表编排、文字语言均需要突出创新和重点，浓缩研究的精华，简明扼要地进行表达。

9.2.2 技术报告

研究生阶段参与导师的课题研究，协助导师完成相关技术报告，是科研学术能力进阶的重要机会。技术报告是一种专业性文件，主要用于详细记录、分析和总结科研项目、工程技术项目或实验研究的过程、方法、结果及结论。技术报告的写作特点和要求如下。

1. 工作内容的匹配性

技术报告一般属于"命题作文"。技术报告首先需要对照合同或研究大纲中的研究内容，逐一审核技术报告中的工作内容是否匹配，是否能覆盖合同或研究大纲的相关要求，不能漏项，且最好按照研究大纲或者实施大纲的工作顺序进行编写。

2. 内容信息的翔实性

技术报告一般没有篇幅要求，只要是围绕本项目开展的工作内容均可以编入技术报告，无须考虑相关工作是否具有创新性。在图表编排与文字表述上，应做到突出、翔实，重点展示针对本项目所做的工作。

3. 研究结果的可靠性

技术报告是工程科研成果的总结报告，主要目的是保障项目的成功实施，所以技术报告中研究工作结果的可靠性是至关重要的，也是考虑的首要因素。对于那些创新性强但可靠度不足的研究结果，应谨慎对待。

4. 目标考核的达成性

不同项目的考核目标是不同的，有些以支撑实践项目技术方案为主，有些以技术创新示范为主，所以技术报告应围绕项目考核目标，聚焦回答针对考核目标的研究工作的完成度。而且，技术报告的内容应与实践活动密切相关，必须对实践项目有技术指导作用。

9.2.3 学位论文

学位论文是高等教育机构的研究生为了获得学位（如硕士学位、博士学位）而撰写的学术论文。它是学生在导师的指导下，经过深入研究某一学科领域或专题后，形成的具有系统性、创造性的学术成果。学位论文不仅是学术水平和研究能力的综合体现，也是衡量学生能否获得相应学位的重要依据。

1. 创新要求

如果说不同等级期刊论文的创新要求像不同级别的选拔考试，那么学生论文的创新要求则更像是一场水平考试，创新程度有最低要求，但并不需要环比竞争。一般而言，硕士学位论文要求在研究工作中至少有一些新意，而博士学位论文则要求必须具有明显的创新性。

2. 容量要求

学位论文考核的其中一项指标就是工作量。如果以文本厚度来算的话，硕士学位论文应达到80页左右，博士学位论文应达到120页左右；如果以工作容量来考核，硕士学位论文应完成3项相对独立的工作，博士学位论文则应完成3～5项相对独立的工作。同时，学位论文写作也应主要围绕研究的创新工作展开，与创新工作无关的内容应尽量删减或去除，创新工作的图表编排与文字表述应翔实。

3. 完整要求

学位论文写作应围绕一个固定研究主题的多个侧面展开，这些侧面应存在有机联系，是串联关系或并联关系，联合起来能共同解决或回答一个科学问题。学位论文的各个章节应形成有机的整体。

9.2.4　专利文件

专利是一种法律保护形式，是赋予发明者或权利持有者在一定期限内对其发明的一种占有权，防止他人未经许可制造、使用、销售等。专利制度旨在鼓励创新，促进技术进步和社会发展。专利分为发明专利、实用新型专利、外观设计专利等。

1. 撰写流程

1）前期技术准备。与已公开或授权的发明相比较，评估拟撰写的专利文件的新颖性和创造性。

2）撰写申请文件。申请文件包括说明书、权利要求书、摘要及可能的图纸。

3）提交申请文件。在向专利局提交申请时，尽量选择优先权申请方式。

4）专利审查。专利审查流程包含形式审查与实质审查两大阶段。形式审查阶段侧重于核对申请文件是否满足规定的格式与形式要求；而实质审查阶段则深入评估发明的新颖程度、创造性贡献及实际应用价值。

5）答复审查意见。根据审查员提出的异议或问题，申请人需要提交修正意见或进行申辩。

6）专利授权维护。审查通过后专利被授权，需要定期缴费以保持专利有效。

2. 文件要求

1）技术要求。专利要具有新颖性、创造性和实用性。

2）写作要求。表述清晰、格式规范和术语标准。

3. 撰写要点

1）说明书。说明书包含背景技术、技术方案、有益效果、具体实施方式等，应当足以支持权利要求书中的每一项权利要求与技术特征。其中，背景技术简要介绍现有技术背景，指出问题与不足，明确发明旨在解决的问题或满足的需求；技术方案，清晰地阐述发明的核心技术方案；有益效果，描述其优越性和效果；具体实施方式，提供至少一个具体实施案例，详尽说明发明的结构、组成、制备方法或操作步骤，尽量提供图表辅助说明，确保文字描述与图示相匹配，便于理解。

2）权利要求书。权利要求是专利保护的核心，应明确界定保护范围，通常包括独立权利要求和从属权利要求。其中，独立权利要求概括了发明的基本构思，从属权利要求进一步细化或限定保护范围，权利要求的范围既不能过于宽泛，因为这会导致无法区分现有技术；也不能过于狭窄，因为这会限制保护范围。总之，应使用技术术语准确无误地描述发明的关键特征，避免模糊不清。

3）摘要。提供一份简短的总结概览，概述发明的主要技术特征和效果，一般不超过 1 页，不能直接引用权利要求书中的内容。

9.2.5　PPT 汇报材料

1）容量控制。PPT 汇报一般是有时间控制的，需要根据演讲时间来确定主题范围。一般而言，40 页的汇报需要 20 分钟，以此类推。

2）组织结构。组织结构分为开场页、目录、正文、总结及讨论等。其中，开场页包含标题、副标题、会议名称、演讲者姓名、单位、日期；目录页是帮助演讲者简要地概述汇报的主要部分，主要是帮助听众预览内容结构；正文一般从问题引出，分几个小节或者关键点，遵循"一张幻灯片一个主题"的原则，通过"看图说话"表达演讲者的观点，尽量以数据与案例来支撑观点，增强说服力。

3）版面布置。在版面布置上，应以高质量的图片、图形（柱状图、饼图、流程图）、表格、动画为主，辅以标题、短句、标注帮助理解。文字只是 PPT 材料的点缀，主题句或结论表述应控制在 3～5 行。同时，要注意图片或动画的版权问题，注意注释说明引用信息。

4）版面设计。采用科学的色彩匹配方案，标题可以使用加粗的无衬线字体，正文可以采用易读的字体。其布局如下：标题居中，副标题在下方，内容要点列表左侧对齐，图表右侧占据约一半的空间。

5）演讲训练。作者应熟悉内容，对每一页的内容做到了如指掌，不是读

PPT 上的文字，而是针对每一张图片，组织"看图说话"的语言，不应空泛地去讲与图片无关的内容，也不建议去念备注里面的大段文字，备注起到的仅仅是简单的文字提醒作用。同时，要注意时间控制与时间分配，确保在限定的时间内完成汇报。

⑨.③　学术写作的流程

9.3.1　期刊论文写作

1. 圈定写作主题

在完成实验与分析计算后，整理相关数据，绘制数据图表，分析相应的科学规律，评估研究的效果，在确定实现研究目标的基础上，圈定论文写作的主题。期刊论文的主题不宜过多过泛，应以聚焦一个具体研究主题为佳。

2. 编排制作图表

将围绕选定研究主题的所有涉及研究过程与研究结果的图表罗列出来，按照拟定"科研讲故事"的脉络顺序排布和分组，挑选、归并、丰富支撑重要步骤和主要结论的图表。根据论文容量预期与期刊要求，保证图表达到 10～15 幅，应重视检查图表的美观、代表性。在完成上述工作后，还可以增加一些说明性的技术路线框架图。

3. 编制章节大纲

根据图表编排顺序，梳理"看图说话"的脉络顺序，然后以此编制章节大纲。

章节大纲包括章节标题和主要段落的主题句。章节标题应尽量简洁、概括，不应以完整的句子作为标题。段落排布最好是每段只讲述一个主题，通过章节标题与每段主题句搭建整个论文框架，将图表放入这个框架之中。如果能够围绕上述材料清晰地阐述论文内容，并突出创新点，那么编制章节大纲就已经达到了预期目标。

4. 撰写方法章节

论文的正式撰写，应以先易后难的顺序逐步展开。可以从研究方法说明的章节入手，这一章节以说明文的文体表述为主，重点讲述研究的主要方法与流程，如果是一般性通用方法，尽量简写，只交代关键信息；如果是特殊方法或自创方法，应重点详细论述，突出特色与创新性。那些会影响主要结果和结论的要点，是必须要讲清楚的。

5. 撰写结果论述章节

结果论述章节也是以说明文的文体表述为主，主要以研究的细分角度分类，论述每张图表中需要讲述的主要内容，不要让读者去猜，而是要结合图表数据明白无误地把相关论述、论证与观点表述出来。同时，要注意紧扣图表，不要脱离图表，不要说些没有依据的内容。

6. 撰写讨论章节

讨论章节要以议论文的文体论述为主，主要论述论文的主要成果与已有研究成果之间的关系，或者分析主要结果的可靠性，从主要结果中可以凝练的主要结论，以及研究中的不足与后期拓展的途径。这一部分的撰写，首先要明确观点，以夹叙夹议的方式进行分析和讨论。"叙"是抛出佐证材料，"议"是分析并提出观点。

7. 撰写引言章节

引言章节也是以议论文的文体论述为主，主要包括实践背景、科学意义、研究现状、存在的问题、解决思路及研究工作、章节排布的说明。这一章节的撰写是决定论文写作成败的关键，决定了论文的科学性与创新性。就像先要测量头围才能买到合适的帽子，首先需要分析研究结果的用途，界定论文中实践背景与科学意义的范畴和定位；其次，通过对照研究方法的创新性与研究结果的知识空白，将研究现状综述作为突出自身研究重要性的背景墙，结合研究对象、研究方法与技术手段的文献分类来综合评述研究工作的重要基础；最后，围绕论文研究工作的贡献，提出拟解决的问题、研究思路、工作安排，并进行章节排布的说明。

8. 排列参考文献

参考文献质量是反映作者学术水平的重要参考。参考文献应选择比较重要的，尤其要注意期刊等级、不同文献类型组合及中英文的比例关系，一般不应将低水平的期刊论文列入参考文献。同时，要注意论文发表的时间，尽量选用新近发表的论文。参考论文数量一般应在 25～40 篇，如果是综述性论文，参考论文数量可以达到 100 篇左右。

9. 拟定论文题目

在期刊论文撰写中，题目的拟定尤为重要，因为它不仅反映了论文的核心内容，还会直接影响论文的可检索性和吸引力。期刊论文题目拟定应关注明确性、创新性、吸引力、适度性、准确性，题目应能明确反映论文的研究内容或聚焦点，让读者很容易了解论文要探讨的核心问题；题目应能体现论文的创新点，合理使用能"吸引眼球"的词语激发读者的阅读兴趣；题目应限定在适当范围，但总体上宜小不宜大；题目中的科技术语应表达准确。

10. 撰写论文摘要

论文摘要需要精炼地概括整个研究工作的核心内容、研究方法、主要发现及结论，旨在使读者快速了解论文的全貌。摘要的结构安排应包括实践与科学背景、研究目的、研究方法、研究结果、结论，上述内容应可以用 1～2 句话就讲清楚。摘要的内容不应该陷入技术细节，只表达核心工作与主要结论，突出科研创新性和研究的重要性即可。具体要求如下：一般摘要分为短摘要和长摘要，短摘要一般限制在 200～300 字，长摘要一般不超过 500 字。

11. 撰写论文结论

论文结论部分主要是总结研究的主要发现与创新，讨论发现与创新的意义，指出未来研究的方向。结论部分应保持简洁明了，避免复杂而逻辑性不强的论证，应清晰地传达研究的核心信息及其重要性。在语言表述上，应该使用肯定语言来表述，保证逻辑清晰、表述准确，易于读者理解。在结论的开头或结尾，应回顾或呼应引言中提出的问题与研究的目标，保证论文的结构完整。

第一，简明扼要地论述研究目的和主要研究问题；第二，概括研究中最重要的发现与创新，避免简单地重复摘要或结果的内容，而是要强调发现与创新的科学意义；第三，解释与阐述研究结果的理论意义和实践意义、贡献；第四，剖析研究的局限性和潜在偏差，解释其可能产生的影响，体现学术的严谨性；第五，指出未来研究的方向与改进建议。

12. 反复修改润色

论文润色主要从优化基本语法、逻辑结构、语言风格、突出重点、专业术语使用等方面进行。修改工作一般在初稿完成后，最好先放置一段时间，让大脑从写作模式中脱离出来，应逐段精修，深入挖掘细节问题。优秀的论文往往需要经过多轮修改。可以让导师或同门帮忙审阅，提出修改意见。修改的程序包括以下步骤。

1）基本语言校对。语法和拼写检查，可以借助 Word 的拼写和语法检查工具或专业工具 Grammarly 进行；确保标点符号使用正确，符合学术规范；对于人名、专有名词、术语、数字表示等，需要进行一致性检查。

2）语言风格改进。要做到表达简洁、精炼有力，去除冗余词汇；尽可能地使用主动语态，使句子更加直接和有力；适当使用专业词汇以体现专业性，但要避免过度使用，以免造成理解障碍；调整句式变化、长度和结构，增强文章的节奏感和可读性。

3）逻辑结构梳理。确保论点明确，证据充分且相关；过渡与转换自然，表述顺畅衔接；确保论文的整体结构逻辑连贯。

4）关键信息呈现。在信息凝练、概括的基础上，突出论文的关键点、结论或创新之处。

5）参考文献梳理。严格按照期刊要求的统一引用格式（如 APA、MLA、Chicago 等），核对引用位置和参考文献列表。

13. 调整投稿格式

投稿格式可以根据期刊的标准格式来修改，仔细阅读并遵循目标期刊或平台的投稿指南，包括字数限制、格式要求（如字体、字号、行距）、引用风格等。除此以外，有些投稿需要有封面页，包括标题、作者信息（全名、单位、电子邮箱、通信地址）、摘要等；投稿信包括论文亮点介绍、选择期刊说明、原创性声明、利益冲突声明等。

14. 确定署名排序

论文署名顺序应当根据作者对论文的实际贡献大小来确定，一般署名不可以随意变动。通常贡献最大的作者会被列为第一作者，根据贡献大小，依此类推。一般确定贡献大小的原则如下：第一作者通常是主要贡献者，负责研究设计、数据收集与分析、论文撰写等工作；通讯作者负责与期刊编辑联络，承担论文的修订等工作，通讯作者不一定是对论文撰写贡献最大的，但需要对研究的整体方向和质量负责；当两位或多位作者对论文的贡献相当时，可以标注为共同第一作者或共同通讯作者。许多期刊要求提交贡献声明，明确列出每位作者的具体贡献，确保透明度和公平性。所有署名作者均需要对论文内容负责，包括数据的真实性、方法的正确性及结论的合理性。

15. 撰写致谢

致谢部分是作者向在研究过程中为自己提供帮助、指导、支持或启发的人或机构表达感激，但不包括已列入作者名单的，一般导师会被放在首位，之后按照贡献的大小或传统习惯排序，最后是资金支持机构，应使用其官方全称，并标注资助项目编号。在语言上，应保持诚恳、正式且简洁的风格。

9.3.2　研究报告写作

1. 从实验（分析）报告开始

撰写实验（分析）报告是科学和工程领域中一项重要的技能，它不仅能帮助作者记录实验过程、结果和分析，还能促使作者的思考从实验（分析）数据与规律向建立理论模型转变。实验（分析）报告应做到数据真实、分析有逻辑、表述清晰、结论客观。在日常研究过程中，研究人员应养成边研究边总结的习惯，在实验（计算）工作中及时绘制研究结果图表，思考研究数据图表的表达方式。实验包含以下内容。

1）实验目的，包含实验理论基础与相关背景、实验具体目标、实验预测或假设。

2）实验准备，包含实验设备、实验材料、安全措施及实验方案设计。

3）实验实施，包含实验步骤、操作流程、实施过程与原始数据记录。

4）数据分析，包含数据整理、数据展示（图形）、数据分析、规律挖掘。

5）结果讨论，包含误差检验、规律解释、原因推理。

6）结论获取，包含归纳发现、验证假设、总结价值。

实验（计算）报告应包含以下内容。

1）计算目的，包含计算方法理论基础与相关背景、计算目标、计算假定。

2）模型建立，包含实际条件简化假定，如几何模型建立、物理模型建立、边界条件施加、收敛条件设定、迭代计算方法选择。

3）分析方案，包含计算工况、参数选取、计算方案。

4）数据分析，包含数据整理、数据展示、数据分析、规律挖掘。

5）结果讨论，包含误差检验、规律解释、原因推理。

6）结论获取，包含归纳发现、验证假设、总结价值。

2. 从实验报告到研究报告

实验报告应逐步形成研究报告，围绕某一主题或目标，对不同实验数据结果进行综合、分析、比较、讨论，寻找数据背后的科学规律。第一，明确章节的研究主题与目标；第二，在实验报告的基础上，细化各个研究问题；第三，详细阐述实验设计的原理，说明选择特定的实验设计和数据分析方法的优势与局限；第四，运用统计软件或人工智能分析方法强化数据分析，深入挖掘数据背后的模式和关系；第五，深入解释结果背后的理论基础、实践背景、科学意义、影响因素等。

3. 写作顺序为先中间再两头

将实验（计算）报告逐步形成学位论文的主要研究内容后，再开始绪论与结论部分的写作，这两部分需要做到相互呼应。一般而言，先从绪论开始写作，写作方式基本上与学术论文中的引言部分一致，但是在写作容量上不需要浓缩凝练，要将实践背景、科学意义、研究现状、存在的问题、解决思路，以及研究工作、章节排布说清，不再是以一两句话的形式表达，而是予以充分剖析，采用"一段一意"的模式展开充分的论述，局部重要的部分可以配图说明，研究工作与技术路线应绘制详尽的流程图。然后，完成结论部分的撰写。

首先，结论部分需要与绪论部分提出的问题和研究目标呼应；其次，结论部分应根据一定的范畴对具体内容进行分类，分类不应过多，也不应过少，一般为3～6点，当内容较多时，应适当归并；最后，不应简单地将章节部分的小节归并（即作为结论内容），因为章节小节是对研究结果的平铺直叙，而结论部分应有内在规律的总结、深层机理的剖析与衍化机制的推理。

4. 反复斟酌摘要、展望与标题

在完成学位论文与技术报告的主体内容后，要对摘要、展望与标题进行反复斟酌。学位论文和技术报告的摘要篇幅通常较学术论文长许多，一般分为两个部分，第一部分是绪论部分的浓缩，需要交代研究背景、科学问题、创新思路、研究工作与研究意义；第二部分是论文主体内容与结论的浓缩，一般布置的段落数与主体内容的章节数一致，将主要结论加入与研究工作相对应的部分，每个段落首先简述研究工作方法与实施流程，然后列出主要结论。展望部分主要将文献综述与本研究已经解决的问题相对照，分析本研究的不足与未来发展方向。标题是学位论文与技术报告的"灵魂"，学位论文标题的范畴可以适当扩大，应包含主题研究内容的范围，同时标题要突出创新工作的显示度。

9.4　学术写作容易出现的问题

本节以科技论文的写作为例，论述学术写作容易出现的问题。科技论文的结构与普通的文学、新闻和工具书籍等有很大不同，具有一定的科学规范和行文要求。研究生初次撰写科技论文时，由于经验的缺乏，往往对行文布局、语言表达、逻辑关联等方面的要求不够重视，忽略了对论文整体结构的合理设计和把握，常常会出现摘要和结论重复、前言不合理、论文架构缺乏关联及章节体量分配不当等一系列问题。

9.4.1 摘要与结论重复

论文摘要与结论重复，是研究生科技论文写作中常出现的问题。许多研究生论文中摘要和结论部分的重复率高达 70%以上，这主要是因为研究生对摘要和结论的写作目的与要求的认识不够准确。摘要的写作目的是简述论文的全貌与创新点，对于结论部分，只需要列出论文中最重要的研究结果，而不是罗列所有研究结果。结论部分不需要再交代研究背景，在简略叙述研究工作内容的基础上，只需要概述研究结果与提出的新方法、新观点。当然，在叙述研究工作内容和最重要的研究结果时，摘要与结论可能有一些重复材料，可以采用不同叙述方式来区分表达，而不应简单复刻。

9.4.2 前言不合理

科技论文的前言主要阐述研究背景、研究基础、研究意义，是吸引读者产生阅读兴趣的重要部分，常见问题包括以下几个方面。

1. 背景介绍过于空泛

研究背景介绍过于宏观，对科学问题缺乏剖析。简而言之，就是给论文主题戴的帽子太大，长篇大论一番之后又突然切入主题，缺乏递进式铺垫。所以，研究背景介绍应注意保证聚焦切题、递进过渡、分析透彻。

2. 文献引用缺乏规划

研究基础主要通过文献综述来阐述，其本质是通过文献组织来讲述聚焦某一科学问题的研究发展进程。首先，标志研究发展进程关键节点的重要文献是不能缺失的，因为这会使学者质疑研究基础的合理性；其次，文献组织应具有故事性，不能仅列一些同质化的文献，需要通过文献的同质性与异质性来讲述研究基础的发展历程，既有分类又有总结，主要是串联、衔接和推动文献中研究内容与论文主旨的逻辑联系的"故事发展"；最后，文献引用位置的分配应合理，同一引用位置上的文献不应该过多或过少。

3. 文献评价过于草率

对于研究生而言，如何恰当地评价现有文献研究工作是一个挑战，既不能直截了当地指出前人研究工作的错误，又不能肤浅地贬低他人研究工作的价值。一般而言，首先需要正面评价他人研究工作的科学意义与价值；其次，指出目前研究进展的局限性，以及其与现实需求的差距。

4. 文献综述脉络不清

文献综述的撰写需要遵照一定的逻辑顺序，如按照时间顺序、研究方法、研究对象等，可以在段落开头叙述文献的逻辑，但是切忌交叉使用不同逻辑结构，因为这会导致主题脉络不清。因此，研究生在撰写文献综述之前，首先需要梳理文献的内在逻辑关系，进而围绕各个逻辑结构主线分析、讨论代表性文献与研究主旨的关系。

9.4.3　论文架构缺乏关联

论文架构不仅体现在章节目录中，各章节连接部分也需要合理、平滑转换，否则论文会给人呈现出"断层、顿挫"之感，表述不够流畅。所以，不仅需要在论文章节安排与标题拟定中构建论文的逻辑架构，还需要设置章节段落衔接部分，逻辑清晰地表述它们之间的关系。

9.4.4　章节体量分配不当

研究生论文写作中，经常会出现章节与结构体量"头重脚轻""尾大难甩""肚大肢短"等失衡问题。"头重脚轻"是由于前面问题展开部分的论述分析过细，而结尾处缺乏呼应，没有针对提出的问题逐一回应；"尾大难甩"是因为研究内容没有抓住主线，导致主题不明确，什么都想说而什么也没有说清，最后的结论聚焦性不强；"肚大肢短"则是理论与论据部分过于精细、烦琐，案例与论证过程却过于单薄。所以，应尽可能地做到结构合理、体量均衡，就像人的身材一样，匀称才是美。

9.5 学术写作的规范性

9.5.1 图片背景和字体

图片不能用黑色或深色背景。一篇论文中所有图中的字体要求大小一致，宜比正文小一号，中文用宋体，英文和数字用新罗马字体，坐标名称用中文，也可以用符号。坐标轴端部要有刻度线和数值，坐标名称后要有单位。

9.5.2 图表排版

论文排版一般不要出现大的空白，可以通过调整图表位置做到每页都很饱满。当某页的下方放不下图表时，可以把图表往后移，可以放在下页或下下页，本节实在放不下，也可以跨节。

9.5.3 公式和符号

公式中的变量要用斜体，变量的下标用正体，单位要用正体。公式的符号介绍，如"式中，N 表示拉力，单位是 kN"，要顶格写。

9.5.4 图片和表格的跨页

图片一般不跨页，如必须跨页时，图和图题不能分页，图的下面要有图题。当一幅图有多个子图时，每个子图都要有子图题。当子图数量较多需要跨页时，第一页的子图下面要有子图题和图题，第二页的子图下要有子图题并重复出现图题，且图题后面加"（续）"。例如，某图中有四个子图，全部放在 51 页放不下，只能放两幅子图，其余两个子图放在 52 页上面，重复标注图题，并加"（续）"。表格跨页时，表头要重复出现，第二页的表格要有表题，且后面加"（续）"。

9.5.5　AutoCAD 绘图的规范

要求全文所有插图样式一致，线型粗细合适，尺寸标注规范，尺寸线与图留有一定距离，尺寸标注清晰，字体大小合适。

9.5.6　参考文献格式

所有参考文献按标准格式著录，信息要完整。期刊文献要有作者姓名、论文题目、期刊名称、年、卷、期、页码。几种常见的参考文献格式如下。

[1] 王卫永，杨竞杰. 纵向非均匀温度下钢柱弹性屈曲荷载[J]. 工程力学，2024，41（6）：202-211，256.

[2] Wang W. Y，Xing Y. H. Fire behavior of full-scale cold-formed steel center-sheathed shear walls under combined loads[J]. Journal of Constructional Steel Research，2024，218：108686.

[3] 王卫永，李国强. 高强度 Q460 钢结构抗火设计原理[M]. 北京：科学出版社，2016.

[4] GB51249-2017. 建筑钢结构防火技术规范[S]. 北京：中国计划出版社，2018.

[5] 杨竞杰. 冷弯薄壁型钢箱形拼合截面柱受力性能及抗火性能研究[D]. 重庆：重庆大学，2022.

9.5.7　参考文献的引用问题

文献综述中引用参考文献一般用作者姓名。姓名后面一般不加"学者"二字，如果一条文献只有一个作者，就用作者姓名，如果是两个作者，就列出两个作者姓名，如果作者为三人及以上，就用第一个作者姓名+"等"，"等"字之后不要加"人"。如果是英文作者，只需要用姓氏，如图 9-2 所示。

何宝康[1]对局部稳定性能开展了 ……，李国强和王卫永[2]综述了钢结构抗火 ……，王卫

永等[3]对高强度Q690钢柱进行了 …… ,Yang 和Zhang[4]对约束箱形截面柱进行了……。

[1] 何宝康.轴心压杆局部稳定试验研究[J].西安冶金建筑学院学报，1985,31（1）：20-34.

[2] 李国强、王卫永.钢结构抗火安全研究现状与发展趋势[J].土木工程学报，2017, 50(12):1-8.

[3] 王卫永、张琳博、李国强.高强度Q690钢柱耐火性能试验研究[J].建筑结构学报，2019, 40(8): 155-162.

[4] Yang K C, Zhang F C. Fire performance of restrained welded steel box columns [J]. Journal of
Constructional Steel Research, 2015, 107: 173-181.

图 9-2　参考文献引用示例

9.5.8　表格制作

表格一般采用三线表，第一行为表头，表头符号要有单位，表格上下两条
线要粗一些，可采用 1.5 磅，表头下面的线用 0.75 磅。表中同一列数据小数点
位数保持一致。表格宽度不能超出页面版心，当表格很长时，可以将表格横
排。当表中内容很多，左右内容的对应关系不容易区分时，可以用全线表。典
型的三线表如图 9-3 所示。

表1　试验及有限元得到的承载力结果对比

Table 1　Comparison of ultimate load from test and FEM

试件编号	试验温度/℃	试验极限荷载 F_E/kN	模拟极限荷载 F_M/kN	[(F_M-F_E)/ F_E]/%
Q960A1	20	8 857.30	9 012.40	1.75
Q960A2	480	6 559.30	7 044.80	7.40
Q960A3	632	3 800.00	4 146.10	6.48
Q960B1	20	8 036.50	8 190.90	1.92
Q960B2	472	5 746.60	6 144.30	6.96
Q960B3	683	2 069.80	2 175.80	5.12

图 9-3　论文中的表格示例

9.5.9　参考文献交叉引用

参考文献宜采用自动编号，用方括号把编号括起来。引用时插入交叉引
用，然后进行上标操作。如果一个地方引用多条参考文献，可以连续插入交叉
引用。不连续的参考文献编号之间用逗号，连续的参考文献只需要插入两端的
编号，中间用短横线。例如，"张三[1]进行了……，李四[2, 4]开展了……，王

五[3-7]完成了……"插入交叉引用后，不可以把中间不需要的方括号删除，因为更新域后又会出现。可以把中间不需要的方括号颜色改为白色，并把尺寸大小设置为1。

9.5.10　标题、图表文中引用和图表位置

标题下面不宜直接出现图或表，标题下面应该是文字表达。每个图或表出现之前，要先在正文中引出图号或表号，然后再对其进行解释和说明。图表要排在引用图号或表号的文字之后，一般不放在引用图号或表号的文字之前。

9.6　学术论文写作的技巧

学术论文作为学术信息交流、传递、存储的重要载体，本质上是一种以"看图说话"为表现形式、以"八股文"为结构形式、以"议论或说明"为文体形式的学术成果书面表达。其主要工作是向读者表述研究基础、研究目标、研究方法、研究结果、研究价值与研究结论等关键要点，在保证论文学术性、科学性、原创性和规范性的基础上，达到学术出版的要求。

9.6.1　"会说话"图表的重要性

学术研究成果多数是以研究实验或分析的数据及其图表载体为主要表现形式，论文中的图表是学术写作的重要基础，学术写作的中心任务就是围绕图表来展示说明研究工作的目标、方法与结果。因此，学术写作的重要任务之一就是绘制与编排需要用到的图表。图表应达到"会说话、讲故事、赏心悦目、清晰标准"的要求，具体表现为以下几个方面。

1）可视性。图表能够将大量复杂的数据以直观、易懂的形式展现出来，高效地传达数据的趋势、分布、关联等信息，帮助读者快速抓住研究工作的

核心。

2）自解释性。一个理想的图表应该能够在一定程度上独立于正文，读者仅通过查看图表及其附带的标题和图例，就能理解其基本含义和重要发现。

3）完整性。图表之间应有密切的联系，形成有机整体，即使完全脱离文字，读者也能通过一系列的图表及其标注来理解研究工作的思想、关键过程和结果。

4）聚焦性。图表表达的信息应与论文主题密切相关，不应与论文聚焦点离散，并能够体现出论文的主要结论与创新点。

5）准确性。图表反映的研究结果必须精确无误，图表中的每一个细节都需要经过仔细校验，确保没有误导性的信息。

6）专业、美观。图表的布局、色彩使用和整体设计应遵循专业的视觉传达原则，既美观又专业，从而可以提升论文的整体质感。

7）统一规范。图表的风格、格式和符号系统应保持一致，遵循所在领域的规范和期刊出版要求，包括正确的引用和单位表示。

9.6.2 "八股文"结构的重要性

学术论文的结构应遵循一定的规范，旨在清晰、有序地展示研究内容和结果，便于读者理解和评审。学术论文的结构化排布，对于确保论文的质量、可读性和影响力至关重要。首先，在论述与论证过程中，结构化排布能够使得论文条理清晰、逻辑连贯；其次，提高信息传达效率，让读者可以迅速地定位到感兴趣的部分，审稿人和编辑能够更快地评估论文的质量和创新性；最后，大多数学术期刊论文和学位论文都有严格的结构要求，应符合相应的标准。

1. 学术期刊论文的结构

1）题名。题目应能简洁与准确地反映论文主题和特色，通常不超过 20 个字，需要包含便于检索的主要关键词。

2）作者与单位信息。列出所有作者的姓名及其所属工作单位或研究机构。

3）摘要。简明扼要地概述研究背景、目的、方法、结果、结论与意义，通常不超过 300 字，突出研究的创新性和重要性。

4）关键词。列出 3～8 个能反映论文主题的关键词或专业术语，便于读者检索。

5）引言。介绍研究背景、研究问题、目的和意义，简述前人的工作和研究不足，着重说明研究的工作目标、创新点和预期贡献。

6）方法与过程。详细描述实验设计、材料选取、研究方法、数据分析、模拟步骤等关键环节，便于他人重复研究，验证研究结果。

7）结果。通过图表等形式客观地展示实验或分析所得数据，辅以文字说明其含义。

8）讨论。对比解释结果与预期或他人研究成果的关系，论证研究结果的可靠性与适用性，评价研究结果的科学意义与实践价值。

9）结论。总结研究的主要发现与价值，有时还包括研究展望。

10）致谢。对对本研究有贡献但不足以列为作者的个人和资金支持机构表示感谢。

11）参考文献。列出引用的文献，遵循相应的格式要求。

12）附录。附录包括有助于理解研究内容的辅助支撑材料，如数据公布、公式推导、计算过程等，如果没有，可以不要附录。

2. 学位论文的结构

1）封面。封面一般包括论文题目、作者姓名、学位类型、学科专业、学校名称、指导教师、提交日期等基本信息。

2）版权与独创性声明。确认论文的独立原创性，并需要作者和导师签名。

3）摘要。简要且完整地概述研究的背景、目的、方法、主要发现和结论，分为中文和英文两部分。

4）关键词。列出5~8个能反映论文主题的关键词或专业术语，便于检索。

5）目录。列出论文的主要章节标题及相应的页码，方便快速查询。

6）绪论。首先，介绍研究背景与研究目的；其次，综述研究现状，剖析研究问题，分析研究基础；最后，提出研究目标，确定研究内容，规划技术路线。

7）主体内容。一般为3~5章，可以按照研究方法或者研究阶段目标分章节，包括研究方法介绍、研究关键环节交代、研究结果展示说明、结果可靠性与科学价值讨论。

8）结论。总结研究的主要发现、贡献和价值，并对未来研究进行展望。

9）致谢。对导师、家人、同门及研究中给予资助、协助的人员和机构表示感谢。

10）参考文献。列出论文中引用的所有文献，需要遵循规定的引用格式。

11）注释。对正文中的特定内容或引用来源的详细信息进行补充说明。

12）附录。提供能够证明研究工作的可靠性，但因篇幅较长或特殊格式不宜列入正文的内容。

9.6.3　文体语言的逻辑性

在学术论文的语言表述中，选择合适的文体表述方式是至关重要的。学术论文按照主要结构大致可以分为引言/绪论、主体内容（方法、过程、结果）、讨论与结论等三个部分，其中前后两个部分一般应采用议论文的语言表述，而中间的主体内容应采用说明文的语言表述。无论是议论文的语言表述还是说明文的语言表述，语言表述的逻辑性都是很重要的。在学术论文规定的篇章结构的基础上，清晰的论证流程和准确的语言表达，较强的语言表述逻辑，可以大幅提高学术论文的可读性。提升论文的表述逻辑性，可以从以下几个方面着手。

1）结构层次分明。以章节标题构建学术论文主旨的分步论述的结构逻辑主线；每个段落围绕一个主题，构建分步论述的结构逻辑支脉；最后以章、节、段来构建论文主旨的结构性表述的逻辑框架。

2）表述逻辑清晰。按照逻辑关系组织语言表述，前后句的逻辑顺序通常可以按照时间、空间、因果关系、对比与对照、问题-解决方案等进行。

3）使用逻辑连接词。确保前后句之间的过渡自然、逻辑连贯，适当运用逻辑连接词和过渡句，展示句子间、段落间的逻辑关系，帮助读者理解文章的脉络。

4）图文之间逻辑紧密。每个论点都应有充分且与之相关的图表证据支持，图表论据与论点之间的逻辑关系要清晰，避免自我臆想又无逻辑依据的陈述。

5）避免逻辑谬误。警惕并避免常见的逻辑谬误，如因果倒置、偷换概念、以偏概全等，确保论述的严密性。

6）表达简洁明了。逻辑表达力求简洁，避免冗长和晦涩的表述，确保每句话的表达目的唯一且明确，减少不必要的修饰和重复。

9.6.4　论文质量的写作要求

学术写作是科研、教育及学术交流中极为重要的一环，要求作者以严谨、客观、清晰的方式表达研究成果，进行理论分析或批判性评价。学术论文应达到以下要求。

1）创新性。创新性是高质量论文的核心精髓与价值基石，同时也是评判科技论文学术影响力的关键指标。在科技论文中，创新性具体表现为提出新颖的学术见解、开创性的理论框架及突破性的研究方法。

2）学术性。学术性是指在学术写作中，遵循学科领域的理论体系、方法论及评价标准，注重逻辑推理、实证分析、理论创新和严谨表达的一种特质。

3）科学性。在科技论文写作中，科学性是指需要做到客观真实、论据充分、逻辑严密、论证严谨、表达准确、表述清晰。

4）原创性。原创性是指尊重他人的知识产权，正确引用参考文献，不得剽窃他人的成果。

5）规范性。规范性是指论文的撰写需要遵循标准化写作格式和结构化学术表达，文字表述、专业术语、计量单位均应符合标准规范。

其中，创新性是学术先进性的体现，学术性是学术水平的体现，科学性是学术写作中说理逻辑性与表述清晰性的体现，原创性是学术写作中学术道德的体现，规范性是学术写作中遵守写作要求的体现。

9.7　学术写作的语言

9.7.1　总体要求

1. 防止说空话

运用具体的事实和数据作为论述的支撑，是规避言辞空洞、增强说服力的一种有效策略。

1）词汇方面。尽量使用专业术语、中性词（不带感情色彩）。

专业术语，如可以将"缺点"改为"缺陷"，"伤害"改为"损害"，"精度差"改为"精度低"，"浪费"改为"损耗"。

中性词，如"该领域的研究形成了高潮"改为"该领域的研究成了热点"。

2）句式方面。多使用陈述句、肯定句、简单句。

不用倒装句，如"……当然这是就系统稳态而言"可以改为"当系统处于稳态时……"。

不用祈使句，如"下面让我们尝试在稳态达到后，如果交换电压，那样的话会出现什么结果"可以改为"工况一：系统处于稳态后交换电压"。

不用疑问句，如"对于此点，人人都能理解吗？"可以改为"对于此点，并非人人都能理解"。

3）语言方面。追求表述的简明扼要且生动有趣，需警惕用词失当、语义模糊及逻辑混乱等问题。简明要求避免冗余表述，例如，直接指出"人们往往只聚焦于阳极二次扬尘的损失"，而非冗长地表达为"人们只重视和关心阳极二次扬尘的损失"。"重视""关心"的含义重复，应删掉一个。生动是指表达流畅、可读性强，尽量避免使用口语和方言。

2. 语言表达清晰

语言表达要求清晰，不能出现模棱两可、闪烁其词的表达。

1）关于"研究"与"讨论"的区分。"研究"一词常见于学术性尤其是理论研究导向的文章中，强调文章需要具备深厚的学术底蕴，并旨在呈现研究所得的新颖成果；"讨论"则广泛应用于学术文章，侧重于针对既有观点提出个人的见解，并附上支撑这些见解的合理论据。

2）"研制""改造""分析""改进""设计"等的辨析。具体而言，"研制"与"设计"类文章需要详尽阐述研发过程、关键技术点及预期的应用效果与前景，并展示最终研制的产品成果；"改造"与"改进"类文章则需要对比改造前后的对象性能，明确展示性能提升与变化的具体情况；而"分析"类文章则需要深入剖析相关现象背后的原因机制。

3. 词语搭配准确

科技术语表述方式是标准化的，一些词语搭配是固定的。

举例如下："针对（聚焦）……问题"，"围绕……对象""旨在……""基于……理论""借鉴……概念""借助……技术手段""采用……方法""提出……理论与方法""建立……模型""开展……研究""讨论了……影响""得到了……规律""实现……目标"。

9.7.2　常见中文语法错误

1. 用词不当

1）词义误用。例如，"文献 1 数值分析了传热系数与对流传热的影响"应改为"对传热系数与对流传热的影响进行了数值分析"。

2）数量词误用。例如，"雨下了整整一个月左右""速度超过 500km/h 以上""发生了多个地震"。

3）介词使用不当。例如，"用 A 和 B 混合起来作为终止液"应将"用"改为"把"；"随着计算机技术的发展，为大规模运算提供了条件"应将"随着"删除；"通过结构和尺寸，可计算力矩"应将"通过"改为"根据"。

2. 成分残缺

1）主语残缺。例如，"这一问题引起了有关专家的注意，并开展了研究工作"应改为"有关专家注意到这一问题，并开展了研究工作"；"对于上述的数据，并不是在实测中直接获得的，需要验证"应改为"对于上述的数据，我们并不是在实测中直接获得的，需要验证"；"但是，达到此目的不是唯一的，可以采用多种方法"应改为"但是，达到此目的的方法并不是唯一的，可以采用多种方法"。

2）谓语残缺。例如，"电网安全，由于外力干扰及内部脆性原因，系统稳定目前备受重视"应改为"由于外力干扰及内部脆性影响电力安全，电力系统稳定目前备受关注"；"上面介绍的方法，用仪器测定比电阻"应改为"上面介绍的方法，是用仪器测定比电阻"。

3）宾语残缺。例如，"应采用市场机制和强制措施相结合，以确保……"

应该为"应采用市场机制和强制措施相结合的手段，以确保……"；"笔者研制出具有计算精度高，省机时，而且打印清晰的特点"应该为"笔者研制出具有计算精度高、省机时且打印清晰特点的打印机"。

4）搭配不当。例如，"近几年，计算机的使用范围在日益增加"应改为"近几年，计算机的使用范围在日益扩大"。

5）其他错误。例如，"绝大多数软件包程序是存储在磁盘中"应改为"绝大多数软件包程序是存储在磁盘中的"；"催化剂可以促使许多化学反应"应改为"催化剂可以促使许多化学反应的发生"；"黄河因含沙量大，水的透明度为世界上较低的河流之一"应改为"因含沙量大，黄河成为世界上水的透明度较低的河流之一"。

9.7.3 科技英文的时态表达

科技英文常采用现在时和过去时两大基本时态。目前，一些作者在写科技类文章时，会误认为被动语态比主动语态更能显示出自己的谦虚。表述已发表的知识和成果，以及基本常识和事实，通常用现在时；表述作者自己的实验研究过程，通常用过去时；表述从作者研究结果中推演出的事实，通常用现在时；论文的摘要、实验和结果部分主要用过去时；论文的引言和讨论部分主要用现在时；在文章的"材料与方法"或"Materials and methods"部分，优先使用被动语态。

9.8 学术投稿与修稿

学术论文写作完毕后，主要工作就是尽快完成期刊投稿、修稿、定稿、清样、发表等一系列工作。这需要研究生在期刊选择、编辑沟通、修改回复、排版清样等方面注意策略与方法。

9.8.1　期刊选择

期刊的选择会直接影响学术论文的"中标"概率，选对期刊是成功的开始，研究生一定要综合评估论文水平和期刊档次与风格，做出明智的选择。

1. 客观评估论文

首先，评估论文的创新性价值，包括是否有新的科学发现、重大理论创新、先进的技术方法，创新性的价值是否较大。其次，论文的呈现水平也会影响是否能被期刊接收，如果发现论文的创新性较强，但是呈现水平不足（"包装"得不好），可以进一步修改稿件，提高呈现水平，否则会削弱论文的创新性价值。总之，正确认识论文的优点与缺点，是选择合适期刊的前提与基础。

2. 甄别目标期刊

首先，需要了解本学科的期刊分区与影响因子，一般期刊分为 SCI 来源期刊、EI 来源期刊、核心期刊（北大核心、南大核心）、CSSCI、CSCD 等，其中 SCI 来源期刊又分为中国科学院 JCR 分区、中信所 JCR 分区。一般分区级别越高，代表期刊的学术水平与行业认可度越高。当然，有时还需要考虑研究生毕业要求或者就业需求，不同等级期刊对个人学术水平的认可度是存在差别的。同时，选择期刊还应有风险防范意识，如果选择了不合格期刊，会导致科研成果出现巨大损失，所以应时常关注"国际期刊预警名单"，及时发现目标期刊是否在预警名单内。

其次，发表周期也是需要考虑的重要指标。研究生毕业是有明确的时间节点的，审稿速度、审稿轮次、拒稿率、修稿严格程度等因素都需要考虑到。发表周期和期刊质量的相关性不大，并非越好的期刊发表越慢。如果有可能，抓住一些特刊机会，可以缩短审稿周期和提高被接收的概率。

再次，期刊风格和接收稿件类型也是重要的参考指标。期刊名称与接收学科范围是判断论文适投性的重要参考指标，每种期刊的主页上均会注明，但是实际收稿的尺度主要由期刊主编来操控，其主观性尤为显著。更换主编后，审稿风格可能会发生突变，所以需要通过翻阅目标期刊近一两年发表论文的风格来判断。在相似学科主体下，有的期刊偏重理论，有的偏重计算，有的偏重应用，甚至有的期刊有附代码的要求，最好在论文写作期间就瞄准目标期刊的风格。

最后，版面费也是需要考虑的重要因素之一。现在部分期刊是不收取版面费的，但是开源期刊会收取相对较高的费用，其优势是审稿周期较短。当然，开源期刊中也不乏一些质量好的期刊，所以投稿前需要权衡一下是否有项目经费支持，还需要考虑发表周期是否符合自己的需求。

9.8.2　投稿信

一封条理清晰的投稿信（cover letter）可以简明扼要地描述研究的重要性和新颖性，以及该研究与目标期刊的关系，从而给期刊编辑一个非常好的印象，清楚为什么会选择某篇文章（后文主要以英文期刊投稿信为例进行说明）。

1. 仔细阅读期刊投稿要求

少数期刊在 author guideline（投稿须知）中对投稿信会有非常具体的信息要求，因此需要明确该期刊对投稿信的内容和格式方面的要求。例如，施普林格出版社（Springer）要求在投稿时，checklist（一览表）需要包括"a persuasive cover letter"（有说服力的投稿信）、"disclosures"（披露信息）、"statements"（声明）、"potential reviewers"（潜在的审稿人）等。

2. 投稿信的基本要求

投稿信应简洁明了，不要长篇大论，一般只需 1 页，主要介绍作者发表论文的动机（研究目的）、研究亮点、重要性、应用前景，便于编辑判断本刊的大多数读者是否会对这一研究成果感兴趣，是否在本刊接收范围内。投稿信有一个禁忌，就是不要一字不差地重复摘要的内容。同时，需要总结研究成果的科学意义与价值。投稿信可以提供推荐审稿人名单，以便编辑寻找合适的审稿人。一封好的投稿信，应该彰显出作者的严肃认真，避免犯低级错误。

3. 投稿信的基本内容

完整的投稿信一般包含以下内容：期刊编辑的姓名（建议写成 Dear Prof.或者 Dr.+主编的名字）、投稿文章的标题、投稿文章的类型（letter、communications、article、review、comments）、文章简介（研究背景、论文的重要发现、论文可以发表在期刊上的原因、引发读者兴趣的地方、与期刊的契合之处）、稿件出版道德规范的免责说明、作者信息（一般为通讯作者姓名、所属机构、地址、联系电话、邮箱等）、推荐审稿人名单。

4. 投稿信示例

1）论文通讯作者的信息，可以放到前面，也可以放到后面，根据个人习惯决定。

（i）放到最前面时，一般采用如图 9-4 所示的格式。

图 9-4　论文通讯作者的信息示例 1

下面紧接 Dear Pro.或者 Dr.+主编名字。

（ii）放到后面时，紧接作者署名的后面，可以简单地用如图 9-5 所示的格式。

Thank you for your consideration of our work.
With best regards,

Professor XXX
Name of institute
Address
Tel: +86-XXX-XXXX-XXXX; Fax: +86-XXX-XXXX-XXXX

图 9-5　论文通讯作者的信息示例 2

2）投稿信第一段。Dear Prof.或者 Dr.+主编，如 On behalf of my co-authors, I submit a manuscript entitled+"论文标题"+for your consideration for publication as a communication in+"期刊名（斜体）"。类似的还有：Dear editor, Please find enclosed our manuscript entitled+"论文标题"+which we would like to submit for publication as a communication in+"期刊名（斜体）"。一般情况下，还需要在第一段进行投稿的道德规范免责说明，如 The work described has not been submitted elsewhere for publication，in whole or in part，and all the authors listed have approved the manuscript that is enclosed.

3）投稿信第二段。第二段是整个投稿信的核心部分，要告诉编辑这篇文章的亮点在哪里，有何创新之处，为什么适合于发表在这一期刊上，有哪些点可以吸引读者，等等。首先，用一句话概述文章的研究主题及相关背景。其次，用 1～2 句话描述目前相关研究的现状，重点突出目前的研究有哪些不足，如 "Recent studies have focused on [topic]，but there is still a lack of [specific aspect]"。再次，用一句话概述本研究的主要目标和闪光点。最后，用 3～4 句话概述实验方法和主要发现，研究的潜在应用价值，说明本研究的利他性（对读者、其他研究者有哪些好处），以及和投稿期刊的契合度。

4）投稿信结尾。

（i）屏蔽竞争对手成为审稿人。例句：Due to a direct competition and conflict of interest，we request that Dr. ××× of Harvard Univ.，and YY of Yale Univ. not be considered as reviewers.

（ii）推荐审稿人。一般找论文参考文献的作者，也可以推荐自己在学术会议上认识的相关领域的朋友等。例句：The following is a list of possible reviewers for your consideration：

Name A E-mail：××××@××××

Name B E-mail：××××@××××

按照信件的格式进行署名，一般如下：

"Sincerely yours，Best wishes，Best regards，×××."

在署名前也可以加上一些客套话（不是必需的）。例句："We deeply appreciate your consideration of our manuscript，and we look forward to receiving comments from the reviewers. If you have any queries，please don't hesitate to contact me at the address below."

9.8.3　学术论文投稿的核心内容

1. 基本要求

1）3～5 个短句，概括整篇论文中最重要的研究结论。

2）每个短句不能超过 85 个字，其中包括空格。

2．注意事项

1）不要使用复杂的句子。复杂的句式不仅会导致字符超限，而且读者和审稿人很难在短时间内看懂。

2）不要使用复杂的句子时态，使用现在时态即可。

3）不要使用被动句式，一般建议使用主动句式。

4）不建议使用专业术语和缩写词，应该使用普通读者也能看懂的术语，增加阅读的吸引力。

5）不建议使用比较笼统而含糊的表述，给出具体细节，便于读者和审稿人了解论文的特色。

3．主要内容

核心内容的主要作用是突出研究结论，而在不超过 5 条限制时可以加上其他内容，按照顺序，可以包含如下条目。

1）论文的全面概述（必要）。让读者和审稿人非常容易地了解论文的研究重点（主旨、目标、挑战、困难等）。

2）论文的研究方法（可选）。基本上只需要一条，比如，实验测试、数值模拟、理论推导等。

3）论文的创新之处（可选）。说明论文的创新点，方便审稿人快速评估论文的创新性。

4）论文的主要结论（必要）。2～3 条即可，提供最重要的结论。

5）论文的研究意义（可选）。在不超过 5 条限制时可加入，强调结论的实践指导意义。

9.8.4　审稿意见回复策略

1．充分尊重审稿专家

首先，需要正确对待审稿专家的善意批评，多从稿件自身问题上找原因。即使审稿专家的批评确有不当，甚至存在偏见，也不能在回复审稿意见时表达出质疑与抵触的情绪，否则不利于稿件通过评审。其次，如果审稿专家没有理解相关内容，应尽量顾及审稿人的研究背景，把审稿人不理解之处解释清楚，并且为自己未阐述清楚而表示歉意。即使对审稿专家的意见存在不同看法，也应尊重审稿专家的意见，或者委婉地解释。如果二审或三审中审稿人还在纠结相关点，在确信修改到位的基础上，可以联系编辑反映相关情况，不要直接与审稿人争辩。

2. 逐一回复每个问题

审稿人通常会针对一个要点提出两个甚至多个不同问题，需要明确地回答每一个问题。即使不太认同审稿人的意见，也不要采取回避或简单忽略的方式，而是应站在审稿人的角度，认真思考审稿人提出该意见的出发点，以谨慎的态度修改，向审稿人的意见靠拢，或者耐心地解释自己的看法。

3. 回复意见开门见山

在回复意见时，应该首先回答是否认同审稿意见，再做些解释或者指出修改之处，回复意见不应含糊其词或者修改之处"换汤不换药"。

4. 有序排版，方便审阅

使用字体、颜色和缩进的变化，区分审稿意见、答复意见和修改内容，可以帮助审稿人快速定位到对审稿意见的回应部分。

5. 回复意见模板

1）是否认同修改意见，尽量认同，如不认同，可以先认同部分意见，在感谢审稿人提出意见的基础上，提出不同看法，但都要做到用词委婉。

2）解释支持或者不认同审稿意见的观点，建议尽量用图表中的具体数字来论证，必要时可以新增图表。

3）告知审稿人是如何修改的。

4）告知审稿人修改的位置（页或行），方便审稿人核对。

9.8.5 论文被接收之后

1. 文字编辑

论文被接收后，期刊编辑将会与作者联系。文字编辑主要负责论文的语言表达和格式审查，同时也会对内容和科学性方面进行审定。其职责包括确保拼写、语法、标点符号的正确性，检查图表引用的准确性等。对于文字编辑的意见，必须逐一回应并进行修正。如果编辑的修改建议较多，可能会要求作者自费进行全面的语言润色。

2. 图表修正

不同期刊对图表的要求差异很大，有些期刊对图表的清晰度要求很高，需要保持耐心，按照编辑的要求重新绘制，或者请专业公司来制作。美观、清晰的图表，可以大大提高论文的被引用率。

3. 核对校样

在收到清样后，需要在短时间内完成核对。校对时，只允许修改印刷错误或者不影响版面的个别地方，不应对原文进行大的改动。在校对过程中，应认真仔细，尤其是要对图表中的词语或数字进行认真核对。

9.8.6　论文被拒绝之后

论文被拒绝之后，首先，不要气馁，很多人在投稿过程中都有被拒绝的经历，被拒绝也会获得宝贵的审稿意见，恰好能为修改论文提供重要参考。其次，要学会快速调整状态，失败乃成功之母，可以根据审稿意见修改论文，重新投到合适的期刊或调低期刊级别。同时，对此不要太介意，作者的看法与审稿人的意见相左是很正常的，如遇到明显偏见或审稿错误，可以通过正常渠道与编辑解释澄清。

9.9　误区与清源

9.9.1　研究生学术写作需要注意的常见问题有哪些？

在学术写作中，研究生往往不注意不同学术写作类型的区别，只会一味模仿范例并堆砌文字，导致学术写作缺乏灵魂，表述意思不清晰、逻辑不连贯、学术文字表达不规范。在进行学术写作前，需要注意不同学术写作类型的要求是不同的，需要非常清楚表述的科学观点、根据科学观点论证的逻辑推理过程及不同学术写作类型要求的架构，据此编制写作的结构框架，落实章节段落的主旨内容及其逻辑串联关系，然后再模仿范例文字，将其修改为能表述论文主旨的内容，并在章节段落之间逻辑不清楚处加入串联性文字，最后统一修正学术语言表达的不规范之处。

9.9.2　如何提高学术写作能力？

提高学术写作能力是一个渐进的过程，需要一定的时间和进行相应的实践。首先，阅读高质量的学术论文和书籍是提高学术写作能力的关键。训练写作能力，开始就是模仿，但前提是要以高质量的论文作为模板。许多学生认为只要论文发表了就是高质量的，这是大错特错的，而且不同时间发表的论文的内容和质量也会存在差异。一般而言，越是最近发表的论文，其观点相对较新颖、质量可能相对越好。其次，反复学习写作的逻辑论证结构与技巧，以及写作的规范要求，是提高学术写作能力的第二步。因为模仿相对简单，许多学生都易于掌握模仿，但如何让论文体现自己的研究过程和成果，需要掌握一定的技巧。最后，学会反复审查和编辑修改，以提高文章的质量，并增强其连贯性。同时，要学会利用写作工具增强论文的规范性。

参考文献

安维复，杨广明. 研究生写作：如何从"照着讲"转向"接着讲"[J]. 研究生教育研究，2023，（5）：35-41，97.

陈越骅，杨有栋. 学术写作教育的三个导向及其哲学思考[J]. 写作，2023，（6）：108-114.

李春辉. 新的时代背景下学术写作的内在要求[J]. 社会科学动态，2023，（10）：113-116.

林亦农. 学术问题与学术写作之"辨"[J]. 应用写作，2023，（10）：30-32.

彭知辉. 学术写作表达方式辨析："他说"还是"我说"[J]. 聊城大学学报（社会科学版），

2020，（5）：18-24，30.

施春宏. 研究生学术能力的发展与培养[J]. 学位与研究生教育，2022，（3）：8-15.

苏婧. 学术棱镜：提升学术写作的理论深度[J]. 新闻与写作，2022，（8）：104-107.

苏婧. 学术写作如何搭建结构[J]. 新闻与写作，2021，（10）：105-108.

王海龙. 学术写作教学：翁贝托·艾柯的理念与方法[J]. 写作，2022，（4）：87-93.

吴国盛. 学术写作的三大意识[J]. 学位与研究生教育，2021，（7）：1-6.

周子琦. 学术论文写作难点：导师反馈和学生认知[J]. 潍坊工程职业学院学报，2022，（4）：81-87，108.

第 10 章　ChatGPT
在科研中的应用

ChatGPT 在科研领域的应用潜力巨大，能够为科研人员提供从文献综述、论文撰写到数据分析的全方位支持。其主要应用场景包括文献调研、综述评价、写作辅助、科研启发、数据分析、语言翻译、问题解答、方案审查等。

10.1　ChatGPT 模型

10.1.1　大语言模型

大语言模型（large language model，LLM）是指基于大规模数据预训练的语言模型，也被称为"基座模型"或"大模型"。其特点在于拥有巨大的参数量，构成了复杂的人工神经网络模型。大模型具有规模性（参数量大）、涌现性（产生预料之外的新能力）及通用性（不仅局限于特定问题或领域）等特性。经过近两年的发展，大语言模型的参数量已有大规模的提升，使得模型能够更加精细地捕捉人类语言的微妙之处，更加深入地理解人类语言的复杂性。如今，这类模型不仅可以广泛应用于各种自然语言处理任务（如机器翻译、文本生成、问答系统等），而且可以迁移应用于计算机视觉、多模态分析等领域，正快速成为推动社会和经济发展的重要技术之一。

目前，国内外已涌现出众多的大模型。截至 2023 年 6 月，国内外就有超过百种大模型相继发布。其中，在国外模型方面，有 OpenAI 公司发布的 GPT（Generative Pre-trained Transformer）系列；Anthropic 公司开发的 Claude 系列；由谷歌开发的 PaLM 系列；等等。在国内模型方面，随着近两年的发展，也呈现出百花齐放的状态，有百度开发的文心系列、阿里开发的通义系列、华为开发的盘古系列和科大讯飞开发的星火系列等。这些大模型除了基础的自然语言处理能力外，在多模态分析、长文本推理、特殊任务处理上也各有侧重，各具特色。

10.1.2 ChatGPT 大语言模型

ChatGPT 大语言模型根植于 Transformer 结构。ChatGPT-3.5 经由海量的文本数据集锤炼，旨在产出流畅且贴近自然的对话内容。为了提升其对话能力，该模型广泛链接并学习了众多语料资源，这些资源涵盖了现实生活中的广泛对话场景，从而赋予了 ChatGPT-3.5 上至宇宙奥秘、下至地理知识的广泛涉猎能力，并能依据对话的情境灵活互动，实现近似人类的交流体验。

ChatGPT 经历了长期的发展。2018 年，OpenAI 发布了首个生成预训练变换器模型 GPT-1，虽然具有突破性，但能力有限。2019 年，GPT-2 发布，拥有 1.5 亿参数，能生成更流畅的文本。2020 年，GPT-3 问世，参数增至 1750 亿，在文本生成、小说创作、诗歌和代码生成等方面表现出色，广受关注。2022 年，OpenAI 推出基于 GPT-3.5 优化的 ChatGPT，提升了自然语言交互的流畅度和准确性。2023 年，GPT-4 发布，参数和性能进一步提升。ChatGPT-4 在理解复杂文本、推理和生成精确内容方面有了显著改进。

到目前为止，ChatGPT 还未停下前进的脚步。2024 年 5 月，OpenAI 又发布了 GPT-4 的升级版——GPT-4o（omni）。该模型在现有 GPT 的基础上强化了对视频和音频的理解能力。除此之外，以 GPT 及其他大语言模型为基座的众多面向科学研究的大模型（如 Med-PaLM、OceanGPT、GeoGalactica 等）也在各个领域大放异彩。

10.1.3 大语言模型能力

目前，大语言模型的核心能力可总结为三点：情景学习（in-context learning）、思维链（chain-of-thought）、指令遵循（instruction-following）。

1. 情景学习

情景学习是指将一部分样本及其标签作为示例拼接在待预测样本之前，大型语言模型能够根据这一小部分示例样本习得如何执行该任务。例如，模型接受 $x_1, y_1, \cdots, x_k, y_k, x_{query}$ 作为输入，输出 x_{query} 对应的标签 y_{query}。相较于传统的基于梯度更新的学习方式，情景学习无须更新模型参数即可学习输入样本中的模式，显著降低了学习成本。

　　情景模拟评测法已成为衡量大型语言模型效能的关键途径。具体而言，在备受瞩目的大型语言模型评估基准数据集中，研究者倾向于采用小样本情景模拟学习的方法来检验语言模型的性能。鉴于此，情景学习作为大型语言模型核心能力构成的一环，对其内在理论框架及标准化实施策略的探索显得尤为关键和重要。大语言模型情景学习示例，如图 10-1 所示。

图 10-1　大语言模型情景学习示例

2. 思维链

　　思维链是提升大型语言模型推理能力的常见提示策略。它通过提示语言模型，生成一系列中间推理步骤，以此来显著改善模型在完成复杂推理任务过程中的表现。其中，最直接的提示语言模型生成思维链的方法就是通过情景学习，即对少量样本 $\{x_1, y_1, \cdots, x_k, y_k\}$ 手工编写其中间推理过程，形成 $\{x_1, t_1, y_1, \cdots, x_k, t_k, y_k, x_{query}\}$ 作为语言模型的输入，使语言模型生成 x_{query} 对应的推理步骤和答案 $\{t_{query}, y_{query}\}$。有研究者发现，无须手工编写示例样本的推理步骤，仅需简单的提示词，例如，"Let's think step by step"，即可使得语言模型生成中间推理过程及最终答案，这一提示策略被称为"零样本思维链提示"。通过思维链方法，可以显著提升语言模型在完成常识问答、数学推理等过程中的性能。

　　值得注意的是，在应用于参数规模相对较小（例如，低于十亿级别）的语言模型时，思维链提示策略可能会意外地削弱其在逻辑推理任务上的准确性。这主要是因为小型语言模型倾向于生成语法通顺但逻辑连贯性不足的思维链条。为了强化小型语言模型在这一方面的能力，一种经验证有效的方法是，将大型语言模型所生成的逻辑严谨的思维链作为训练素材，以此来指导小型模型的训练过程。然而，这种方式通常会降低较小语言模型的通用能力。大语言模型思维链示例，如图 10-2 所示。

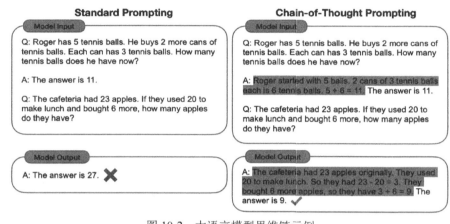

图 10-2　大语言模型思维链示例

注：本章由 ChatGPT 生成的示例，保持原貌，没有做修改

3. 指令遵循

指令遵循，即语言模型依据用户输入的自然语言指令执行具体任务的能力，是衡量语言模型性能的关键指标。与依赖于少量示例样本进行任务提示的情景学习相比，指令执行的方式显得更为直观且高效。然而，指令执行力的培养往往要求语言模型在专门的指令数据集上接受训练。构建此类数据集的一种直接策略，是为既有的海量自然语言处理任务数据集配上自然语言指令，这些指令既可以是任务的详尽阐述，也可以包含若干示例。研究表明，经过大量指令化自然语言处理任务数据集的洗礼，语言模型能够较好地响应用户的指令需求。

尽管现有的自然语言处理任务数据质量上乘，但其多样性却难以满足现实世界中用户的多样化需求。鉴于此，InstructGPT 与 ChatGPT 引入了人工标注的指令数据，这些数据不仅多样，而且更贴近用户的实际需求。随着大型语言模型能力的不断攀升，研究人员探索出了通过少量种子指令（seed instructions）激发语言模型生成海量高质量、多样化指令数据集的新途径。近年来，利用高性能大型语言模型的输出来训练小型语言模型，已成为一种流行趋势。这种方法能够较为便捷地赋予小型语言模型基本的指令执行力。然而，通过知识蒸馏获得的小型模型在复杂指令执行方面仍显得力不从心，且幻觉问题依旧严峻。

基于以上三种核心能力，我们可以使用大语言模型完成多项任务，并在不同的应用场景发挥作用，包括语言理解与连贯对话；知识回答与概念解释；内容创作与文案撰写；语言学习与文法校对；代码生成与程序调试；等等。这些派生的能力使 ChatGPT 等大语言模型成为一个强大且多功能的工具，可以在各种场景中为用户提供帮助和支持。在本章，我们以 ChatGPT-4 为例，结合实例介绍在科研过程中应该如何合理、科学地应用大语言模型。

10.2　科研应用功能

1）文献调研综述。ChatGPT 可以快速阅读和理解大量科研文献，帮助研究人员进行文献整理，提取关键信息，总结研究趋势，识别研究空白。

2）论文写作辅助。在论文撰写过程中，ChatGPT 可以协助构建论文结构，生成引言、方法、结果、讨论等部分的草稿，提高写作效率。

3）科学假设生成。基于已有的研究成果，ChatGPT 能够提出新的科学假设或研究方向，激发创新思维。

4）数据分析与解释。虽然 ChatGPT 不能直接处理数据，但它可以帮助研究人员解释复杂的数据分析结果，用通俗易懂的语言阐述其意义和影响。

5）学术交流与合作。在学术会议或研讨会中，ChatGPT 可以作为虚拟助手，提供即时翻译、会议纪要整理等服务，促进跨语言、跨文化的学术交流。

6）教育与培训。对于科研新手，ChatGPT 可以提供科研方法论指导，解答科研过程中的常见问题，帮助他们更快地融入科研环境。

7）伦理与合规性审查。在科研项目设计阶段，ChatGPT 可以辅助研究人员检查实验方案是否符合伦理标准和法律法规，减少潜在的风险。

然而，使用 ChatGPT 进行科研时，也需要注意一些潜在的问题，如确保信息的准确性和原创性，避免过度依赖 AI 而忽视了人类的判断力和创造力。此外，对于敏感或涉及个人隐私的数据，应遵循相关的安全和保密规定。

 10.3 文献调研与综述

使用 ChatGPT 的文献调研与综述包括文献检索、信息提取和内容生成等主要步骤。

10.3.1 确定研究主题和关键词

在选定研究主题后，研究人员便可以借助 ChatGPT，开展对该研究主题的调研与综述。研究人员可以输入研究主题，询问 ChatGPT 关键词推荐，根据自己的研究方向进行取舍。

此处以开展黄土地貌研究为例，询问可以开展的研究及对应关键词（图10-3）。

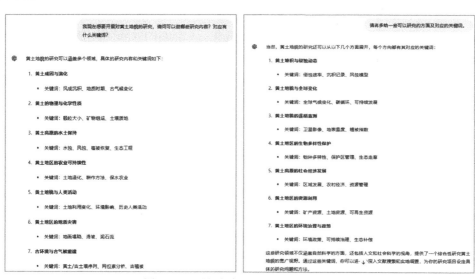

图 10-3 研究内容与关键词获取示例

可以看到，关于黄土地貌的研究，ChatGPT 给出了 7 个具体的研究领域，并且给出了对应的关键词。如若在其中没有想要研究的方向，还可以让 ChatGPT 做进一步的回答。

10.3.2 初步提问

ChatGPT 本身已经学习了相当多的语料文献，对大部分领域形成了一个初步的知识网络。因此，在踏入一个全新的领域，缺乏该领域的常识时，可以询问 ChatGPT 是否能建立一个大概的知识网络雏形。

此处以 ChatGPT 给出的研究内容“黄土高原的水土保持”为例，将确定好的关键词“黄土地貌”“水蚀与风蚀”“植被恢复”“生态工程”输入 ChatGPT，并结合交互式提问，展示 ChatGPT 在信息提取和内容生成方面的能力（图 10-4）。

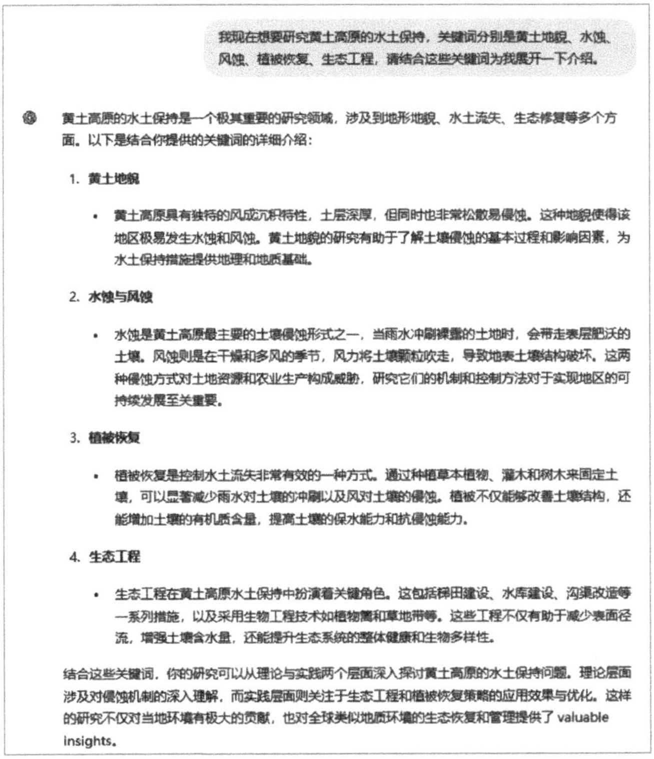
我现在想要研究黄土高原的水土保持，关键词分别是黄土地貌、水蚀、风蚀、植被恢复、生态工程，请结合这些关键词为我展开一下介绍。

黄土高原的水土保持是一个极其重要的研究领域，涉及到地形地貌、水土流失、生态修复等多个方面。以下是结合你提供的关键词的详细介绍：

1. **黄土地貌**
   - 黄土高原具有独特的风成沉积特性，土层深厚，但同时也非常松散易侵蚀。这种地貌使得该地区极易发生水蚀和风蚀。黄土地貌的研究有助于了解土壤侵蚀的基本过程和影响因素，为水土保持措施提供地理和地质基础。
2. **水蚀与风蚀**
   - 水蚀是黄土高原最主要的土壤侵蚀形式之一，当雨水冲刷裸露的土地时，会带走表层肥沃的土壤。风蚀则是在干燥和多风的季节，风力将土壤颗粒吹走，导致地表土壤结构破坏。这两种侵蚀方式对土地资源和农业生产构成威胁，研究它们的机制和控制方法对于实现地区的可持续发展至关重要。
3. **植被恢复**
   - 植被恢复是控制水土流失非常有效的一种方式。通过种植草本植物、灌木和树木来固定土壤，可以显著减少雨水对土壤的冲刷以及风对土壤的侵蚀。植被不仅能够改善土壤结构，还能增加土壤的有机质含量，提高土壤的保水能力和抗侵蚀能力。
4. **生态工程**
   - 生态工程在黄土高原水土保持中扮演着关键角色。这包括梯田建设、水库建设、沟渠改造等一系列措施，以及采用生物工程技术如植物篱和草地带等。这些工程不仅有助于减少表面径流，增强土壤含水量，还能提升生态系统的整体健康和生物多样性。

结合这些关键词，你的研究可以从理论与实践两个层面深入探讨黄土高原的水土保持问题。理论层面涉及对侵蚀机制的深入理解，而实践层面则关注于生态工程和植被恢复策略的应用效果与优化。这样的研究不仅对当地环境有极大的贡献，也对全球类似地质环境的生态恢复和管理提供了 valuable insights。

图 10-4 关键词介绍示例

10.3.3 局部细化

由于 ChatGPT 本身的知识不够专精，需要对网络末端枝节进行修正。研究者可以先通过谷歌学术、Web of Science、中国知网等收集国内外的相关文献，再让 ChatGPT 阅读这些文献，并针对末端研究主题或关键词设计提问，对知识网络的细节处进行修补。ChatGPT-4 一次可以上传 20 个文件，单个文件限制在 25MB。

此处以针对黄土地貌研究收集的文献语料为例，将 10 篇文献上传至 ChatGPT 中，并询问关于"黄土高原水土保持"的问题（图 10-5）。

图 10-5　文献语料上传与询问示例

需要注意的是，以上的交互式提问不局限于所给出的示例，研究者可以向 ChatGPT 任意提问，以获取想要的内容。

⑩.4　写作辅助

ChatGPT 在论文写作辅助方面的作用包括以下两个方面。

10.4.1　大纲结构设计

凭借强大的语言理解和生成能力，ChatGPT 能够帮助研究者找到具有一定创新性的研究主题，并提出建议的研究方向。它还可以协助作者规划论文的结构，包括各个章节的主要内容和布局。这种辅助不仅提高了论文撰写的效率，还有助于保证内容的逻辑性和完整性。

在交互内容中，可以使用"你现在是一个科学研究者""你要写一篇关于×××的科学期刊论文"等引导句，通过关键词引导 ChatGPT 按期刊论文的格式设计大纲初稿。此处以"黄土高原水土保持"为例，展示 ChatGPT 对科研论文章节的规划能力（图 10-6）。

作者可以参考发布的期刊论文的结构，根据自身论文需求对大纲初稿进行完善。具体来讲，可以对篇幅长的章节进行拆分或合并，对篇幅短的章节内容进行调整等。同时，也可以通过让 ChatGPT 阅读文献的方式直接学习预设的文章结构。

10.4.2　内容润色填充

ChatGPT 可以帮助作者在撰写论文的过程中，对句子、段落等进行句式转换、逻辑梳理、内容润色等操作，使句式更通顺、逻辑更合理、内容更丰富。

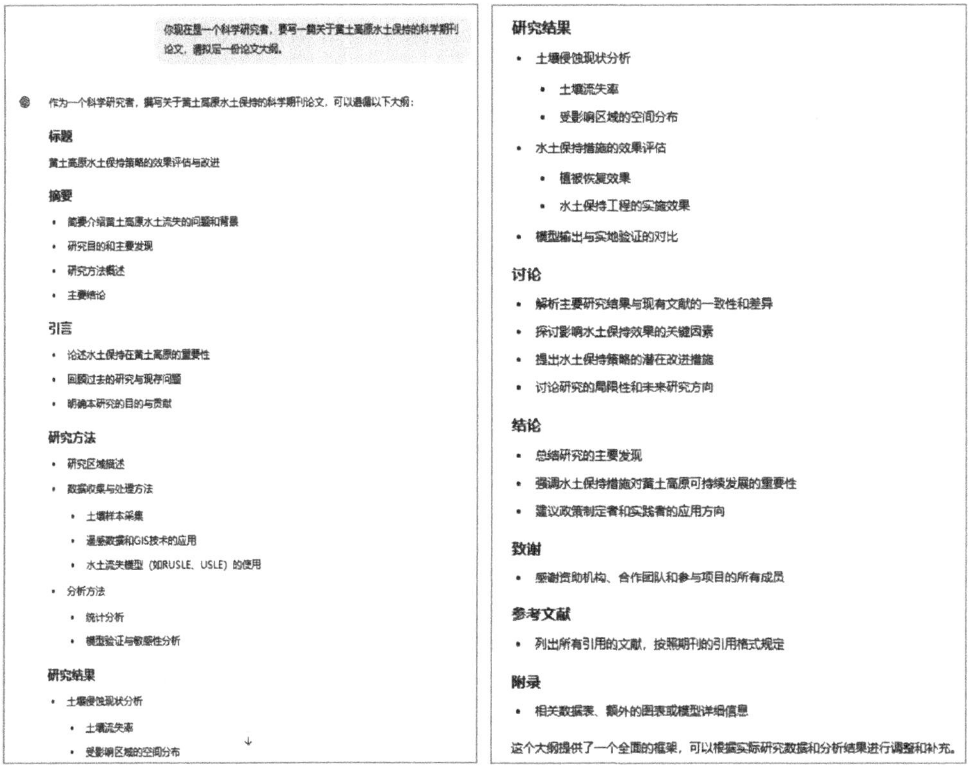

图 10-6　文章大纲设计示例

此处以一段文字为例，展示 ChatGPT 在内容的扩写填充、句式精简等方面的能力（表 10-1）。

表 10-1　句式扩写缩写示例

扩写前	扩写后
通过 ChatGPT 的语言理解和生成能力，其可以帮助研究者在撰写论文的过程中，对句子、段落等进行句式转换、逻辑梳理、内容润色等操作，使句式更通顺、逻辑更合理、内容更丰富。	通过 ChatGPT 的语言理解和生成能力，其可以帮助研究者在撰写论文的过程中，对句子、段落等进行句式转换、逻辑梳理、内容润色等操作。这种支持使得句式更通顺，逻辑更合理，内容更丰富。ChatGPT 能够分析文本的结构，提出改进建议，使文章的表达更加精准和专业。无论是增强论点的说服力，优化段落结构，还是改善语言风格，ChatGPT 都能提供实时的编辑建议。此外，ChatGPT 还能帮助研究者扩展和深化论文内容，例如，通过提供相关主题的背景信息、最新研究动态或理论框架的比较，使得研究内容更具深度和广度。这一功能不仅能提高论文的质量，也能帮助研究者节省宝贵的时间，专注于研究的创新和深入探索。

续表

精简前	精简后
通过 ChatGPT 的语言理解和生成能力，其可以帮助研究者在撰写论文的过程中，对句子、段落等进行句式转换、逻辑梳理、内容润色等操作。这种支持使得句式更通顺，逻辑更合理，内容更丰富。ChatGPT 能够分析文本的结构，提出改进建议，使文章的表达更加精准和专业。无论是增强论点的说服力、优化段落结构，还是改善语言风格，ChatGPT 都能提供实时的编辑建议。此外，ChatGPT 还能帮助研究者扩展和深化论文内容，例如，通过提供相关主题的背景信息、最新研究动态或理论框架的比较，使得研究内容更具深度和广度。这一功能不仅能提高论文的质量，也能帮助研究者节省宝贵的时间，专注于研究的创新和深入探索。	通过 ChatGPT 的语言理解和生成能力，它能帮助研究者在撰写论文过程中优化句式、梳理逻辑并润色内容，使文本更通顺、逻辑合理且内容丰富。ChatGPT 可以分析文本结构，提供改进建议，增强论点的说服力，优化段落，并改善语言风格。此外，它还能扩展和深化内容，提供背景信息和最新研究动态，从而提高论文质量并节省研究者的时间，助力创新和深入探索。

10.5　科研启发

　　ChatGPT 能够在研究者的科研中扮演启发者的角色。通过对大量文献和研究数据的深入分析与理解，它可以为研究者提供新的研究思路和可能的科研方向。ChatGPT 还可以基于现有研究提出创新的假设或理论，激发创新思维。这种启发性的互动，极大地促进了科学发现和知识更新。

10.5.1　学科前沿启发理解

　　通过广泛的知识库和先进的语言处理能力，ChatGPT 能够提供最新的学术研究、技术发展和理论创新的综合信息。研究者可以利用 ChatGPT 探索不同领域的最新发展，从而获得灵感和新的研究思路。

　　此处以地理信息科学专业为例，询问 ChatGPT 关于该专业的前沿进展与热门科学问题（图 10-7）。

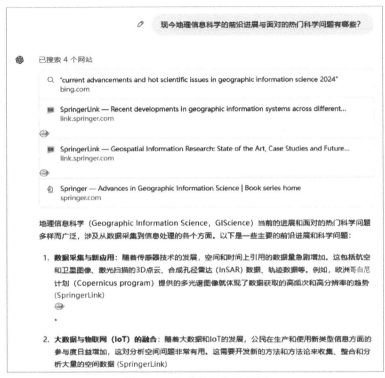

图 10-7　学科前沿询问示例

10.5.2　文献讨论思考

ChatGPT 可以利用语言模型分析、总结文献信息，帮助研究者理解文献中提到的关键观点、研究方法及其局限性。基于这些信息，ChatGPT 能够推荐可能的未来研究方向，提示研究中可能缺少的环节或潜在的改进点。

此处以发表在 *Geomorphology* 的文献"Loess tableland geomorphic classification criteria and evolutionary pattern using multiple geomorphic parameters"（《基于多地貌参数的黄土塬地貌分类标准及演变模式》）为例，展示 ChatGPT 在文献讨论和思考方面的能力（图 10-8）。

如图 10-8 所示，ChatGPT 可以对上传的文献进行内容总结，对研究的结论进行汇总阐述，还能进一步分析文献的实际应用价值和意义，帮助研究者理解研究成果如何被应用于实际问题的解决或未来研究中。

这篇文章主要讲了什么内容？得出了什么结论？

这篇文章研究了黄土高原上黄土地貌（包括黄土台地、黄土岭和黄土丘）的演化过程，并利用多个地貌参数来区分不同黄土地貌单元的演化阶段。研究发现，地貌参数有助于识别不同黄土地貌单元的演化阶段，并通过数学形态学分析了从黄土台地到黄土岭再到黄土丘的演化过程。文章指出，黄土地貌的演化趋势通常是从黄土台地到黄土岭，再到黄土丘，这一过程可以进一步细分为9个阶段。

研究的结论提供了对黄土高原黄土地貌演化模式的新见解，并揭示了黄土台地消失的位置。这些分类标准和演化模式可能适用于其他黄土地区，以评估地貌演化的程度。这对于黄土地区的沟壑保护和侵蚀控制可能具有一定的实际意义。

图 10-8　文献自主学习阅读示例

通过用户提供的文献内容，ChatGPT 可以辨识和总结研究中的局限性，也能够基于这些局限性提出建议的未来研究方向（图 10-9）。这种分点的阐述不仅清晰地指出了研究中的潜在改进空间，还能帮助研究者开阔思路，寻找新的切入点和研究机会，从而推动科学研究的深入发展。

这篇文章有什么局限性？未来可以从哪些方面开展新的研究？

这篇文章的局限性主要包括：

1. **图像解析和视觉解释的主观性和分辨率限制**：使用遥感图像和视觉解释可能导致一定的误差，因为图像的分辨率和解释者的主观判断都可能影响结果的准确性。

2. **参数选择的合理性**：虽然使用了多个地貌参数，但并非所有参数都表现出良好的区分效果。例如，分形维数（FD）在区分某些地貌单元时表现不佳，可能是因为黄土地形由于全方位侵蚀而没有形成明显的角点。

3. **研究基于有限的数据**：研究结果依赖于有限的样本和数据，可能无法全面代表更广泛的地区或情况。

未来的研究可以从以下几个方面展开：

1. **提高图像解析技术**：利用更高分辨率的图像和更先进的自动解析技术，减少人工视觉解释的主观性，提高地貌解析的精确度。

2. **引入新的地貌参数**：探索和测试新的地貌参数，特别是那些能够更好地描述黄土地形特征的参数，以增强模型的预测和分类能力。

3. **扩展研究区域**：在更广泛的地区进行类似研究，以验证现有结论的普适性和适用性，并探索不同区域之间的差异。

4. **进行长期和多时序研究**：开展长期的跟踪研究和使用多时序数据，以观察和分析黄土地貌的演变过程和速率，更好地理解其动态变化。

5. **结合人工智能技术**：利用人工智能技术，如机器学习和深度学习，处理和分析大量地貌数据，提高分类和预测的自动化水平和准确性。

图 10-9　局限性与讨论示例

10.6 数据分析

在理工科的科研实践中，数据分析是重要的一环。研究人员面对复杂的数据集，通常能够进行基础分析并得出普遍结论，但深入挖掘数据中隐藏的细节和洞见，往往既耗时，又需要掌握高度专业的技术。

ChatGPT 虽然不能直接处理数据，却能在多个层面辅助研究人员。ChatGPT 可以帮助研究者解释复杂的数据分析结果，通过通俗易懂的语言，帮助其了解数据背后的意义和潜在影响。此外，ChatGPT 还具有多模态的数据读取能力，针对研究者提出的分析要求，可以从文档、图片中进行数据读取并给出相应的分析结论。ChatGPT 还可以通过交互式对话，根据研究者的具体需求，提供定制化的图表制作或指导，或者生成数据分析的概念性解释。

10.6.1 数据提取能力

ChatGPT 拥有对多模态数据的读取能力，可以针对文献中的图片、表格等信息进行抽取。此处以发表在 *Geomorphology* 的文献 "Loess tableland geomorphic classification criteria and evolutionary pattern using multiple geomorphic parameters" 为例，展示 ChatGPT 在数据分析方面的能力。通过与 ChatGPT 进行交互式对话，研究者可以提出如"提取出所上传文献中表格 1 的数据结果"等类似问题，ChatGPT 会完成相关的任务（图 10-10）。

如图 10-10 所示，ChatGPT 不仅对表格内容进行了读取，更是结合注释，将表格中的缩写转换为专有名词，在回复中进行展示，使得表格的内容更清晰、明了，有利于研究者更好地理解文献内容。研究者也可以将 ChatGPT 提取出来的数据进行复制、导出，开展后续的研究工作。

Table 1
Partial data of the shape characteristics of loess geomorphic units (Gt, giant tableland; Rt, residual tableland; Tr, tree ridge; LNr, long narrow ridge; SWr, short wide ridge; Ih, irregular hill; Lh, linear hill; Oh, oval hill; Rh, round hill).

No	C	PAR	MP(°)	FD	BAI	Geomorphic units
1	4.9252	10.8610	3.73	1.3874	0	Gt
2	4.9514	10.0746	4.27	1.3839	0	Gt
3	2.5688	9.8078	3.57	1.3233	0	Rt
4	2.3028	16.0399	3.60	1.3369	0	Rt
5	2.0933	19.1908	12.81	1.3364	—	Tr
6	2.5989	15.9970	14.36	1.3458	—	Tr
7	1.7417	14.3007	13.44	1.3000	—	LNr
8	1.6307	25.8786	12.76	1.3243	—	LNr
9	1.2717	18.6024	13.31	1.2742	0.10	SWr
10	1.2666	24.7066	14.96	1.2886	0.22	SWr
11	1.5288	39.7851	10.16	1.3438	0	Ih
12	1.4776	40.3049	12.92	1.3402	0	Ih
13	1.2502	34.3471	16.59	1.3063	0	Lh
14	1.2637	29.1383	15.98	1.2978	0	Lh
15	1.1934	22.9778	14.65	1.2765	0	Oh
16	1.1335	39.8623	17.24	1.3014	0	Oh
17	1.0590	23.3298	11.59	1.2603	0	Rh
18	1.0466	25.7919	15.35	1.2638	0	Rh

图 10-10　文内数据提取示例

10.6.2　数据制图能力

只需上传数据文件，ChatGPT 便可以调用系列 Python 库，完成研究者提出的做图任务。此处以世界土壤数据库（HWSD）2.0 版土壤数据为例（图 10-11），展示 ChatGPT 在数据制图方面的交互式过程。

FID	Shape_Leng	Shape_Area	HWSD2_SMU	WISE30s_SM	COVERAGE	SEQUENCE	SHARE	WRB2	ROOT_DEPTH	ROOTS	IL	SWR	DRAINAGE	AWC	LAYER	TOPDEP	BOTDEP	COARSE	SAND	SILT
0	0.066666667	0.000208333	8596	WD40008596	1	1	100	HS	3	5	1	4	VP	53	D1	0	20	16	27	38
1	0.116666667	0.000416667	8596	WD40008596	1	1	100	HS	3	5	1	4	VP	53	D1	0	20	16	27	38
2	0.1	0.000347222	8495	WD40008495	1	1	100	FL	1	1	1	3	MW	129	D1	0	20	7	46	44
3	0.031248566	4.44714E-05	8596	WD40008596	1	1	100	HS	3	5	1	4	VP	53	D1	0	20	16	27	38
4	0.066666667	0.000208333	7111	WD40007111	1	1	100	CR	2	2	3	4	VP	123	D1	0	20	16	27	55
5	0.066666667	0.000208333	8596	WD40008596	1	1	100	HS	3	5	1	4	VP	53	D1	0	20	16	27	38
6	0.3	0.001180556	8495	WD40008495	1	1	100	FL	1	1	1	3	MW	129	D1	0	20	7	46	44
7	0.066666667	0.000208333	7764	WD40007764	1	1	100	RT	1	1	1	1	P	187	D1	0	20	1	33	50
8	0.233333333	0.000902778	7764	WD40007764	1	1	100	RT	1	1	1	1	P	187	D1	0	20	1	33	50
9	0.033333333	6.94444E-05	7048	WD40007048	1	1	100	UM	1	1	1	1	MW	122	D1	0	20	21	42	43
10	0.116666667	0.000416667	7899	WD40007899	1	2	10	GL	1	1	1	1	VP	178	D1	0	20	1	31	41
11	0.15	0.000555556	8351	WD40008351	1	1	100	CR	1	1	1	2	P	168	D1	0	20	3	30	56
12	0.031248566	4.44714E-05	7764	WD40007764	1	1	100	RT	1	1	1	1	P	187	D1	0	20	1	31	41
13	0.163424124	0.000957562	7722	WD40007722	1	1	100	GL	1	1	1	1	VP	178	D1	0	20	1	31	41
14	0.091473219	0.000323351	7111	WD40007111	1	1	100	CR	2	2	3	4	VP	123	D1	0	20	16	27	55
15	0.198943419	0.001256539	8596	WD40008596	1	1	100	HS	3	5	1	4	VP	53	D1	0	20	16	27	38
16	0.148205007	0.000732361	8596	WD40008596	1	1	100	HS	3	5	1	4	VP	53	D1	0	20	16	27	38
17	0.179486232	0.001096306	8596	WD40008596	1	1	100	HS	3	5	1	4	VP	53	D1	0	20	16	27	38
18	0.135428312	0.000756384	8596	WD40008596	1	1	100	HS	3	5	1	4	VP	53	D1	0	20	16	27	38
19	0.118729	0.000640531	8596	WD40008596	1	1	100	HS	3	5	1	4	VP	53	D1	0	20	16	27	38
20	0.208139986	0.001295573	8596	WD40008596	1	1	100	HS	3	5	1	4	VP	53	D1	0	20	16	27	38
21	0.253082943	0.001121767	8747	WD40008747	1	1	100	PZ	1	1	1	1	SE	16	D1	0	20	38	76	18
22	0.15525985	0.000838455	7685	WD40007685	1	1	100	RT	1	1	1	1	MW	177	D1	0	20	2	43	45
23	0.08300440	0.000323622	7048	WD40007048	1	1	100	UM	1	1	1	1	MW	122	D1	0	20	21	42	43
24	0.22423124	0.001398153	7858	WD40007858	1	1	80	LP	1	1	1	1		35	D1	0	20	21	36	41
25	0.189010761	0.001146025	7408	WD40007408	1	1	100	CR	1	1	1	1	MW	136	D1	0	20	23	36	49
26	0.066666667	0.000208333	7001	WD30070001	1	1	100	TC	1	1	1	1		0	D1	0	20	-9	-9	-9
27	0.227260181	0.001205235	7889	WD40007889	1	1	90	LP	1	1	1	1		35	D1	0	20	21	36	41
28	0.493798656	0.003831331	7755	WD40007755	1	2	100	GL	1	1	1	1	VP	178	D1	0	20	1	31	41
29	0.187870937	0.001543315	7724	WD40007724	1	1	100	RT	1	1	1	1	MW	177	D1	0	20	2	43	45
30	0.236954112	0.00191026	8596	WD40008596	1	1	100	HS	3	5	1	4	VP	53	D1	0	20	16	27	38
31	0.187944818	0.001488059	7685	WD40007685	1	1	100	RT	1	1	1	1	MW	177	D1	0	20	2	43	45
32	0.160432797	0.00121192	8596	WD40008596	1	1	100	HS	3	5	1	4	VP	53	D1	0	20	16	27	38
33	0.317015976	0.002831432	8752	WD40008752	1	1	100	PZ	1	1	1	1	SE	16	D1	0	20	38	76	18

图 10-11　实验数据

可以看到，在研究者发出指令后，ChatGPT 一步步地对数据进行了载入、检查、可视化处理，最终生成了研究者想要的堆叠柱状图（图 10-12，图 10-13）。

通过进一步交互，研究者还可以修改诸如图例、字体、颜色等内容，ChatGPT 都可以主动完成。在没能实现的修改部分，ChatGPT 也能够给出相应的回复。研究者还可以点击分析符号，查看完整的代码（图 10-13）。

图 10-12　交互式制图示例 1

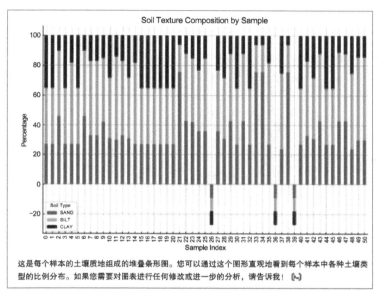

这是每个样本的土壤质地组成的堆叠条形图。您可以通过这个图形直观地看到每个样本中各种土壤类型的比例分布。如果您需要对图表进行任何修改或进一步的分析，请告诉我！ [ʌ]

图 10-12　交互式制图示例 1（续）

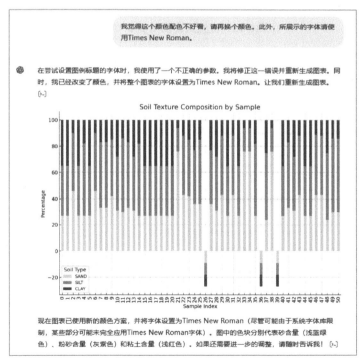

图 10-13　交互式制图示例 2

图 10-13　交互式制图示例 2（续）

　　ChatGPT 能够做到的不仅是制图，上传的数据经过 ChatGPT 检查、读取后，研究者也可以询问 ChatGPT 可以制作的图表类型，ChatGPT 会给出详尽回复并阐述各图能够得出的结论有哪些（图 10-14）。

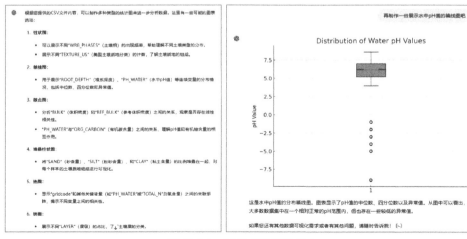

图 10-14　交互式制图示例 3

同时，ChatGPT 也可以结合上传的文献，完成研究者所述的制图任务。如结合相关文献的内容，可以让 ChatGPT 根据表格中的某些指数进行制图（图 10-15）。

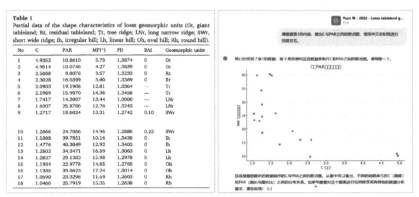

图 10-15　从文献中抽取数据进行制图示例

ChatGPT 还可以自行学习文献中的相关内容，并单独抽取出圆度和周长面积比的散点图。此外，ChatGPT 还提供了完整的分析及图像绘制代码，研究者可以自行复制代码（图 10-16），在编程软件中进行进一步的调整。

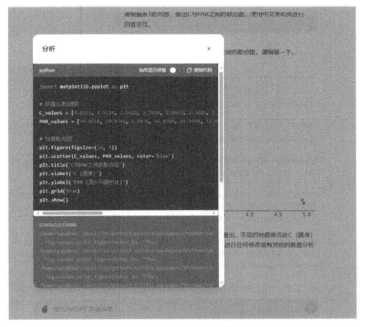

图 10-16　ChatGPT 代码生成示例

10.6.3 数据分析能力

ChatGPT 可以显著提高数据分析的效率和效果。利用其先进的自然语言处理能力，ChatGPT 能够帮助研究者快速理解和整理大量数据集，识别数据中的关键趋势和模式。例如，结合上传的土壤数据，研究者可以向 ChatGPT 询问一系列数据分析问题，结合 ChatGPT 给出的回复，对数据结论做进一步的完善（图 10-17）。

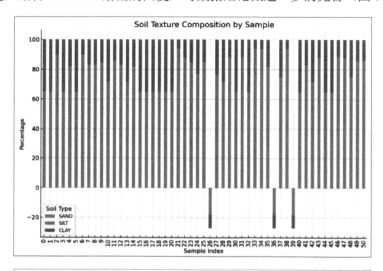

图 10-17 数据制图与分析示例 1

ChatGPT 也可以结合上传的文献，为研究者提供进一步的数据分析内容。如结合相关内容，可以向 ChatGPT 进一步询问相关表格中关于数据的结论（图 10-18）。

从上述的表格数据中，能分析出什么结论?

根据表格中的数据，我们可以分析和得出以下几点结论关于不同地形单位的地貌特征和演变趋势：

1. **圆形度 (C)**：圆形度是用来描述地形接近圆形的程度，值越接近1表示越接近完美圆形。从数据中可以看出，圆形度从巨型台地到圆形山逐渐减小，这表明地形从较平坦的台地逐渐过渡到更加不规则和碎裂的山地形态。

2. **周长面积比 (PAR)**：这个参数表示地形的复杂性和边界的曲折程度，数值越高表示地形越复杂。数据显示，从巨型台地到圆形山，周长面积比总体呈上升趋势，说明地形由简单向复杂演变，这可能与侵蚀作用加剧有关。

3. **平均坡度 (MP)**：平均坡度反映了地形的陡峭程度。数据显示，从巨型台地到圆形山，平均坡度逐渐增加，这反映了地形从相对平坦逐渐转变为较为陡峭的地形，符合从台地到山地的自然侵蚀和地形变化过程。

4. **分形维数 (FD)**：分形维数衡量地形的不规则性和复杂性。从数据中看，分形维数在不同地形单位间变化不大，但总体趋势是在减小，这可能表示地形的整体形态从复杂多变逐渐趋于简单。

5. **边界邻接指数 (BAI)**：边界邻接指数描述了不同地形单位之间的空间联系。较高的数值表示地形单元之间联系较密切。数据中，大多数值为0，表示不同地形单元之间联系较为独立，这可能与地形分割的进一步加剧有关。

这些结论可以帮助理解该地区地形的演化模式及其与侵蚀作用之间的关系，为地貌保护和土地管理提供科学依据。

图 10-18　数据制图与分析示例 2

可以看到，首先，ChatGPT 不仅能够给出文献中每一个指数的具体含义，也针对各个指数给出了高值代表的特征和趋势变化；其次，ChatGPT 能够结合文献内容和整体表格，对数据背后的特征趋势进行分析，进而得出与研究内容相关的结论，并提出这些结论可以在哪些研究中得到具体利用。

10.7 语言翻译

在学术论文写作过程中，英文表达一直是令众多科研新手头疼的问题。经过庞大的语料库训练，ChatGPT 可以提供通顺、地道的英文翻译与表达，帮助其克服语言难关。在这里，我们以《地貌学辞典》中"黄土峁"的词条定义为例进行说明。

黄土峁

黄土地貌区外形呈穹状或馒头状的黄土丘陵，称为黄土峁。个体出现的峁称为孤立峁，群体分布并有一定走向排列的称为连续峁。以峁为主的黄土地貌类型区称为黄土峁状丘陵区，主要分布在无定河中下游、清涧河流域。峁顶的面积一般很小，倾角不大。峁坡的坡度为 15°～35°。大部分黄土峁都是黄土堆积过程中外营力侵蚀的产物，也可以是由黄土梁演化而成。（由 ChatGPT 生成）

10.7.1　初步翻译

我们以中文语言编写初稿并将其翻译成英文。为了保证英文翻译的标准、规范、通顺，最好按英文的语言习惯来书写中文。减少中文语境中难以翻译的成语、习语、动词及表达委婉、模糊的词（如"相对""略微"，以及没有明确比较对象的"较"）等，而尽量保证语句成分（如主语、谓语、宾语、形容词等）的完整、清晰，辅以准确的连词，组成简洁明了的语句。此类中文语句翻译出来的英文表达基本符合要求。

中文修改：

黄土峁是黄土地貌中外形呈穹状的丘陵。其中，以个体形式分布的被称为孤立峁，以群体形式分布并按某个固定方向排列的被称为连续峁。主要以峁组成的黄土地貌类型区被称为黄土峁状丘陵区，通常分布在无定河中下游和清涧河流域。黄土峁的顶部的面积一般很小，坡度也不大。黄土峁边坡的坡度较大，一般为 15°～35°。大部分黄土峁都是黄土堆积过程中外营力侵蚀的产物，也可以是由黄土梁演化而成。

英文翻译：

Loess mounds are dome-shaped hills found in loess landforms. Those distributed as individual units are called isolated mounds，while those distributed in groups and arranged in a fixed direction are referred to as continuous mounds. Regions predominantly composed of these mounds are known as loess mound hill regions，typically found in the middle and lower reaches of the Wuding River and the Qingjian River basin. The top areas of loess mounds are generally small and have gentle slopes. The slopes of the loess mounds' sides are steeper，usually ranging from 15 to 35 degrees. Most loess mounds are the result of external forces eroding during loess accumulation，although they can also evolve from loess ridges.

我们先从中文上对本段话进行修正。例如，补全第一句话的主语；在句中添加必要的连接词；补充"被"作为被动式的标记等。修正后再将整段话放入 ChatGPT 中翻译。在指令中，可以加入诸如"你是一个地貌学研究生"之类的提示语境。

10.7.2　细节完善

对翻译的初稿逐句进行调整。通读翻译初稿，针对其中不满意的表达，需要逐句逐字进行调整，包括替换单词、更换被动语态、调整定语主体、处理上下文的断句等。这方面的修改可以以句子为单位，从而保证语境的完整性。同时，需要特别注意语句中的专业名词使用是否正确。最后，如果不太擅长英文，可以先直接修改中文语句，然后再翻译成英文（图 10-19）。

图 10-19　针对细节修改翻译问答示例

这一步主要是对翻译内容进行针对性的修改。举例来说，翻译中的英文黄土峁（loess mound）与辞典中的参考（loess hill）不一致，我们可以让 ChatGPT 统一修改；坡顶的形态描述可以和边坡的描述合成一个整句，我们可以通过添加中文语句中的连接词来实现。

10.7.3　整体润色

通过关键词对段落进行整体润色。在细节完善后，可以用指令对英文段落整体做小幅度的润色。例如，让语句变得更有逻辑，可以为上下文添加连接词，让语句更流畅；"减少从句使用"，可以减少段落中的从句，减少长语句的出现，从而方便阅读。需要注意的是，为了保持语句表达的简洁，整体润色幅度不应过大，过于华丽的辞藻有时反而会增加阅读和理解的负担（表 10-2）。

表 10-2　整体润色问答示例

润色前	润色后
Loess hills are dome-shaped hills developed within loess landforms. Those distributed as individual units are called isolated hills，while those distributed in groups and arranged in a fixed direction are referred to as continuous hills.　Regions predominantly composed of these hills are known as loess hilly regions，typically found in the middle and lower reaches of the Wuding River and the Qingjian River basin. The tops of loess hills generally have small areas and gentle slopes，while the side slopes are steeper，usually ranging from 15 to 35 degrees. Most loess hills are the result of exogeneity forces eroding during loess accumulation，although they can also evolve from loess ridges.	Loess hills are dome-shaped formations found in loess landscapes. Those occurring individually are called isolated hills，while those in groups and aligned in a specific direction are termed continuous hills. Predominantly，these formations are located in the middle and lower reaches of the Wuding River and the Qingjian River basin，regions known as loess hilly areas. The tops of these hills are typically small and gently sloped，whereas their side slopes are steeper，ranging from 15 to 35 degrees. Most loess hills result from erosion during loess accumulation，though some may evolve from loess ridges.

10.8　问题解答

在完成科研任务过程中，ChatGPT 可以提供方法论指导，解答科研过程中的常见问题，帮助研究者更快地融入科研环境。

10.8.1　专业知识提问

ChatGPT 可以解答部分专业通识问题。初入一个新领域，难免会对领域内的通识问题产生疑问（如名词解释、子学科关系等）。对于一些通识问题，ChatGPT 可以提供接近权威的答案，以帮助研究者快速了解该领域的常识（图 10-20）。

你是一个地貌学者，你知道在冲积扇区域，断层三角面是什么吗

在地貌学中，断层三角面（fault triangular facets）是指在断层活动区域，尤其是在冲积扇和山前带（前缘带）的地形中形成的一种特殊地貌特征。断层三角面通常是由活动断层的垂直运动和水平运动共同作用形成的，其形态特征和成因机制如下：

形态特征

1. **三角形外观**：
   断层三角面一般呈现出明显的三角形形态，底部靠近断层面，顶部指向山体或高地。
2. **陡峭的坡度**：
   断层三角面的坡度较陡，通常反映了断层的垂直运动。在很多情况下，断层三角面的坡度可以达到30度甚至更大。
3. **平直的边缘**：
   三角面的边缘通常较为平直，反映了断层活动带来的强烈构造运动。

成因机制

断层三角面主要是由断层活动引起的，其形成机制可以归纳如下：

1. **垂直断层运动**：
   当断层活动导致地壳垂直抬升时，山前带的地表会受到挤压，形成陡峭的断层面。随着时间推移，断层面会被侵蚀和沉积物覆盖，但其基本形态仍保持相对明显的三角形。
2. **水平断层运动**：
   在水平断层运动的过程中，断层面两侧的地块会发生错动，导致三角面两侧的地形发生变化。这种运动可以进一步增强三角面的陡峭程度和边缘的平直性。
3. **侵蚀与沉积**：
   断层三角面在形成过程中会经历风化、侵蚀和沉积等地质过程，这些过程会改变其形态，但基本的三角形特征通常会保留下来。沉积物在断层面底部堆积，进一步加剧了三角面的地貌特征。

典型区域

断层三角面常见于全球许多冲积扇和山前带区域，尤其是那些存在活跃断层活动的地区。例如，在加利福尼亚的圣安德烈亚斯断层区和中国西部的天山断裂带，断层三角面是常见的地貌特征。

地貌学意义

断层三角面的研究对理解地震活动、断层运动历史以及区域构造演化具有重要意义。通过分析断层三角面的形态和分布，地质学家可以推测断层活动的频率、强度和方向，从而更好地评估地震风险和地质灾害。

总结来说，断层三角面是地壳活动在冲积扇区域形成的典型地貌特征，其形态反映了断层的垂直和水平运动，对于研究区域构造演化和地震活动具有重要的科学价值。

图 10-20　知识问答示例

10.8.2　实验设计

ChatGPT 可以辅助实验方案的设计。ChatGPT 在阅读文献时还会吸收文章中使用的实验方法。因此，可以通过询问 ChatGPT 来辅助实验方案的设计及模型的搭建，帮助研究者熟悉相关软件工具的使用（图 10-21）。以流域分割这一任务为例，我们可以通过提示词（如 ArcGIS、水文分析）来明确软件平台、使用工具、关键步骤等，提升搭建模型的可行性。从结果来看，ChatGPT 的工具使用基本正确，流程也与常规方案无异。

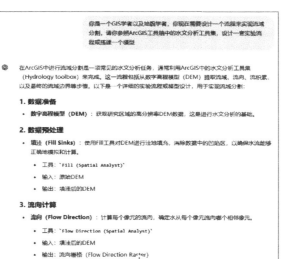

图 10-21　利用 ChatGPT 设计基于 ArcGIS 的流域分割模型示例

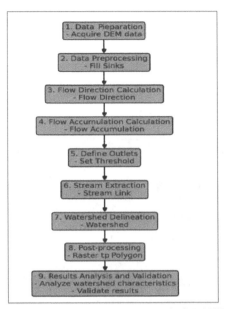

图 10-21　利用 ChatGPT 设计基于 ArcGIS 的流域分割模型示例（续）

10.8.3　代码编写

ChatGPT 可以提供便捷、快速的编码解决方案。编程是科研工作者必须掌握的技能之一。GPT 的快速发展，使学习成本降低了很多。除了直接询问 ChatGPT 编写程序块外，GitHub 开发的 Copilot 更是提供了嵌入式的 AI 代码解决方案（图 10-22）。

图 10-22　GitHub Copilot 官网（截图）

GitHub 庞大的代码库提供了丰富且专业的编码，插件式的设计让其能够直接应用在 VS Code 中，配合优秀的上下文理解能力，生成高自动化的代码。Copilot 也可以在用户自主撰写代码的过程中预测其下一步要做什么，并给出相应的提示。值得一提的是，在通过 GitHub Copilot 的学生认证后，用户可以免费使用其各项功能（图 10-23，图 10-24）。

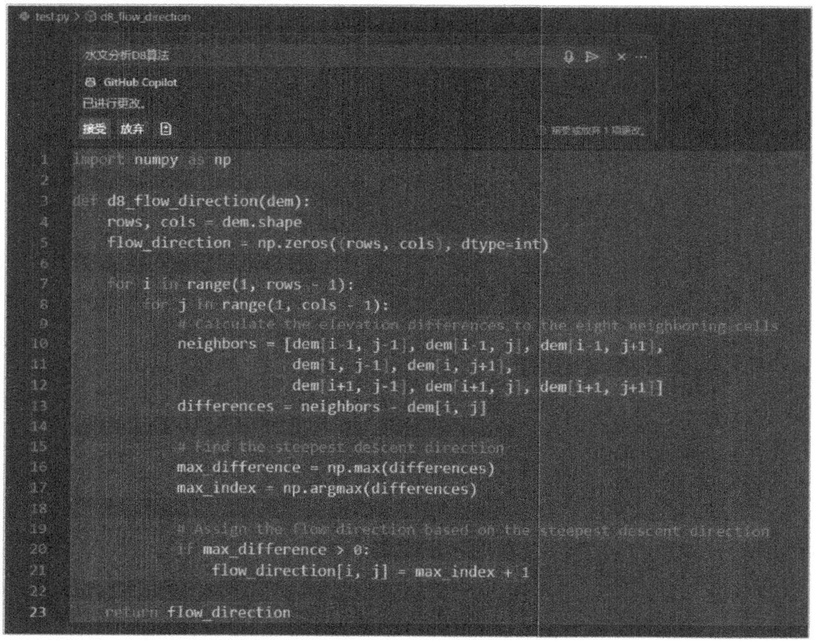

图 10-23　GitHub Copilot 自动生成 D8 算法示例

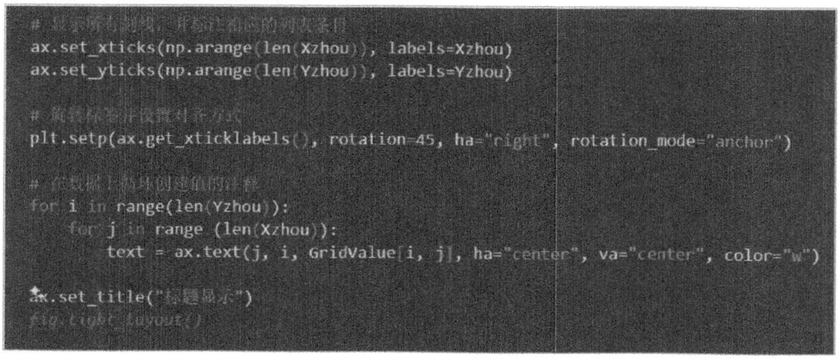

图 10-24　GitHub Copilot 根据上下文自主进行代码写作提示示例

注：图中最后一行斜体文字为 GitHub Copilot 自主生成的

10.9　注意事项

使用 ChatGPT 进行科研时，也需要注意一些潜在的问题。

1）ChatGPT 提供的大多为现有文献中的信息，仅供参考。为保持文章的原创性，不可直接大段复制。

2）GPT 提供的答案中，可能会混杂有其自行拼接的虚假或错误答案，一般被称为"幻觉信息"。在使用前，应对该领域有一定的知识基础，从而保证能够辨别生成信息的准确性（图 10-25）。

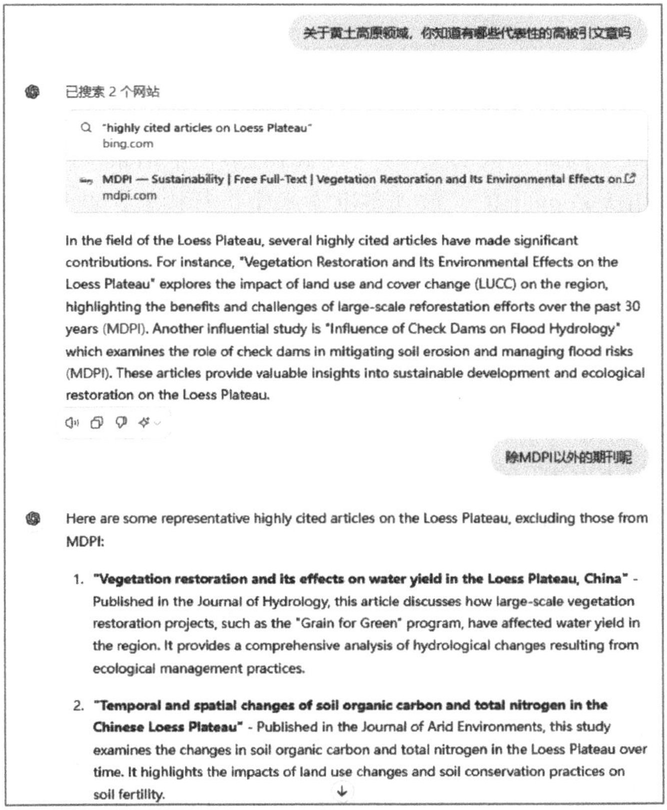

图 10-25　大语言模型问答中的"幻觉"示例

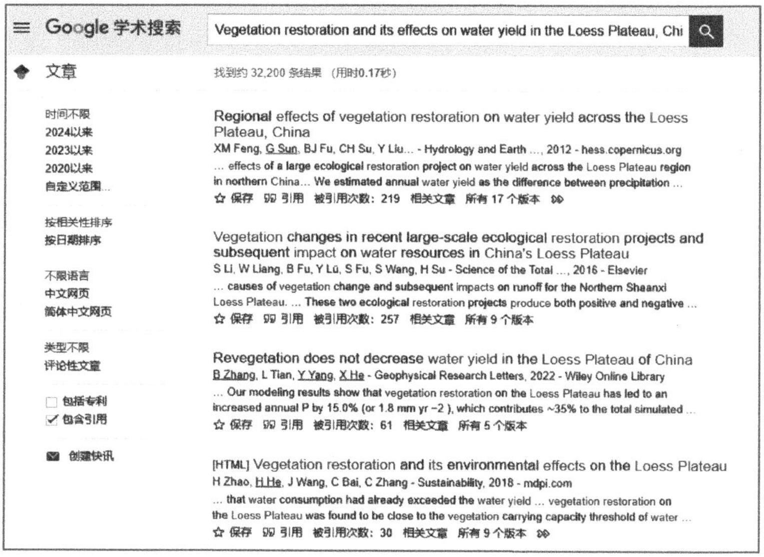

图 10-25　大语言模型问答中的"幻觉"示例（续）

这种幻觉尤其容易出现在非常具体的任务中，如文献搜索。在这里，我们尝试搜索了与黄土高原相关的文章，将给出的第一个结果（GPT 给出的为发表在 *Journal of Hydrology* 上的）放入谷歌学术中进行检索，结果并未直接搜索到标题完全一致的文章，且最接近的文章还是发表在 *Hydrology and Earth System Sciences* 上的。

1）如何向大模型提问本身就是一门技术。在提问时，应避免使用大而泛的词语，明确任务需求，多用提示词限定，必要时还可以提供示例。这样得出的答案会更接近预期。

2）在使用 ChatGPT 的过程中，单次问答往往很难直接得到理想的答案。因此，需要多次进行交互调优。与此同时，每次对话本质上也是对大模型的临时训练和调优。可以将各个专题分别保存成独立的对话情景，并在后续的提问中根据科研领域选用合适的情景继续提问。

参考文献

李耕，王梓烁，何相腾，等. 从 ChatGPT 到多模态大模型：现状与未来[J]. 中国科学基金，2023，（5）：724-734.

刘学博，户保田，陈科海，等. 大模型关键技术与未来发展方向——从 ChatGPT 谈起[J]. 中国科学基金，2023，（5）：758-766.

深度剖析 ChatGPT 发展史，从概念到领导者的崛起 [EB/OL]. https://www.atalk-ai.com/talk/newsDetail/35.

舒文韬，李睿潇，孙天祥，等. 大型语言模型：原理、实现与发展[J]. 计算机研究与发展，2024，（2）：351-361.

Bi Z，Zhang N Y，Xue Y D，et al. OceanGPT：A Large Language Model for ocean science tasks[J]. Proceedings of the 62nd Annual Meeting of the Association for Computational Linguistics（Volume 1：Long Papers），2024：3357-3372.

Lin Z H，Deng C，Zhou L，et al. GeoGalactica：A Scientific Large Language Model in Geoscience [EB/OL]. https://arxiv.org/abs/2401.00434.

Singhal K，Azizi S，Tu T，et al. Large language models encode clinical knowledge[J]. Nature，2023，（7972）：172-180.

第 11 章　学术活动交流拓展

学术交流在研究生的个人成长中具有重要意义。而且，学术交流还会对学术界整体的进步和创新产生积极的影响。因此，研究生应积极参与各种形式的学术交流活动。研究生积极参加学术交流活动的重要作用，有以下几个方面。

1）拓宽知识视野。有利于接触最新的研究成果和前沿理论，了解不同领域的研究动态和方法。

2）展示研究成果。在学术会议上展示最新研究成果，能够得到同行专家的了解和认可。

3）获取交流反馈。在学术交流探讨中，获得了专家同行正反两方面的反馈和建议，能帮助研究者发现研究中的不足与改进方向。

4）促进跨学科合作。不同学科之间交流可以激发创新的研究思路。跨学科合作可以拓展研究深度和广度。

5）建立学术交际网。在学术交流活动中可以结识共同研究领域的专家同行，增加今后交流与沟通的机会，为未来的职业发展奠定人脉资源基础。

6）提升表达沟通能力。学术交流活动提供了学术演讲表达的机会，促进了交流沟通能力的训练。

7）掌握学术规范。学术交流是了解和学习国际、国内学术规范标准，以及促进学术文化交流的重要途径。

11.1　学术活动类型

研究生可以参与多种形式的学术活动，这些活动可以在不同层面上促进学术进步、拓宽学术视野、搭建学术人脉。以下是研究生经常参加的主要学术活动。

11.1.1　学术会议

学术会议是由学术组织或大型学术机构主办或轮流承办，让研究人员、学者和学生展示研究成果、交流想法、讨论学术问题的重要活动。学术会议类型分为国际会议、国内会议、专题会议、跨学科会议等。不同类型学术会议的议题范围、组织机构与面向人员存在一定差异。参与国际会议，便于研究生了解全球最新研究动态；国内会议主要是促进国内专家学者的相互交流；专题会议主要聚焦于某一领域的学术研讨与交流；跨学科会议能促进不同学科研究者的交流与合作。

11.1.2　研讨会

研讨会通常围绕特定主题进行深入的讨论和交流，通常规模较小，注重互动性和参与度，是研究生、学者和专业人士分享知识、探讨问题的重要平台。研究生可以通过参与研讨会，与专家和其他研究者交流想法，探讨研究问题，学习新的研究方法和技巧。

11.1.3　工作坊

工作坊（Workshop）通常是小规模、互动性强的活动，侧重于特定技能或知识的培训。研究生可以通过参加工作坊，提升自己在某一领域的专业技能，如数据分析、编程、实验设计等方面的能力。

11.1.4　学术报告

高校、学院和研究机构经常会邀请知名学者开展线下、线上学术讲座和报告。聆听最新研究成果和见解，研究生可以拓宽自己的知识面，了解最新科研动态。

11.1.5　学术沙龙

学术沙龙是研究生定期交流研究进展、分享研究经验的平台。这类活动通常规模较小、形式灵活，有助于研究生深入交流和互相学习。

11.1.6 学术访问

研究生可以申请赴国内外其他高校或研究机构开展短期或长期的学术交流访问，可以深入学习其他研究团队的先进研究方法与经验，建立长期合作关系。

11.1.7 学术社团和专业协会

加入学术社团和专业协会，可以使研究生更好地融入学术共同体，促进研究生之间的相互学习与科研协作，获得更多的学术资源和机会。

11.1.8 期刊阅读小组

加入或组织学术期刊阅读小组，定期讨论专业领域的顶级期刊文章，研究生可以加深对研究方法和相关理论的理解。

11.2 活动准备工作

参加学术活动需要做充分的准备工作，以确保能够最大程度地从活动中受益。通过有效的准备，研究生在学术活动中可以充分展示自己的研究成果，便于获取宝贵的反馈和具有建设性的意见。参加学术活动的准备工作步骤如下。

1）学术会议与活动选择。利用学术搜索引擎、学术组织网站、社交媒体和导师推荐，关注具有学术影响力和声誉的学术会议与活动，根据自身的研究兴趣与学术领域，以及参加学术活动的目的，选择值得参加的学术会议与活动。

2）准备论文或摘要。根据会议通知与投稿要求，撰写准备参加会议的论文全文或摘要，最好是最新研究成果，遵循会议规定的格式和提交要求，确保论文的质量，以达到录用要求。

3）在线投稿与跟踪状态。使用在线系统投稿，确保所有必填信息完整准确。提交后，留意邮件通知，跟踪稿件状态，及时回应会议组织者的任何询问。

4）注册与缴费。尽早完成注册和缴费，通常情况下，早注册会有费用优惠。

5）准备演示材料。提前准备演示材料，内容应简明扼要、图文并茂，重点突出研究亮点和结论。反复练习演讲内容，准备回答可能被提问的问题，确保在规定时间内清晰地表达研究内容。练习应包括语言表达、肢体语言和时间控制。如果需要制作海报，图案设计应能简洁明了地呈现研究成果，同时应注重整洁、美观。

6）制定参会议程。提前了解会议的详细议程，明确希望在会议期间达到的目标，如希望听取哪些报告、与哪些专家交流等，确定感兴趣的演讲和讨论环节，做好参会计划。

7）规划行程和住宿。根据会议的时间和地点，提前确定交通工具和预订住宿酒店，考虑签证需求（如果是国际会议），确保行程顺利。另外，要提前熟悉会议地点和周边环境，了解交通情况和会议场地布局。

8）社交准备。准备足够的名片，便于同与会者交换联系方式。准备简短的自我介绍，了解会议的着装要求。

9）财务支持。查看是否可以申请学院、系或导师的资金支持，对出行、住宿和会议费用进行预算管理。

10）调整紧张情绪。首先，充分准备参会材料，保持积极的心态。其次，会议期间，通常活动密集，要注意保证充足的睡眠和健康的饮食，保持良好的身体状态。

11）会议期间的注意事项。首先，准时出席各项会议活动，特别是自己负责的报告或展示环节；其次，积极参与讨论和提问，充分利用与专家和同行交流的机会；最后，记录重要的会议内容和讨论要点，便于会后整理和思考。

12）会后工作积累。首先，会后及时整理会议记录、反馈意见和交流信息，总结会议成果；其次，与在会议期间建立联系的学者和研究人员保持后续联系；最后，撰写会议总结报告，记录参会收获和心得体会，并将其分享给导师和同学。

11.3　交流能力提高

提高交流能力，对于研究生和学术研究人员来说至关重要。这不仅有助于其有效地传达自己的研究成果，还能促进学术合作和职业发展。提高交流能力，需要长期的学习和实践。通过增强学术写作和演讲能力、培养提问和讨论技巧、拓展学术交流网络、提高外语水平和注重跨文化交流，研究生可以在学术交流中更为自信，进而推动个人的学术成长和职业发展。

1）增强学术写作能力。首先，可以阅读高质量的学术论文和专著，学习其结构、语言表达和论证方法；其次，可以定期进行学术写作练习，如撰写研究笔记、论文摘要和评论，逐渐提高写作水平；再次，在有条件的情况下，可以参加学术写作课程或工作坊，学习如何构建论文结构、引用文献和润色语言；最后，可以将写作初稿交由导师修改，接受反馈，不断改进。

2）提升 PPT 制作技巧。制作高质量的 PPT，对于促进学术交流和展示研究成果至关重要。一份高质量的 PPT 不仅能清晰地传达信息，还能增强观众的兴趣和理解力。PPT 的目标主题、逻辑结构、内容分配要做到清晰简洁，版面设计简洁、风格一致、色彩愉悦、标准规范，图表清晰、布置有序、重点突出，以及文字适度、归纳合理、总结到位。

3）提高演讲和报告能力。首先，可以通过反复练习，熟悉演讲内容，确保在规定时间内清晰地表达研究成果；其次，可以多参加会议或加强组会中的演练，接受导师的反馈和建议；最后，学习控制紧张情绪，训练放松技巧，如深呼吸和正念冥想，帮助自己减轻演讲时的紧张情绪。

4）培养提问和讨论能力。首先，可以在研讨会和会议中积极参与讨论，练习提问和表达观点的技巧；其次，在参加学术活动前，提前阅读相关文献，准备好有针对性的问题；最后，在讨论中尊重他人的观点，倾听并理解不同意见，学会理性辩论和协商。

5）提升国际学术交流能力。一方面，需要提高外语交流能力，在参加国际会议时，提升基础英语水平是提高学术交流能力的关键，如果基础英语水平较差，应参加对应的英语培训班。同时，应增加英语学术文献阅读，扩大专业英语词汇量。多参加国际学术会议，多与来自不同国家的研究人员交流，这能够锻炼英语表达和沟通能力。另一方面，需要注重跨文化背景，了解不同文化的差异、交流习惯和礼仪，适当参加多元文化培训课程，学习如何在跨文化环境中有效交流。

面对学术批评

应对学术批评是提高研究质量和个人学术能力的重要环节。通过保持开放心态、冷静回应批评、积极改进研究、建立积极的学术态度和与批评者建立良好关系，研究生可以在批评中不断成长，提升自己的学术水平。批评不仅是挑战，更是机会，正确应对批评会使自己的学术之路更加宽广。在一些公开场合，如何有效应对学术批评，需要掌握适当的策略。

1）保持开放平和的心态。首先，要认识到批评是学术交流的一部分，接受批评的存在，避免出现情绪化反应；其次，认真倾听批评意见，理解批评者的观点和关注点，不要急于反驳。

2）区分建设性和非建设性批评。首先，要学会区分建设性批评和非建设性批评，建设性批评是有助于改进研究的，非建设性批评可能缺乏具体建议甚至带有个人偏见；其次，要了解批评者的背景、立场和关注点，尝试理解其提出批评的动机和依据。

3）谨慎温和地回应批评。首先，保持冷静和专业回应，避免情绪化反应，通过举事实和摆数据支持自己的观点；其次，如果发现批评是因为对研究的误解导致的，应及时解释和澄清；最后，如果确实存在问题，无论问题大小，都应该先坦诚承认，并征询改进建议，表达改进的意愿。

4）积极思考落实整改。具体而言，包括记录批评意见、反思批评内容、找出研究不足、研究改进方向、落实改进措施，向导师或批评者寻求反馈，确保对待错误的严谨性和科学性。

5）保持谦逊的学术态度。研究生应将批评视为提高研究水平和学术能力的机会，而不是对个人的否定。个人需要虚心接受批评，同时对自己的研究保持信心。同时，要认识到，每个人的研究都有改进的空间。

6）与批评者沟通交友。首先，对批评者表示感谢，尊重他们的意见和建议；其次，与批评者保持沟通，邀请他们参与自己的研究讨论，建立良好的学术关系，寻求合作机会。

11.5　海外学术交流

在攻读学位期间，研究生可以前往国外的大学或研究机构进行短期或长期的学习、研究或交流活动。

11.5.1　访学目的

1）学术研究。参与国际前沿的研究项目，提升科研水平。

2）课程学习。选修国外高校的相关课程，拓宽知识面。

3）文化交流。体验不同的文化，提高跨文化交流能力。

4）职业发展。海外学习经历有助于提升就业竞争力，获得更好的职业发展机会。

11.5.2　申请流程

1）选定学校和导师。寻找适合的学校和导师，并与导师取得联系。

2）准备材料。具体而言，包括申请表、个人陈述、推荐信、研究计划、成绩单等。

3）申请奖学金。具体而言，包括国家留学基金管理委员会奖学金、学校或导师提供的奖学金等。

4）申请签证。根据目标国家的要求，准备并提交签证申请。

11.5.3　申请事项

1）提前规划。出国访学通常需要较长的准备时间，建议提前一年开始准备。

2）语言要求。大多数情况下，需要提供英语（如托福或雅思）或其他目标国家语言水平的证明。

3）资金保障。确保有足够的资金支持在国外的学习和生活，除了奖学金，还可以考虑申请助学贷款或兼职工作。

4）法律法规。了解目标国家的法律法规、学校的规章制度，以便更好地适应当地生活。

11.5.4　申请技巧

1）访学目的地选择。尽量选择全球排名前 100 名的名校，以国际知名导师或者与国内联系紧密的学者为优先选择。访学不仅能开阔视野，而且能融入国际学术圈层。

2）与外导联系的途径。具体而言，包括国内导师推荐、国际会议结识、师门学友推荐、发邮件毛遂自荐。

3）中国政府奖学金（China Scholarship Council，CSC）项目申请的诀窍。具体如下：语言须满足要求；最好有高分区 SCI 文章；准备能吸引人的个人陈述、合理的研究计划。

11.5.5　应与国内学位获取相兼顾

访学时间最好在学位论文主要科研实验完成后开始论文写作时，这样可以将一年访学的主要精力放在数据整理与论文写作上，外导可以在论文的创新性凝练和写作上提供帮助，回国后马上答辩；或者博士二年级，将主要精力放在小论文写作与学术视野的拓展上，回国后马上开题。

参考文献

都宁，刘梅华. 学术交流活动对高校科技创新能力的影响[J]. 中国高校科技，2015，（11）：20-21.

胡晶晶. 管理提升促发展：高校中非文献型学术交流活动的实施路径[J]. 科技创业月刊，2016，（18）：106-108.

吕静，章雯，吕淮北. 科研单位大型学术交流活动典型案例分析[J]. 现代企业，2019，（7）：59-60.

苏兰. 基于研究生视角的大学学术氛围研究[D]. 云南大学，2018.

田婵媛. 研究型大学研究生学术文化建设研究[D]. 华南理工大学，2016.

魏华，陆玲，袁生. 做好学术交流活动会务工作的认识与思考[J]. 学会，2018，（3）：35-37.

熊玉英，吴佳洁. 积极开展学术交流活动 提升研究生创新能力[J]. 科教导刊（上旬刊），2016，（19）：64-65.

张生润，郑海龙，胡越. 新建科研团队学术活动长效机制探索[J]. 教育现代化，2019，（51）：20-22.

张智雄. 在开放科学和 AI 时代塑造新型学术交流模式[J]. 中国科技期刊研究，2024，（5）：561-567.

祝维瑾，王士杰. 学术交流促进技术进步，引领学科发展——组织和参加学会学术交流活动的认知和体会[J]. 内燃机，2019，（2）：58-62.

第 12 章　论文答辩与求职就业

学位论文答辩不仅是学位授予的重要条件，也是研究生学术生涯中的一个重要里程碑。通过答辩，研究生不仅展示了自己的学术能力和科研成果，还获得了宝贵的反馈和指导，为今后的学术和职业发展打下了坚实的基础。

求职就业不仅是实现经济独立和自我发展的重要途径，也是对社会稳定和经济发展做出的重要贡献。对于个人来说，工作不仅是生活的保障，更是实现自我价值、获得成就感和满足感的重要途径。因此，做好职业规划，积极参与就业市场，不断提升自己的技能和竞争力，对于个人和社会的发展都具有重要意义。

12.1　论文答辩的重要性

学位论文答辩是研究生学位授予过程中至关重要的一环，其重要性体现在以下几个方面。

12.1.1　学位论文学术评价的重要环节

学位论文答辩是对研究生学术能力和科研水平的全面检验。通过答辩，答辩委员会可以评估研究生的研究成果、创新能力、学术思维及表达能力。答辩结果会直接影响学位的授予。

12.1.2　学位论文研究成果的展示环节

学位论文答辩是研究生展示自己的科研成果的重要平台。通过答辩，研究生可以向导师、评审专家及同行展示自己的研究工作，阐述研究背景、研究方法、研究结果及结论。

12.1.3 培养学术交流能力的实战环节

答辩能培养研究生的学术交流和沟通能力。通过答辩，研究生能够学会如何清晰、有效地表达自己的观点，如何回应学术质疑，并能在公开场合进行学术讨论和辩论。

12.1.4 促进学术思考讨论的指导环节

答辩不仅是一个检验的过程，更是一个学习和提升的过程。通过答辩委员会的反馈和建议，研究生可以认识到自己研究中的不足和需要改进之处，进一步提升科研水平和学术能力。

12.1.5 规范学术研究行为的督导环节

学位论文答辩过程强调学术规范和学术道德。研究生通过答辩可以了解学术研究的规范要求，培养学术诚信意识，避免学术不端行为的发生。

12.1.6 开始学术发展之旅的启航环节

通过学位论文答辩并获得学位，研究生的学术能力和科研成果会得到学术界的认可，这为其今后的科研工作和学术发展奠定了坚实的基础。

12.2 论文答辩的流程

论文答辩是研究生在完成学位论文（硕士学位论文或博士学位论文）后获得学位的重要环节。关于论文答辩流程和准备的建议，包括以下几个方面。

12.2.1　提交论文

1）初稿提交。将论文初稿提交给导师审阅，并根据导师的反馈进行修改。

2）终稿提交。论文定稿后，按学校规定的格式和要求提交最终版本，通常需要提交电子版和纸质版。

12.2.2　答辩委员会组成

1）成员构成。答辩委员会通常由导师、校内外专家组成，成员数量和具体要求视学校规定而定。

2）审阅论文。答辩委员会成员在答辩前会仔细审阅研究生的论文，并提出问题和意见。

12.2.3　答辩准备

1）答辩PPT。制作简洁明了的PPT，展示论文的主要内容，包括研究背景、研究目的、方法、结果、结论和贡献。根据陈述时间，一般控制在 40～60 页。

2）预演答辩。进行多次模拟答辩，熟悉答辩流程，提升自信心和表达能力。

3）准备问题。根据论文内容和导师的建议，对可能会被问到的问题及如何回答进行准备。

12.2.4　答辩过程

1）陈述论文。在答辩会上，研究生首先进行论文陈述，时间一般为 20～30 分钟。

2）回答问题。答辩委员会成员提出问题，研究生需要清晰、准确地回答。

3）评议和决议。答辩委员会会对论文和答辩表现进行评议，给出评分，并决定是否通过答辩。

12.2.5　答辩结果

1）通过答辩。如果答辩通过，研究生将按照学校规定进行论文的最终修改和提交，并按时完成学位申请手续。

2）修改论文。如果答辩委员会提出修改意见，研究生需要根据要求进行修改，并在规定时间内提交修改后的论文。

3）再次答辩。在某些情况下，如果答辩未通过，研究生可能需要在一定时间后重新进行答辩。

 ## 12.3　答辩的注意事项

1）了解答辩要求。提前了解学校和学院对学位论文答辩的具体要求与流程，包括答辩时间、地点、答辩委员会成员等。

2）确保论文质量。确保论文内容扎实、数据准确、逻辑严谨、格式规范。论文具有一定的创新性和学术价值，是答辩成功的关键。

3）制作精美 PPT。归纳总结论文主体内容，浓缩凝练汇报素材，注重版面规范统一，美化 PPT 图形化表达形式。

4）合理控制时间。控制 PPT 页数与汇报容量，既不要事无巨细、面面俱到，也不要过于简略，因为这样体现不出工作量。

5）心理自信冷静。保持良好的心态，答辩时保持自信、冷静，遇到不懂的问题，坦诚应对，不要慌张。

6）陈述逻辑清晰。围绕学位论文的创新性与工作量，重点阐述研究背景、技术现状、创新思路、研究工作与成果价值的主线逻辑。

7）答辩进退有序。在问答环节，对于能解释清楚的地方，要做到以数据为支撑有力论证所提出的观点；对于难以回答的问题，不要胡搅蛮缠，坦然承认，剖析问题的症结，与答辩专家探讨解决途径。

12.4　求职就业的重要性

求职就业的重要性，有以下几个方面。

12.4.1　实现个人独立发展

1）经济独立。就业是实现经济独立的重要途径，能满足个人及家庭的生活需求。

2）事业发展。个人可以通过职场不断进步，获得更高的职位和薪酬，从而实现自我价值，获得成就感和满足感。

12.4.2　社会发展进步需求

1）社会稳定。高就业率有助于社会稳定，减少贫困和降低犯罪率，提高社会整体的幸福感和安全感。

2）经济发展。就业是推动经济发展的重要动力，可以通过就业创造财富，增强国家和地区的经济活力。

3）社会责任。通过就业，个人可以为社会建设做出贡献，履行公民的社会责任。

12.4.3　实现个人价值提升

1）持续学习。就业中还需不断学习新知识、新技能，提高自身的竞争力和适应能力。

2）经验积累。参与实际工作，可以积累丰富的经验，提升个人价值。

12.4.4 满足个人社会属性

1）自我满足需求。工作成绩和认可度能提升个人的自信心与自我价值感。

2）社会交际需求。工作为个体提供了与他人交流、合作的平台，有助于建立和维持社会关系，减少孤独感和焦虑感。

12.4.5 保障家庭幸福要求

1）经济支持。稳定的工作和收入是家庭幸福的基础，就业能够创造良好的生活条件和教育条件。

2）榜样作用。事业进步能够为子女树立积极向上的榜样，培养子女的责任感和勤奋精神，成为人类代代相传、繁衍不息的基础。

12.5　研究生就业主要岗位

研究生在求职时可以考虑的岗位类型较为广泛，以下是一些常见的选择。

12.5.1 高等教育领域

1）大学辅导员。负责学生的日常管理、心理健康辅导、职业规划等。

2）高校教师。从事教学和研究工作，需要有较高的学术能力和具备一定的专业知识。

12.5.2 政府与公共部门

1）聘任制公务员。相比传统公务员，这类岗位有更高的薪资和专业要求。

2）选调生。部分地区的政府选拔优秀应届毕业生作为储备干部培养。

3）各级政府机关的管理或技术岗位。

12.5.3　科研机构

1）科研院所助理研究员。从事基础研究、应用研究和开发工作。
2）实验室技术员或科研秘书。从事科研活动的日常运作。

12.5.4　国有企业与大型私企

1）管理培训生（管培生）。为企业培养未来的管理层，涉及轮岗和专业培训。
2）行业的研发、设计、服务和管理岗位。从事这个岗位，需要具备一定的专业知识和技能。

12.6　求职准备工作

研究生毕业求职是一项需要充分准备的工作。研究生毕业求职需要有明确的目标、充分的准备和积极的行动。通过优化求职材料、利用学校资源、拓展人脉网络、充分利用招聘平台和不断提升自己，提高求职的成功率。以下是求职过程中的准备工作。

12.6.1　制定明确的职业规划

1）自我评估。分析兴趣、技能、价值观和职业目标，确定合适的职业方向。
2）职业规划。制定短期（3～5 年）职业规划，因为长期职业规划是无意义的。

12.6.2　优化求职简历材料

1）简历。制作能突出重点的个性化简历，展示教育背景、研究经历、实习经验和技能，针对不同职业类型，应制作不同简历，以迎合不同的职业需求。

2）求职信。撰写有针对性的求职信，突出职位与个人兴趣、特长的契合度，切记不要千篇一律。

3）作品集。在有条件的情况下，可以准备一部作品集，用来展示项目成果、研究论文、设计作品等，充分突出个人的能力与经验。

12.6.3　利用周边一切资源

1）家庭资源。充分利用亲戚、朋友等家庭人脉资源。

2）校友网络。联系职场校友，获取行业信息、求职建议及推荐机会。

3）导师人脉。导师往往是相关领域的领军人物或行业专家，能为研究生的就业提供相应的帮助。

12.6.4　充分参与招聘

1）学校职业服务。利用学校职业服务中心，参加求职讲座、工作坊和模拟面试，以及学校组织的招聘会。

2）在线招聘网站。注册并定期浏览主流的招聘网站。

3）专业招聘网站。关注与自己的专业相关的专业招聘网站，获取更多职位信息。

4）目标企业官网。直接访问感兴趣的企业官网，查看空缺职位并提交申请。

12.6.5　准备参加单位面试

1）模拟面试。进行模拟面试，熟悉常见问题和回答技巧。

2）了解背景。详细了解申请公司的背景、文化、产品和市场表现，准备有针对性的问题。

3）掌握学习技巧。掌握常见的人力资源面试技巧。

12.6.6　申请实习和兼职

1）实习机会。如果正式职位难以找到，可以先申请实习机会，通过实习积累经验和人脉。

2）兼职工作。寻找与专业相关的兼职工作，积累实际工作经验，提升求职竞争力。

12.6.7　关注学术和科研职位

1）研究机构。如果对学术和科研有兴趣，可以关注各类研究机构、实验室和大学发布的职位。

2）博士后研究。有博士学位的研究生，可以申请博士后研究职位，继续深造并积累研究经验。

12.6.8　保持积极稳定心态

1）做好基础准备。利用在线课程、工作坊和认证项目，提升专业技能和综合能力。

2）保持积极心态。在求职过程中，可能会遇到挫折，要保持积极的心态，不断调整和改进求职策略。

12.7　职业规划考量

研究生在考虑就业方向时，应该综合考量多个方面，以确保选择的职业道路既符合个人兴趣和发展目标，又能满足市场需求。研究生在做就业选择时，还应该考虑个人的生活情况、家庭责任及对工作与生活平衡的需求。最终的决定应当是一个综合了个人抱负、职业目标与实际条件的平衡点。以下是研究生确定就业方向需要考虑的主要因素。

12.7.1　个人兴趣与职业目标

几乎所有职业规划的指导方法都将个人兴趣与职业目标放在了首位，但是并不是所有的毕业生都有清晰的个人兴趣与职业目标，而且是大多数毕业生都说不清个人的情况。在进行职业规划时，有明确个人兴趣和职业目标的毕业生应该将个人兴趣和职业目标作为主要考量权重，其他毕业生应以社会需求与个人利益最大化作为主要考量权重，因为个人兴趣都是在能够持续从中获得满足感的基础上培养起来的。

12.7.2　专业背景与基础知识

是否选择与所学专业相关的就业岗位，是让人纠结的一个问题。毕竟研究生已经在专业领域获得了初步的积累，如果放弃确实有些可惜。然而，在学校里获得的基础知识与职场对知识的需求还是有较大差距的，进入职场后仍然需要不断积累。研究生教育的主要目标并不是知识传授，而是培养独立自主的学习与工作能力，所以考量的关键在于是否具备能够适应岗位需求的能力与性格。当然，留在本专业领域，能够更快地适应职场岗位，职业发展的风险性也小。如果在专业领域之外有发展前景更好的职场岗位，在评估自身能力与性格适应性的基础上，也是值得尝试的。

12.7.3　市场需求与就业前景

首先，在进行职业规划时，需要考虑前景趋势发展情况，应优先选择那些有良好发展前景的行业与岗位，乘风才能破浪，逆水难以行舟；其次，不同行业的薪酬体系差异很大，对人才的要求也不尽相同，研究生应有风险意识，不应过于保守，因为这样会浪费自身的潜能与发展机会；也不要冒进求佳，因为这样进入职场后会难以适应。

12.7.4　院校实力与导师资源

学校的校友人脉与导师的业界资源，是研究生今后职业发展的坚强后盾，也是拓展个人人脉的重要渠道。所以，研究生在进行职业规划时，应优先选择校友多或者导师有影响力的职场岗位，这是保障入职后事业顺利发展的关键因素。

12.7.5　个人能力素质与性格

在进行职业规划时，除了要考虑岗位的吸引力，还需要考虑个人能力素质与性格是否符合岗位需求，如某些管理岗位需要性格外向的人；有些拓展岗位需要沟通能力较强的人；有些业务岗位则需要具有独立而忍耐性格的人。人的性格是长期养成的，很难在短期改变。长期处于压抑环境下，也容易造成心理疾病。所以，有时岗位很好，但不一定能适应，选择适合自身性格的岗位，才能使自己在愉悦的状态下工作。

12.7.6　能力特点与岗位匹配

进入职场后，需要面对复杂的职场竞争环境，丛林法则之下有人取得成功，也必然有人会被淘汰。当然，成功除了自身的努力，还需要有难得的机遇与运气；但是失败被淘汰，有时候是自身能力与岗位不匹配导致的。例如，学生学习能力很强但创新能力不足，就不适合进入研发类岗位，但是在技术服务类岗位上就能发挥优势。

12.7.7　平衡好生活与工作

许多工作岗位需要长期流动出差或者不能与家人在同一城市工作，这就需要对工作带来的薪酬回报、发展预期与生活需求、家庭压力进行平衡协调，在心理上做好预期建设，在家庭中做到共同承担。如果出现些许矛盾与不协调，应该谨慎对待，因为人生幸福的主体还是来自家庭与亲人。

12.7.8 平衡薪酬与长期回报

在进行职业规划时，需要做好短期薪酬与发展预期的评估和平衡。一般而言，公务员岗位需要考虑单位性质与级别，基层公务员未来的发展速度可能会很缓慢；事业单位需要区分公益一类和公益二类，两者的薪酬体系有较大差别；企业分为国企、私企，不同企业的性质、抗风险能力不同，一般而言，国企相对稳定，同时企业所处行业的垄断地位也是需要考虑的。许多时候，短期利益与长期回报是相冲突的，有些岗位的薪酬不错，但是发展空间小，一入职就可以看到退休的样子；有的岗位起步薪酬偏低，但是后续发展空间较大。研究生在做选择时，需要对个人抱负、能力水平与风险控制进行综合考虑。综合能力偏弱的学生应该进行偏于保守的选择，而综合能力较强且有一定抱负的学生应逐浪击水、奋楫扬帆。

 12.8 简历编制要求

一份优秀的简历不仅要简洁明了、重点突出，还需要与所申请职位的需求高度匹配。通过量化成绩成就、强调实践经验、突出个人情况与岗位需求的契合度，以及仔细校对和定制版本，可以大大提升竞争力。注意一些关键事项，可以帮助求职者制作出一份出色的简历。

12.8.1 简洁明了

1）篇幅控制。简历通常应控制篇幅，保证语句凝练；避免长篇累牍、冗长无关；重点突出与拟聘岗位具有强相关的信息。

2）格式简洁。使用清晰、简洁的格式和排版，避免使用过多的颜色和复杂的图案，保证简历的专业性和易读性。

12.8.2　迎合岗位需求

简历编制不要千篇一律，切勿一份简历走天下。根据单位性质与岗位需求不同，咨询了解用人单位的人才需求与岗位要求，提高个人经历、成绩、专长与企业需求的匹配度。

12.8.3　列出教育背景

简历中要清晰地列出教育背景，包括学校名称、学位、专业和毕业时间，以及其他学术荣誉等成绩亮点。另外，应详细描述学术论文的题目与发表信息，充分展示学术能力和研究成果。

12.8.4　量化突出成绩

尽量使用具体的数据和实例来展示自身的成绩与工作经历，不要含糊其词、模棱两可，细述在工作经历中的个人贡献与收获，以及这些能力和历练与未来岗位的匹配性。

12.8.5　强调实践经验

详细介绍曾经参与的与申请岗位工作内容相关的实习、项目或研究经历，描述实习、工作经历与申请岗位工作内容的相似性，突出具体实际操作能力和专业技能。

12.8.6　体现职业素养

根据职位描述中的关键词优化简历，增加行业内的专业术语使用，以提高简历在自动筛选系统（application tracking system，ATS）中的匹配度，展示职业素养和专业性。

12.8.7 注意联系信息

确保联系方式（包括电话、邮箱等）准确无误，并且是经常使用和查阅的。使用学校或专门机构的专业电子邮箱地址，避免使用过于随意或不专业的邮箱名称。

12.8.8 严格校对修改

仔细校对简历，确保没有拼写和语法错误。根据不同的职位制作不同版本的简历，突出每个职位所需的不同技能和经验。

12.8.9 重视推荐作用

寻找行业大咖作为强有力的推荐人，推荐人信息（职位和联系方式）可以在简历末尾列出，当然需要提前征得其同意。

面试环节的注意事项

求职面试是求职过程中至关重要的一环，面试中的出色表现可以大大提高被录用的概率。面试是展示能力和潜力的关键机会，需要在信息资料、模拟训练、专业体现、形象展示、精神状态方面做好充分的准备，以下是面试技巧和建议。

12.9.1　资料信息准备

1）用人单位调查。深入了解用人单位的背景、文化、产品、服务和市场地位。通过单位网站、新闻报道和社交媒体，获取用人单位的分支架构、最新动态和发展方向。

2）岗位需求分析。仔细阅读职位描述，了解岗位职责，明确用人标准和需求。

3）自我介绍撰写。准备简洁有力的自我介绍，突出核心优势及其与职位的匹配度。

12.9.2　回答问题演练

1）应有个人特征。不要背诵招聘培训或网上搜索到的看似标准的答案，应在借鉴好的经验的基础上，与个人工作和生活经历相结合，结合具体事例，突出个性化。

2）语言精练流畅。抓住问题的核心要点，应以三要点的方式回答问题，不要长篇累牍，往往说多错多；也不要太过于简单，这样容易导致表达匮乏。

3）遇到难答的问题，不要表现出慌乱，应就问题提出自己的理解，剖析问题的内在实质，坦诚地承认自身的不足。有时候，答案对错不重要，重要的是要在回答问题过程中展示出一定的逻辑性与良好的语言表达能力。

12.9.3　展示专业形象

1）着装得体。根据用人单位的文化和行业标准，选择合适的职业装，保持整洁和专业的形象。

2）礼仪规范。面试过程中保持良好的礼仪，如按时到达、与面试官握手、保持微笑和眼神交流。

12.9.4　树立良好人设

1）突出个人亮点。反复强化、突出与申请职位相关的个人特殊经验和技能，具体描述自己取得的成就和做出的贡献，并以量化数据来支撑所表述的内容。

2）处理问题缺陷。对于应对岗位需求的能力缺陷，不应一味回避、遮遮掩掩，而是应坦然阐述问题出现的原因与应对改进的措施，提前做好准备，巧妙地提供变通的应答方案。

12.9.5　过程展示能力

1）沟通协调能力。面试环节，与面试官交流沟通的用词用语要得体，回答问题时逻辑清晰、表达到位、表述清楚。

2）问题解决能力。面对刁钻、复杂的问题，阐述面对挑战和问题的解决思路和方法，以展示自身的应变能力。

12.9.6　含蓄巧妙提问

1）准备能够表达个人就职愿望的友好性问题。面试结束时，通常会有提问环节，准备一些关于公司发展、团队结构、职位职责等方面的问题，展示出自己的主动性和对公司发展的兴趣。

2）避免敏感问题。避免在第一次面试时过多地询问薪酬、福利等敏感问题，除非面试官主动提及。

12.9.7　保持良好状态

1）自信从容的心态。保持自信和从容的态度，遇到难题时不要慌张，冷静思考后再作答。

2）正面谦和回应。对于过去的学习和工作经历，表述时应采用谦和与正面用词，即便有负面经历，也应避免抱怨或批评学校与导师。

12.9.8　面试后的跟进

1）面试反馈。面试结束后，应及时发送邮件，对用人单位给予自己面试机会表示感谢，重申自己对该职位的兴趣。

2）持续关注。如果在约定时间内未收到反馈，可以适当跟进，展示出主动性和诚意。

参考文献

包海芹，孙伟伟，曹文华. 基于简历分析法的研究生国际流动研究[J]. 学位与研究生教育，2023，（10）：63-71.

胡尤升，高歌，李婷婷. 基于比较优势理论探析硕士研究生就业能力提升[J]. 黑龙江教育（高教研究与评估），2020，（11）：79-80.

李慧. 就业情境下在校硕士研究生压力知觉和焦虑水平影响因素的 Meta 分析[D]. 山东大学，2023.

李进进. 毕业论文答辩的仪式特点[J]. 现代交际，2019，（18）：244，245-246.

罗美平. 我国硕士学位论文答辩程序研究[D]. 湘潭大学，2015.

马臻. 学位论文答辩：唱好"独角戏"[J]. 中国研究生，2024，（3）：71-73.

杨嵩松，田儒基，王秀吉. 供给侧改革下研究生就业力提升路径研究[J]. 北京教育（高教），2022，（6）：65-67.

张志祯，李芒，祝薇. 研究生在线面试的互动特点与可能影响[J]. 学位与研究生教育，2021，（9）：42-48.

第 13 章 学术道德行为规范

学术道德是指在学术研究、教育、交流及成果发布等活动中应遵循的一系列基本原则和规范，旨在促进学术界的诚信、公正，保障知识的准确和可靠。

13.1　学术道德基本准则

学术道德基本准则构成了学术研究和交流的核心价值观与行为规范，旨在确保学术活动的诚信、公正、严谨。以下是学术道德的一些基本准则。

1）诚信。要求研究者在所有学术活动中保持诚实，不伪造数据、不篡改实验结果、不剽窃他人成果，以及在发表研究成果时真实反映研究过程和结果。

2）公正。在同行评审、学术评价、资源分配等过程中，应基于客观标准进行评判，不受个人偏见、利益冲突或其他非学术因素的影响。

3）公开。研究成果应公开分享，以便同行审查和知识传播。同时，研究者需要披露可能影响研究客观性的利益冲突，提高透明度。

4）尊重。尊重他人的知识产权，正确引用和归纳前人的工作；尊重同行的意见和贡献，对待批评与质疑持开放态度。

5）严谨。在研究设计、实施、数据分析及结论提出过程中，保持高度的科学严谨性，确保研究方法合理、数据分析准确、结论有据可依。

6）责任。对个人的学术产出负责，对于发现的错误，及时更正；对研究参与者、资助者、社会公众负责，确保研究符合伦理标准。

这些准则不仅指导着学者的个人行为，也是学术机构、期刊编辑部及整个学术共同体共同维护的原则。遵守学术道德不仅是学术诚信的表现，也是确保学术成果可靠性和推动科学进步的基础。

13.2 违反学术道德行为

违反学术道德行为是指科研人员在涉及专业技术职务的评聘、项目申请、研究实施、论文署名、成果发表、荣誉获取、利益分配、科技评价、科技奖励和成果宣传等活动中，发生的伪造、弄虚作假、剽窃等不道德行为。违反学术道德的行为不仅会损害个人名誉，还可能会对整个学术界造成负面影响，破坏学术研究的公信力，严重损害学术研究的诚信、质量和可信度。以下是一些常见的违反学术道德行为。

1）抄袭。未经许可或未恰当引用就使用他人的文字、想法或研究成果，将其当作自己的成果发表或呈报。

2）剽窃。直接复制他人的研究成果，没有适当标注引用，包括剽窃他人的创意、图表、代码等。

3）捏造数据。故意制作虚假的数据或实验结果，以支持研究假设或得出预期的结论。

4）篡改数据。改动原始数据或实验记录，以使结果看起来更加有利或符合预期。

5）署名不当。作者署名时，未对实际贡献进行准确反映，包括无贡献者挂名（赠予署名）、排除贡献者（剥夺署名权）等。

6）一稿多投。将同一份研究成果提交给多家出版机构或会议，意图在多个地方发表，并且未告知各接收方。

7）重复发表。未经明确说明或适当引用，将实质相同的研究成果以不同形式多次发表。

8）违背伦理。在涉及人类或动物的研究中，未经过伦理审查委员会的批准或违反伦理原则。

9）侵占他人学术成果。未经许可使用或声称拥有他人的研究发现、概念或创意。

10）伪造学术履历或经历。在简历、申请、评估等场合夸大或虚构自己的学术成就、职位或经验。

这些行为不仅违反了学术道德规范,还可能会触犯相关法律法规,导致学术声誉受损、研究成果被撤回、职业发展受阻,甚至会面临法律诉讼和承担刑事责任的风险。学术机构和出版物通常有严格的审查和惩戒机制,以此来预防和惩处学术不端行为。

13.3 学术行为规范要求

学术行为规范是指学术界为了维护学术诚信、促进学术创新、保证学术质量而制定的一系列规则和准则,指导着学术研究、发表、评价、合作及管理等各个环节的行为。这些规范旨在构建一个健康、公正、尊重知识创新与积累的学术环境。学术行为规范主要包括以下几个方面。

13.3.1 学术研究规范

1)诚信原则。确保研究的真实性和准确性,禁止伪造、篡改数据或抄袭他人的成果。

2)方法严谨。采用科学合理的研究设计、方法和分析手段。

3)伦理考量。尊重研究对象的权利,尤其是进行涉及人类或动物的研究时,必须获得伦理审查批准。

13.3.2 学术发表规范

1)正确引用。清晰标识引用的所有参考文献和前人的研究成果,避免任何形式的剽窃。

2)透明度。在论文中公开研究方法、数据来源和处理步骤,以便他人复核。

3）一稿一投。避免一稿多投，确保研究成果首次发表的唯一性。

13.3.3　学术评审规范

1）客观公正。在评审过程中，应坚守学术标准，避免个人偏见或利益冲突。
2）保密原则。对评审材料和评审过程保密，尊重作者的知识产权。

13.3.4　学术批评规范

1）建设性反馈。提供基于事实和理性的批评，旨在促进学术进步而非个人攻击。
2）开放接受批评。对于同行的合理批评持开放态度，积极回应并修正错误。

13.3.5　学术管理与评价规范

1）公平机制。建立公正的学术评价体系，包括职称晋升、项目资助和奖项评选。
2）利益冲突管理。识别并妥善处理可能会影响学术判断的个人或机构利益冲突。

13.3.6　知识产权尊重

保护知识产权，尊重并合法使用他人的研究成果，正确处理版权和专利问题。

13.3.7　学风与道德

1）鼓励探索与创新。崇尚学术自由，激励原创性研究。
2）团队协作。在合作研究中，公正地分配贡献与荣誉。

13.4　学术失范行为表现

违反学术行为规范的行为会被视为学术不端，可能会遭到学术机构的纪律处分，包括警告、撤销论文、取消学位或职位等。全球范围内的高等教育机构和研究组织普遍建立了相应的监督和执行机制，以确保学术行为规范得到遵守。

13.4.1　学术引文不规范

目前，一些抄袭、剽窃他人研究成果的方法日趋隐蔽。有的利用网络搜索引擎，用"揉面团"的形式将一些类似成果收集起来进行二次加工，拼接和改头换面，转变为自己的研究成果；有的将国外学术成果翻译整理后，基于他人的实验数据，重新绘制图表，作为自己的研究成果。随着 ChatGPT 等人工智能工具的涌现，还出现了直接利用上述技术开展学术论文写作的情况。采用 ChatGPT 直接润色论文、辅助科研工作是被允许的，但是在不开展科研实验研究的基础上，直接套用 ChatGPT 检索结果来撰写论文，是严重的违规行为。

13.4.2　"搭车"署名

部分研究生在接近毕业之际，可能会面临未达到学校规定的论文发表数量的困境。为了顺利毕业，他们有时会采取一些非正规的手段。一种情况是，他们可能会请求导师或同门师兄弟的帮助，即便自己没有参与任何实质性的研究工作，也希望在别人的研究成果上加上自己的名字，以此来达到发表要求。另一种情况是，由于自身论文质量不高，他们可能会借助导师或知名学者的名望，将自己的论文与他们挂名，以此来提高论文被接收的概率。

13.4.3 请人代写文章

在互联网和校园中经常会出现"请人代写论文"的小广告，说明代写论文仍然存在一定的市场需求。一些研究生为了眼前的物质利益而甘愿代他人撰写论文，同时说明一些研究生的学术行为存在严重的问题。

13.5 如何遵守学术规范

遵守学术规范是确保学术研究诚信、促进知识创新和维护学术环境的纯洁性的关键。以下是一些关键措施，可以帮助个人和机构遵守学术规范。

1）加强学术道德教育。从学生到资深学者，每个人都应定期接受学术道德培训，了解学术不端行为的类型、危害及后果，培养正确的学术价值观。

2）熟悉学术规范。熟悉所在学科的学术规范，包括引用规则、数据管理、实验设计、伦理准则等，并在研究过程中严格遵守。

3）真实记录数据。准确、详尽地记录研究过程和数据，确保所有报告和发表的内容真实无误，避免任何形式的数据篡改或伪造。

4）正确引用。在撰写论文、报告或演讲时，正确引用所有参考文献和他人观点，确保所有贡献者的劳动得到恰当的认可。

5）审慎处理数据、图像。避免对数据进行选择性的使用，不对图像进行不当的修饰，保证实验数据和结果的真实性。

6）遵守科学伦理准则。在涉及人类、动物或敏感数据的研究中，事先获得伦理审查委员会的批准，并在整个研究过程中遵守伦理原则。

7）尊重贡献，合理署名。根据实际贡献公平分配作者署名，避免出现无贡献署名或剥夺应有署名的情况。

8）公开展示研究细节。公开研究方法、数据分析步骤和研究的局限性，便于他人复核验证。

9）积极参与学术监督。作为审稿人时，应客观、公正地评估他人的工作，及时揭露可能的学术不端行为。

10）利用技术工具自检。利用查重软件检测文本的原创性，确保研究的独创性。

11）建立并完善监管机制。研究机构和学术期刊应建立严格的审查流程，及时发现并严肃处理学术不端行为，同时保护举报人的权益。

12）倡导良好的科研文化。鼓励开放科学实践，如数据共享、预印本发布等，以促进知识的开放交流和验证。

参考文献

戴芮，汪瑾，张思懋，等. 研究生学术失范的原因及对策分析[J]. 科教导刊，2021，（29）：177-179.

李洁. 学术生态视域下硕士研究生学术规范意识问题及提升路径研究[D]. 哈尔滨师范大学，2023.

刘丽. 研究生学术诚信：高校的预防监督体系构建[J]. 煤炭高等教育，2023，（4）：82-86.

王志英，马秀兰，王玉军. 研究生学术不端行为产生原因及预防措施[J]. 科技视界，2016，（11）：61，76.

夏卧武. 加强"诚信"的道德培养是防范学术腐败的根本途径[J]. 湖北民族学院学报（哲学社会科学版），2007，（3）：48-51.

姚远. 研究生学术道德规范保障体系构建与实践[J]. 教育教学论坛，2022，（28）：25-28.

张春红. 高校研究生学术道德不端行为问题的研究[D]. 东北大学，2010.

张英丽. 研究生学术失范个人和环境影响的实证研究[J]. 学位与研究生教育，2015，（6）：40-45.

朱邦芬. 遵守学术规范，大力提倡负责任的科研行为[J]. 科学新闻，2021，（3）：15-17.

朱华杰. 研究生学术道德规范教育研究[D]. 武汉大学，2017.

第 14 章　学业之外的他山之石

研究生阶段，在学业和科研之外，还有一些工作习惯与能力培养对今后个人发展有着至关重要的影响，包括自我管理能力、心理调节能力、人际交往能力、语言表达能力及个人发展规划能力。

14.1　自我管理能力

自我管理能力是指在没有外部指导或监督的情况下，能够有效地规划、执行和评估自己的行为和情绪的能力。自我管理能力对个人的职业发展、人际关系及整体生活质量都有重要影响，包括以下几个方面。

1）目标设定。明确个人发展的长期和短期目标，并制定实现这些目标的具体计划。

2）时间管理。合理安排时间，优先处理重要任务，避免拖延，提高工作效率。

3）情绪调节。管理自己的情绪，在面对压力和挑战时保持冷静和积极的心态。

4）自律约束。坚持与遵守求真务实的原则，在不良学术风气的诱惑面前保持初心。

5）自我激励。在挫折与失败面前，保持持续的工作热情和学习兴趣。

6）反思调整。定期回顾学习与科研中的不足和失误，不断调整策略，提高效果。

7）健康习惯。维护规律作息、健康饮食、适量运动等良好的生活习惯与身心健康。

14.1.1　简历管理法

入学后，研究生就应该给自己毕业后的未来发展设定一个具体的目标，将能够达到这一目标的硬件条件逐一列入自己的目标简历中。然后，再梳理自己现在已经具备的硬件条件，将其作为目前简历的内容。最后，比较目标简历与目前简历之间的差距，就可以得到清晰的工作目标，从而为自己的研究生生涯指明具体的奋斗方向。

14.1.2　阶段工作法

长期以来，学生已经习惯于按照以学期为固定时间单元来规划自己的工作计划，然而科研工作及参与导师的科研项目并不能以此为规划，尤其是参加工作后，已经不像求学阶段那样还有寒暑假，所以应采用项目管理工作法中的阶段工作法。

阶段工作法，也被称为科研项目管理中的"分阶段实施"或"阶段性管理"，是一种将复杂科研项目分解为一系列可管理的小任务或阶段的方法。这种方法有助于提高项目的可控性和可预测性，确保项目能够按照预定的时间表和预算顺利进行。阶段工作法的基本步骤如下。

1）定义工作目标。明确科研工作的目的、预期成果及完成项目所需的资源。

2）划分工作阶段。将科研工作划分为若干个阶段，为每个阶段设定具体的目标。

3）制定阶段计划。为每个阶段制定详细的计划，包括工作量与时间安排。

4）执行监控评估。按照计划执行，定期自检进度，评估是否达到了目标。

5）反馈迭代优化。分析成功与失败的原因，调整和优化后续计划。

14.1.3　效率比效果更重要

在科研工作中，效率和效果往往需要并重，效率保证了任务的快速完成，而效果则确保了任务的质量。没有效率，可能会浪费大量的时间和资源；没有效果，即使投入再多的时间和资源，也可能无法达到预期的目标。然而，研究生的科研经验不足，在不断训练科研能力的过程中，很难保障效果的完善与完美，所以"天下武功，唯快不破"，科研效率在此时确实可能比科研效果更为重要，提高效率可以为改进效果留下富裕的时间，而且能给导师与领导留下积极、勤奋的良好印象。

14.2 心理调节能力

研究生阶段，学生难免会受到学业压力、科研挑战、未来职业规划等多种因素的影响，可能会面临较大的心理压力。提升心理调节能力，对于保持良好的心理健康状态至关重要。

1. 确立科研基本认知

科学研究是持续前进、螺旋上升的，没有捷径可走。在科学研究过程中，成功确实值得欣喜，但是一路走来往往经历的更多是失败。所以，确立对科研工作的基本认知，就不会那么纠结于挫折与失败。

2. 建立积极向上心态

研究生应培养乐观的工作与生活态度，看待问题时尽量从积极的角度出发，将挑战视为成长的机会。

3. 养成时间管理习惯

研究生应合理安排时间，制定计划并遵循，避免拖延。进行有效的时间管理，有助于减少焦虑和压力。

4. 学会寻求支持帮助

研究生应定期与导师、同学或心理咨询师交流，分享自己的感受和困惑，因为社交支持是缓解压力的重要途径。

5. 保证健康生活品质

平时，研究生应保证充足的睡眠、均衡的饮食，定期进行体育锻炼，这都有助于增强身体素质和心理韧性。

6. 学会身心放松方法

研究生可以通过实践冥想、瑜伽及深呼吸等放松技术，有效减轻自身的紧张情绪。此外，培养诸如阅读、绘画、聆听音乐等个人兴趣爱好，同样能够促进心理的舒缓与放松。

7. 设定可实现的目标

研究生可以为自己设定可达成的小目标，逐步实现，避免过高的期望给自己带来不必要的压力。

8. 寻求专业心理咨询

如果感到压力难以自我调节，研究生应及时寻求专业心理咨询师的帮助，因为他们可以提供更专业的指导和支持。

人际交往能力

人际交往能力，也称为社交技能或社会技能，是指个体在与他人互动时展现出来的能力，包括理解他人、表达自己、解决冲突、建立和维持关系等方面的能力。对于个人的日常生活、职业发展及心理健康而言，这种能力至关重要。培养良好的人际交往能力是一个渐进的过程，涉及自我认知、情感管理、社交技巧等多个方面。人际交往是一门艺术，也是一种技能，需要不断练习和学习。以下方法可以帮助研究生提升人际交往能力。

14.3.1 加强自我认知

1）了解自己的情绪。了解自己的情绪反应，学会在不同情境下适当表达情绪。

2）进行有效的自我反省。定期思考自身的行为对他人的影响，以及自己在人际关系中扮演的角色。

14.3.2　有效情感管理

1）情绪调节。学习控制和调整负面情绪，通过冥想、深呼吸等方式缓解压力。

2）学会同理心。培养对他人情感的理解和共鸣，设身处地为他人着想。

14.3.3　掌握社交技巧

1）习惯倾听。倾听他人的观点和感受，表明对对方的尊重与理解。

2）有效沟通。采取尊重他人的沟通方式，有效地表达观点，而不是指责他人。

3）非言语交流。注意身体语言、面部表情和声音语调，确保与话语信息一致。

4）解决冲突。学会使用冷静地讨论问题、寻找共同点等分歧处理方式。

14.3.4　建立人际关系

1）主动出击。不要害怕主动与人交谈，无论是陌生人还是潜在的朋友。

2）建立信任。通过一致性、诚实和可靠的行为与他人建立信任。

3）维护联系。定期与朋友和同事进行联系，即使只是简单的问候。

4）清楚边界。了解并尊重个人边界，同时也要清楚地表达自己的界限。

5）积极反馈。给予他人正面的反馈和鼓励，增强对方的自信心，促进双方关系的发展。

14.3.5　持续学习社交

1）观察学习。注意观察周围有良好的社交技能的人的经验。

2）反馈改进。向信任的朋友或家人寻求社交表现的反馈意见。

3）专业培训。参加社交技能培训课程、研讨会，或者阅读相关书籍与文章。

14.4　语言表达能力

语言表达能力在个人发展和社会交往中有着极其重要的作用，良好的语言表达能力能增加个人魅力、促进人际关系等。总之，语言表达能力的培养对个人的综合素质、社会适应能力的提升和职业发展都有着不可忽视的作用。语言表达能力的培养是一个涉及多个方面的过程，不仅关乎语言掌握能力，还涉及思维的清晰度、情感的表达及文化素养等多个层面。

14.4.1　加强语言基础

1）广泛阅读。阅读不同类型的书籍、文章、诗歌等，提高文字表达能力。
2）语法训练。定期复习和练习语法规则，注重语言表达的准确性。

14.4.2　提升思维逻辑

1）逻辑训练。锻炼逻辑思维，表达时能够做到条理清晰。
2）思维导图。学习使用思维导图组织思想，表达时建立清晰的逻辑框架。

14.4.3　学习情感带动

1）情感词汇。学习和使用更多的情感词汇，以便更细腻地表达感受和情绪。
2）故事讲述。练习讲故事，思考如何引起听众的共鸣，使表达更具有感染力。

14.4.4　增强文化底蕴

1）文化学习。了解不同文化背景的表达习惯和礼仪。

2）背景知识。积累各个领域的基本知识，扩大知识面。

14.4.5　训练实践反馈

1）勤于练习。多参加对话、交流、演讲等活动，尽可能多地练习语言表达。

2）征求反馈。在朋友、家人或导师面前多展示，通过正面、反面的反馈积极改进。

14.5　个人发展规划能力

研究生毕业就意味着学校与导师的教育培养工作告一段落了，但是接下来还有漫长的人生路要走。研究生毕业后的个人发展规划的重要性体现在多个层面，不仅关乎个人职业道路的选择，还会影响长期的事业发展、个人满足感及生活质量，涉及目标导向、职业定位、自身优势、风险管控、家庭资源、行业变化、心理预期、财务需求与生活要求等方面。在进行个人发展规划时，应从以下方面考量。

14.5.1　清晰的职业定位与目标设定

1）明确职业方向。基于研究生期间的研究领域和兴趣，确定未来的职业道路。

2）关注窗口期。个人发展主要受控于毕业后三年关键窗口期，尽量不要做无谓的长期规划。

14.5.2　积极寻求技能与资质提升

1）提升工作技能。根据职业需求，提升岗位专业技能。

2）职业资格认证。考取行业认可的资格证书，增加就业竞争力。

14.5.3　充分利用导师与家庭资源

1）积累人脉。利用校友网络、行业会议、社交媒体等平台，积累人脉。

2）寻求贵人相助。找到行业内的师傅与权威人士，寻求其帮助。

14.5.4　埋头苦干，增加经验与经历

1）积极参与项目。无论是参与志愿项目还是公司项目，都能积累宝贵的经验。

2）业余实习或兼职。结合自身的兴趣，寻找业余实习或兼职机会。

14.5.5　保持终身学习的态度

1）持续学习业务。关注行业动态，定期阅读相关专业与技术书籍。

2）提升职场应对能力。可以参加一些职场能力培训，以提升职场应对能力。

14.5.6　树立良好口碑与形象

1）注重仪表形象。保持得体的衣着与举止。

2）保持良好口碑。注意处理好人际关系，给人留下值得信赖与易于交往的印象。

14.5.7　保持工作和生活平衡

1）注意劳逸结合。确保有足够的休息时间，避免过度劳累。

2）坚持兴趣爱好。保持个人兴趣，促进身心健康。

14.5.8 财务规划与良好信用

1）重视经济基础。个人待遇是需要谨慎考虑的，因为没有经济基础，难建上层建筑。

2）做好预算管理。合理规划收入与支出，不要入不敷出。

14.5.9 密切注意行业与岗位风险

1）紧盯市场变化。保持对行业趋势的敏感度，适时调整职业规划。

2）规划个人成长。随着经验的积累和兴趣的变化，定期审视并调整职业发展目标。

14.5.10 切勿频繁跳槽，从小事做起

1）跳槽需要谨慎。不要动不动就因为小的利益与心情不愉快跳槽。

2）聚焦力所能及。集中精力，先在相对较小的领域做出成绩。

14.5.11 坚持待人真挚与不忘初心

1）切莫卷入漩涡。不要轻易发表意见与盲从跟随，要有大是大非的意识。

2）切记与人为善。真诚对待周围的人，不落井下石，不轻易树敌。

参考文献

邓灿. 研究生人际关系困扰对手机依赖的影响：孤独感和自我和谐的链式中介作用[D]. 江南大学，2021.

邓丽芳，王姝怡. 新时代研究生心理健康需求：现状与影响因素——基于我国 15 所高校的调查分析[J]. 中国高教研究，2023，（4）：83-88.

柯小君，杨睿. 新时代背景下"95 后"研究生心理健康问题及对策[J]. 高教论坛，2021，

（10）：75-80.

兰天. 英国大学生个人发展规划研究[D]. 福建师范大学，2011.

李颖，陈薪旭. 高校研究生社会情感能力的缺失表征与习得路径[J]. 学校党建与思想教育，2022，（18）：68-70.

施太庚. 研究生语言文字表达能力小议[J]. 江苏高教，2004，（4）：128-129.

熊鑫. "三助" 工作对硕士研究生自我管理能力的影响研究[D]. 西南民族大学，2022.

赵冰，王彩绒. 导师对研究生综合能力培养和提升作用的实践探索[J]. 大学，2022，（27）：68-72.

周莉，李安祺. 研究生心理压力成因和自我调节策略探析[J]. 北京教育（德育），2020，（9）：72-74.

后　记

　　本书凝结了笔者自求学、从事科研与从教十几年心路历程的学术经验与教学体悟。本书写作过程中，得到了南京师范大学杨昕教授及其团队的周星宇博士、符黄珺玺博士的协助。同时，本书成稿过程中，研究生刘顺、张增轩、胡澳权在资料整理方面做了大量工作，杨宇潇在书稿整理、修订方面付出了辛勤的劳动，在此特向他们表示感谢。在本书即将付梓之际，笔者也想对多年来促进自己学术成长的各位师长表示感谢，是他们的学术教诲与挫折培养，激发了笔者对研究生培养工作的深入思考。